普通高等教育经管类专业系列教材

U0662385

劳动关系管理

宋 彧 主编

邓慧娟 谭海燕 副主编

清华大学出版社

北 京

内 容 简 介

本书从企业劳动关系和劳动法的视角，系统介绍了劳动关系管理的理论发展和国内外的实践探索、员工有效沟通和民主管理的内容，并结合新近的劳动法律和法规中的劳动合同、企业用工、劳动基准、社会保险、集体协商、劳动争议和纠纷等内容进行了全面的阐述。本书知识体系清晰合理，逻辑结构严谨，内容详实，注重本土应用；理论分析简明扼要，重点突出，实务案例丰富，具有易学性和实用性。

本书能够做到理论与实务相结合，在劳动关系基本理论知识讲授的基础上，配合思维导图、案例分析及各章习题，有助于应用型本科人才的培养，体现出学以致用的特色。

本书配套的电子课件、教案、教学大纲和习题答案可以到 http://www.tupwk.com.cn/downpage 网站下载，也可以扫描前言中的二维码获取。

图书在版编目(CIP)数据

劳动关系管理 / 宋彧主编. -- 北京：清华大学出

版社, 2025. 7. -- (普通高等教育经管类专业系列教材).

ISBN 978-7-302-69660-5

Ⅰ. F246

中国国家版本馆CIP数据核字第2025KB8341号

责任编辑：胡辰浩
封面设计：周晓亮
版式设计：妙思品位
责任校对：马遥遥
责任印制：刘海龙

出版发行：清华大学出版社

　　　　　网　　　址：https://www.tup.com.cn，https://www.wqxuetang.com
　　　　　地　　　址：北京清华大学学研大厦A座　　　　　邮　　编：100084
　　　　　社 总 机：010-83470000　　　　　邮　　购：010-62786544
　　　　　投稿与读者服务：010-62776969，c-service@tup.tsinghua.edu.cn
　　　　　质 量 反 馈：010-62772015，zhiliang@tup.tsinghua.edu.cn

印 装 者：三河市人民印务有限公司

经　　销：全国新华书店

开　　本：185mm×260mm　　　印　　张：16.25　　　字　　数：396千字

版　　次：2025年8月第1版　　　印　　次：2025年8月第1次印刷

定　　价：79.00元

产品编号：095986-01

　　劳动关系管理的研究对象是劳动关系的建立、运行、调整和终止过程中的各种关系和管理活动，包括劳动关系的本质、特征、构成要素，劳动关系管理的理论与实践，劳动标准的制定与实施，劳动争议的处理等内容。劳动关系管理的理论与实践是不断发展和变化的，这是一门理论性和实践性都很强的课程。近年来，我国劳动关系面临着诸多挑战，如劳动关系的多元化、复杂化，劳动者权益保护的问题，企业劳动关系管理的创新等。本书的编写正是在整合了近年来相关成果的基础上完成的。

　　本书的学术价值在于：第一，构建系统完整的知识体系。从劳动关系的基本概念和特征开始，深入探讨劳动关系的构成要素、劳动法的制度体系，进而阐述劳动关系的管理理论与实践，包括员工沟通与民主管理、雇主与政府管理、劳动合同管理、企业用工管理、集体合同管理、劳动标准管理、社会保险、劳动争议处理等内容，形成了一个完整的逻辑框架。第二，研究应用型本科以及教学型本科教材理论与实践的融合方式，即如何在教材中合理安排理论知识的讲解和实践案例的分析，以提高学生的知识应用能力和实践操作能力。

　　本书的特色体现在：第一，理论与实践紧密结合。对于非劳动关系管理专业的学生来说，本书不仅注重理论知识的传授，还加入了大量实际操作的案例和实践指导，使学生能够更好地理解和应用所学知识。第二，精简理论知识，突出重点。在基础理论知识部分，本书删除了一些过于复杂和抽象的理论推导，重点讲解与实际应用密切相关的内容，如劳动关系的核心概念、劳动法的基本原则、劳动关系管理的实践方法等，以培养应用型本科人才的实际操作能力。第三，通过丰富的案例和习题，激发学生的学习兴趣。本书精选了大量真实案例，对案例进行深入分析，帮助学生理解和掌握知识点。同时，每章末还配备了具有针对性的习题，包括简答题和案例讨论题等，以促进学生的参与性学习，增强学生的知识理解和应用能力，开拓学生的视野。第四，各章以思维导图的形式总结章节的知识点，梳理逻辑脉络，便于学生扫码观看和及时复习。

　　本书适合高等院校人力资源管理专业、管理类专业本科教学使用，也可作为财经类专业研究生劳动关系管理教学的参考书，也适合企业管理者、人力资源从业者，以及对劳动关系管理感兴趣的自学者使用。教师可根据教学对象和授课学时不同，灵活选择相关内容进行重点讲授。

　　本书由宋彧教授任主编，邓慧娟、谭海燕任副主编。全书共计十章，由宋彧教授总体策划，各章编写人员及分工如下：宋彧编写第一章、第二章和第四章；邓慧娟编写第五章、第六章、第八章和第九章；谭海燕编写第三章、第七章和第十章。谭海燕负责编写各章节案例以及制作思维导图，邓慧娟负责各章节习题及教案、大纲的撰写，邓慧娟和谭海燕二人在资料收集等方面做了大量的基础性工作，全书最后由宋彧教授总纂。

　　本书在编写过程中，参考了很多同类教材、著作和期刊等相关文献，限于篇幅，恕不一一列出，在此向这些文献的作者深表感谢。

　　由于受时间、资料、编者水平及其他条件限制，书中难免存在一些不足之处，恳请同行专家及广大读者批评指正。我们的电话是010-62796045，邮箱是992116@qq.com。

　　本书配套的电子课件、教案、教学大纲和习题答案可以到http://www.tupwk.com.cn/downpage网站下载，也可以扫描下方的二维码获取。

扫描下载

配套资源

作　者

2025年3月

目录

第一章

劳动关系与劳动法概述

学习目标

1. 了解劳动关系的基本含义。
2. 准确把握劳动关系的构成要素。
3. 深刻理解劳动法的制度体系。
4. 掌握构建和谐劳动关系的重要性。

扫码看详图

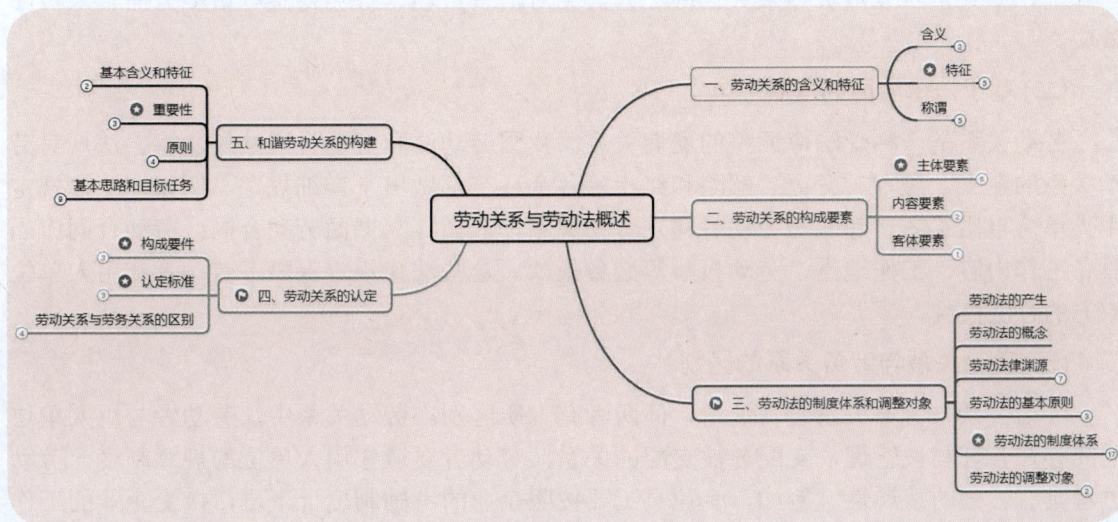

劳动法是调整劳动关系的基本法律规范，为劳动关系的建立、运行、调整和终止提供了明确的法律依据和准则。劳动关系是劳动法的调整对象，劳动法的各项规定都是围绕着规范和调整劳动关系而展开的。同时，劳动关系的实践不断推动着劳动法的发展和完善，随着社会经济的发展和劳动关系的变化，劳动法需要不断修订和补充，以更好地适应实际需要。

第一节 劳动关系的含义和特征

一、劳动关系的含义

劳动关系是指劳动者与用人单位(包括企业、个体经济组织、民办非企业单位等)之间，在劳动过程中所形成的社会经济关系。这种关系的核心是劳动者将自己的劳动力提供给用人单位使用，用人单位支付相应的劳动报酬。劳动关系是同劳动的权利和义务联系在一起的，其权利和义务的实施是依靠国家强制力来保证的。劳动关系的含义可以从以下几个方面来理解。

(一) 基于经济层面的理解

劳动关系是社会生产关系的重要组成部分。劳动关系的基本性质是社会经济关系，即劳动关系是以经济关系作为基本构成的社会关系，其本质上是一种经济利益关系。在市场经济条件下，它体现了劳动力与生产资料的结合方式。劳动者通过让渡自己的劳动力使用权，参与到用人单位的生产经营活动中，为社会创造财富。而在实际生活中，劳动关系是一种更复杂的社会关系，其涉及和影响的不只是社会经济，在特定的条件下，劳动关系还涉及政治领域。因此，劳动关系的稳定与和谐，直接关系到社会经济、政治的稳定与和谐，如大量企业裁员导致失业率上升，会对消费市场、社会稳定等诸多方面带来负面效应。

(二) 基于法律层面的理解

劳动关系是一种受法律调整的雇佣关系。我国劳动法和劳动合同法等法律、法规对劳动关系的建立、履行、变更、解除和终止等各个环节都做出了详细规定。例如，法律规定用人单位自用工之日起即与劳动者建立劳动关系，应当订立书面劳动合同；劳动合同应当具备工作内容、工作地点、劳动报酬等必备条款。这些法律规定保障了劳动者和用人单位双方的合法权益。

(三) 劳动关系与劳务关系的区别

劳动关系与劳务关系容易混淆，但两者有本质区别。劳动关系中，劳动者与用人单位之间存在管理与被管理、支配与被支配的关系，劳动者要遵守用人单位的规章制度，劳动过程具有较强的从属性。例如，企业员工要按照企业的考勤制度上下班，接受企业的工作任务分配。而劳务关系是平等主体之间就劳务事项进行的一种经济关系，提供劳务者相对独立，一般不受对方的管理和支配。比如，个人之间的家政服务合同关系，家政服务人员在完成约定的服务任务后，其工作过程和方式相对自主。

二、劳动关系的特征

劳动关系是特定的当事人在实现劳动过程中发生的复杂而特殊的社会关系。它涉及劳动者和用人单位之间的法律关系、经济利益，以及社会责任等多个方面。这些方面共同构成了劳动关系的本质和内涵。

(一) 主体的特定性

在劳动力市场上，劳资双方都是自主的独立主体。劳动关系主体的一方是劳动者，另一方是用人单位。劳动者主要是指达到一定年龄、具有劳动能力，以从事某种社会劳动获得收入为主要生活来源的自然人；而用人单位则是指依法成立的从事生产经营活动或其他社会活动的组织，如企业、事业单位、社会团体、个体经济组织等。这种关系建立在特定的劳动法律规范和劳动合同基础上。

(二) 双方地位的平等性和从属性

在劳动关系中，劳动力的市场交换关系是一种形式上的平等经济关系。但这种平等的形式掩盖了实际的不平等。由于资本具有稀缺性和独占性，资方在劳动力市场上大多占有着绝对的优势，而劳动者出让劳动力的行为，本质上是一种谋生的手段，而且劳动者在劳动过程中又处于被支配和被管理的地位，因而不得不依从或从属于资本。因此，市场经济下的劳动者，是一种具有"从属性特点的雇佣劳动者"。从属性是劳动关系最主要的特点。

(三) 以劳动力的所有权与使用权相分离为核心

劳动关系的运行过程是在劳动的过程中实现的，工作场所或雇佣单位是劳动关系存在和运行的空间范围。在消费领域，劳动力的所有权与使用权都归属于劳动者本人；而在生产领域，劳动力的所有权与使用权发生了分离，形成了劳动者将其劳动力的使用权让渡给用人单位使用的客观现实状态。

(四) 产生于劳动过程之中

劳动关系是伴随着劳动行为的产生而产生，并随着劳动行为的存续而持续。劳动者只有与用人单位提供的生产资料相结合，在实现劳动过程中才能与用人单位产生劳动关系。

(五) 国家意志和当事人意志相结合的双重属性

劳动关系是依据劳动法律规范规定和劳动合同约定形成的，劳动关系的建立、变更和终止都需要遵循法定的条件和程序。这既体现了国家意志，又体现了双方当事人的共同意志。我国劳动合同法对用人单位和劳动者的权利、义务作了明确的规定，体现了国家对劳动关系的强制干预性质，同时当事人双方对劳动关系的具体事项可以在平等自愿的基础上自由约定。

三、劳动关系的称谓

劳动关系在不同国家和不同历史时期的称谓有所不同，主要可以归纳为以下几种。

(一) 劳资关系

"劳"代表劳动者；"资"代表资本所有者，也就是用人单位或者雇主。劳资关系是指劳动者和资本所有者之间建立的权利和义务关系。这种关系既包括劳动者个人与雇主的关系，也包括工会与雇主或者雇主团体的关系。资本的所有者以生产资料的所有者或所有者代理人的身份支配、控制劳动过程；劳动者作为被雇用者通过出卖自身劳动力获取工资报酬。因此，二者之间既有力量的对比，又有利益的博弈，不仅涉及经济层面的工资、福利等问题，还包括社会层面和政治层面的内容。

(二) 劳动关系

劳动关系，又称劳使关系，是劳动者和劳动力使用者(用人单位)之间的一种社会经济关系。在资本主义工业化发展初期，资本所有者同经营者并没有发生分离，用资本就可以代表资本所有者的称谓，这一时期劳资关系的主体同劳动关系的主体是一致的，劳资关系就是劳动关系。但随着资本主义经济的发展，资本的所有者同经营者发生了分离，劳资关系和劳动关系强调的侧重点发生了变化。劳资关系强调劳动者与资本所有者之间的关系，劳动关系强调劳动者与用人单位之间管理和被管理的关系。

(三) 雇佣关系

雇佣关系是一种比较传统的称谓，它指的是雇员在从事雇佣活动中同雇主之间形成的权利和义务关系。在这种关系中，雇主(用人单位)通过支付工资等报酬获得劳动力的使用权，雇员为其提供劳动服务，强调的是雇员个体和雇主的关系。在雇佣关系下，雇主对雇员的工作有指挥、监督的权力，雇员需要按照雇主的要求完成工作任务。从法律角度看，雇佣关系主要受民法等相关法律规范调整，强调双方的合同约定和民事权利义务，如雇主有支付报酬的义务，雇员有提供劳务的义务。

(四) 劳工关系

劳工关系是指劳动者和工作之间的关系。这一概念着重突出劳动关系是以"劳工"为核心的关系，比较强调工会与雇主之间的互动过程，尤其是集体协商的过程。它是劳动关系的另一种称谓，被许多国家和地区广泛使用。

(五) 雇员关系

雇员关系主要是指雇主(组织或雇主代表)与雇员之间的互动和联系。它涵盖了雇佣合同所规定的正式关系，以及在工作场所中发展起来的各种非正式关系。其出发点是企业内部的管理关系。从法律角度看，雇佣合同明确了双方的权利和义务，包括工作内容、工作时间、工资报酬等基本要素；从社会和心理角度讲，雇员关系还涉及员工对工作的满意度、忠诚度、归属感，以及雇主对员工的激励、关怀等方面。

四、劳动关系管理的研究对象

劳动关系管理的研究对象处于不断变化之中，且与其他相关学科和领域的界限通常比较模糊。随着全球化的深入发展，劳动关系管理的研究对象还扩展到劳动关系的跨国比较与国际化方面。不同国家和地区的劳动关系具有不同的特点和模式。多数国家对劳动关系的研究大多集中在"工会—雇主—政府"这些领域，其内容多围绕工会的成因、功能和影响。然而，近年来劳动关系管理的研究范围已经逐步渗透到与工作相关的全部问题，如劳动合同、职业安全和卫生、雇用歧视、雇员满意度、工作保障，以及劳动关系的跨国比较。通过跨国比较可以深入了解各国劳动关系的异同和优劣，为制定更加科学合理的劳动关系政策提供实践参考。同时，随着跨国企业的增多和国际合作的加强，劳动关系的国际化趋势也日益明显，劳动关系管理需要研究如何应对全球化带来的挑战和机遇。

综上所述，劳动关系管理的研究对象是一个由不同层级和不同方面所构成的复杂系统。随着社会的不断发展和进步，劳动关系管理的研究对象也将不断扩展和深化。

第二节 劳动关系的构成要素

劳动关系是以雇员和雇主(劳动者和用人单位)为基本主体构成的，但为了实现劳动过程，作为社会生产过程的组织协调者的政府、作为劳动者利益代表的工会组织，以及作为雇主利益代表的雇主组织也是不可或缺的。从整体上看，劳动关系的构成要素包含劳动关系系统中的主体要素、内容要素和客体要素三个部分的内容。其中，主体要素包括参与劳动关系的双方和协调劳动关系的政府：①劳动者及其组织(工会、职工代表大会)；②用人单位及其组织(雇主组织)；③政府。内容要素包括：①劳动者的权利和义务；②用人单位的权利和义务。客体要素则主要指劳动行为。

一、主体要素

(一) 劳动者

劳动关系中的劳动者是指具有劳动权利能力和劳动行为能力，依照劳动法律、法规被用人单位雇用，并在其管理下从事劳动以获取工资收入的人员。劳动者的概念包括四层含义：①劳动者是被用人单位依法雇用(录用)的人员，不包括自雇用者；②劳动者是在用人单位管理下从事劳动的人员；③劳动者是以工资收入为主要生活来源的人员；④劳动者仅限定在国家劳动法律所规定的范围之内。

(二) 工会

工会是指在市场经济条件下，为维护和改善劳动者的劳动条件和生活条件而设立的组织。设立工会的主要目标是为工会成员争取利益和价值。《中华人民共和国工会法》(以下简称《工会法》)第二条规定："工会是中国共产党领导的职工自愿结合的工人阶级群众组织，是中国共产党联系职工群众的桥梁和纽带。"《中华人民共和国劳动法》(以下简称《劳动法》)第七条规定："工会代表和维护劳动者的合法权益，依法独立自主地开展活动。"

维护职能是工会最核心的职能。工会代表和维护职工的合法权益，通过与企业进行平等协商、签订集体合同等方式，保障职工在工资、工时、劳动安全卫生、社会保险等方面的权益。

(三) 职工代表大会

根据我国《工会法》规定，职工代表大会(职工大会)是企业实行民主管理的基本形式，是职工行使民主管理权利的机构。当企业超过一定人数(综合各地区职工代表大会条例规定，通常多于100人)时，应采取职工代表大会的形式；在职工人数较少(综合各地区职工代表大会条例规定，通常少于100人)的企业，则采取由全体职工参加的职工大会的形式。

职工代表大会为职工和企业管理层提供了一个直接的沟通协调平台。职工的诉求和问题可以通过职工代表及时反馈给企业管理层。

(四) 用人单位

用人单位是指具有法定用人资格，使用劳动力组织生产劳动且向劳动者支付工资报酬的单位。在西方市场经济国家一般称为雇主或雇用人，是指依法雇用劳动者完成一定的劳动任务并向其支付劳动报酬的机构或个人。在我国一般称为用人单位，《劳动法》对于劳动关系双方的构成，具体规定为劳动者和用人单位的关系。

在我国，法律界定的用人单位包括：①企业，是指包括国有企业、集体企业、外商投资企业、私营企业等依法成立、进行生产经营活动的各类经济组织；②个体经济组织，是指雇工7人以下(含7人)的个体工商户；③民办非企业单位，是指企业事业单位、社会团体和其他社会力量，以及公民个人利用非国有资产举办的，从事非营利性社会服务活动的社会组织；④国家机关，包括国家权力机关、国家行政机关、司法机关等；⑤事业组织，是指为了社会公益目的，由国家机关举办或者其他组织利用国有资产举办的，从事教育、科技、文化、卫生等活动的社会服务组织；⑥社会团体，是指我国公民自愿组成、为实现成员共同意愿、按照其章程开展活动的非营利性社会组织。

(五) 雇主组织

雇主组织是由雇主(企业主或企业代表)组成的团体，其主要目的是维护雇主的利益，在劳动关系以及社会经济事务等诸多领域发挥作用。它是一种代表雇主利益的社会组织，具有行业性、区域性等多种形式。其主要作用体现在以下几个方面。

(1) 雇主组织同工会或者工会代表进行集体谈判。在集体协商中，雇主组织可以代表雇主同工会协商，就签订集体合同的事宜达成一致。雇主组织代表用人单位签订的集体合同，对其所代表的用人单位都具有法律效力。

(2) 提供法律支持。在处理劳动者和用人单位的劳动争议中，雇主组织可以向其成员提供必要的法律支持，以维护雇主的权利和利益。

(3) 雇主组织间接地影响劳动关系。雇主组织通过参与同劳动关系有关的政治活动、选举和修订劳动法律、法规等方式，间接地影响劳动关系。

(4) 解决劳动者和用人单位的劳动纠纷。一般来说，雇主组织并不直接参与解决劳动纠纷，只是为用人单位提供咨询和法律、法规指导，以促使劳动者和用人单位及时解决劳动争议。

(六) 政府

从世界各国协调劳动关系实践来看，政府协调劳动关系的作用必不可少，在制定政策、执法监察和处理重大突发性劳动争议事件等方面发挥着主导作用。政府在劳动关系中的作用如下。

(1) 劳动关系的规制者。政府通过制定和实施劳动法律、法规来调整和规范劳动关系，通过立法并推动其实施，建立起劳动关系双方行为的约束机制，促进其平稳运行和发展。由于市场地位不平等、信息不对称、管理关系的不平等，劳动者普遍处于相对弱势的地位。政府制定劳动法律、法规，通过对劳动者的倾斜保护，尽可能实现劳动关系中两个主体权利义务的平衡。

(2) 劳动关系运行的监督者。政府对劳动保障法律、法规的实施情况进行监督检查，采取强制性措施确保劳动保障法律、法规得到全面执行，维护劳动关系双方尤其是劳动者的合法权益，促进劳动关系的正常运行。

(3) 劳动争议的重要调解仲裁者。政府在处理劳动争议时，居中调解和发挥主导作用。劳动争议是市场经济的必然产物。政府作为中立的第三方，与工会、企业方面的代表共同组成劳动争议处理机构，鼓励劳动争议双方当事人尽可能通过调解和法定程序解决劳动争议，将冲突造成的损失降到最低。

(4) 劳动关系重大冲突的控制者。政府在劳动关系双方发生严重冲突时，会同工会、企业组织等争议处理机构及时妥善予以处置，必要时可依法采取一定的行政强制措施，以减轻对经济和社会秩序的不良影响。

(5) 协调劳动关系制度和机制建设的推动者。政府通过推动建立劳动合同制度、集体协商机制和企业内部矛盾纠纷的协商解决机制，形成劳动关系双方的自主协商机制。通过建立劳动监察制度和推动建立三方性的劳动争议仲裁制度，以及协调劳动关系三方机制，建立社会层面的劳动关系调整制度和机制。

二、内容要素

(一) 劳动者的权利和义务

1. 劳动者的权利

1) 劳动就业的权利

我国《劳动法》第三条第一款规定："劳动者享有平等就业和选择职业的权利、取得劳动报酬的权利、休息休假的权利、获得劳动安全卫生保护的权利、接受职业技能培训的权利、享受社会保险和福利的权利、提请劳动争议处理的权利以及法律规定的其他劳动权利。"

2) 参加和组织工会的权利

《劳动法》第七条规定，劳动者有权依法参加和组织工会，使其合法权益能得到工会的代表和维护。

3) 参与民主管理的权利

《劳动法》第八条规定："劳动者依照法律规定，通过职工大会、职工代表大会或者其他形式，参与民主管理或者就保护劳动者合法权益与用人单位进行平等协商。"

2. 劳动者的义务

《劳动法》第三条第二款规定，作为企业职工的劳动者应当完成用人单位规定的劳动任务，提高职业技能，执行劳动安全卫生规程，遵守劳动纪律和职业道德。

1) 完成劳动任务

劳动者应当按照劳动合同约定和用人单位的要求，认真、按时完成劳动任务。这是劳动者最基本的义务。如果劳动者未能完成劳动任务，可能会影响企业的生产经营活动，并且可能会承担相应的责任。

2) 提高职业技能

劳动者有义务不断提高自己的职业技能，以适应社会发展和企业生产技术进步的要求。在当今科技飞速发展的时代，劳动者需要主动学习新知识、新技术。

3) 遵守劳动纪律和职业道德

劳动者必须遵守用人单位的劳动纪律，如考勤制度、工作秩序等。同时，劳动者还应当遵守职业道德，这包括诚实守信、敬业奉献、保守商业秘密等诸多方面。例如，在金融行业，从业者要遵守严格的保密制度，不得泄露客户的财务信息；在服务行业，员工要以热情、周到的服务对待顾客，遵守行业的基本道德准则。

(二) 用人单位的权利和义务

1. 用人单位的权利

1) 劳动指挥权

劳动指挥权是用人单位所拥有的核心权利。用人单位是生产资料的所有者，因此在生产过程中享有相对优势的指挥权，是保证生产经营正常运行和提高劳动生产率的必要前提。为此，用人单位的首要权利是根据本企业的实际情况制定各项规章制度，要求劳动者遵守的权利。

2) 奖惩权

奖惩权是用人单位实施劳动指挥权的延伸和补充，其中惩罚权是用人单位谋求企业生存、提高生产率和维持企业秩序的重要手段。一般法律中不对用人单位的奖励措施进行规定，而是由用人单位根据企业的具体状况和职工在生产过程中的表现设计奖励措施和内容。

3) 人事权

用人单位可以根据需要依法录用、调动和辞退职工，任免企业行政干部，决定企业内部机构和岗位的设置，确保生产经营的正常进行。

2. 用人单位的义务

1) 平等雇用劳动者

就业是劳动者个别劳权的基础和前提，也是劳动者的其他权利在劳动关系中得以实现的条件。

2) 提供劳动报酬

劳动报酬是劳动者在劳动关系中享有的基本和核心的权利，劳动者为了获得劳动报酬，才与雇主缔结劳动关系，也是劳动者进入劳动关系的直接目的和追求。因此，雇佣劳动者的代价就是用人单位必须支付工资报酬。

三、客体要素

劳动关系的客体要素为劳动行为，它是指劳动者在工作过程中，为了完成劳动任务而进行的各种体力和脑力活动的总和。通过劳动行为，劳动者将自身的劳动力与生产资料相结合，创造出产品或服务价值。例如，在一家汽车制造工厂，工人在生产线上进行汽车零部件的组装，这是典型的体力劳动行为；而工程师在办公室设计汽车的新型发动机，这属于脑力劳动行为。

第三节 劳动法的制度体系和调整对象

一、劳动法

(一) 劳动法的产生

工业革命是劳动法产生的重要催化剂。工业革命带来了机器大生产,工厂制度兴起。大量农村劳动力涌入城市的工厂,形成了庞大的产业工人阶级。随着工厂规模的扩大和生产方式的改变,传统的劳动关系调整方式已经无法适应新的需求。劳动过程中的工伤事故频发、职业病滋生,工人的基本权益得不到保障,工人阶级开始强烈要求改善劳动条件,包括废除旧有的工人法规、颁布缩短工作日的法律、增加工资、禁止使用童工、对女工及未成年工给予特殊保护,以及实现社会保险等。这迫切需要国家通过法律手段来规范劳动关系。1802年,英国通过了《学徒健康和道德法》,这是现代劳动立法的开端。该法规定纺织厂不能雇佣9岁以下的学徒,童工每天工作不得超过12小时,并限于清晨6时至晚间9时,禁止做夜工等,其适用范围虽然有限,但它是世界上第一部以保护劳动者权益为宗旨的法律,具有开创性的意义,为后来各国的劳动立法奠定了基础。

在我国,劳动法的产生和发展也经历了一段曲折的过程。20世纪50年代,新中国成立之初,原劳动部曾起草过一部劳动法草案,但由于当时条件不具备,这一草案并未成为正式法律。直到1979年,国家成立了起草小组,开始重新起草《劳动法》。经过多次修订,最终在1994年7月5日,第八届全国人民代表大会常务委员会第八次会议通过了《中华人民共和国劳动法》,自1995年1月1日起施行。这部法律的制定和实施,对于保护劳动者的合法权益、调整劳动关系、建立和维护适应社会主义市场经济的劳动制度、促进经济发展和社会进步具有重要意义。

(二) 劳动法的概念

劳动法的概念可以从狭义和广义两个层面来理解。狭义上,劳动法是指由国家最高立法机关制定和颁布的关于调整劳动关系及与之密切联系的其他社会关系的全国性、综合性的法律,如《中华人民共和国劳动法》。这部法律自1995年1月1日起正式施行,是我国社会主义市场经济体制下的一部重要法律,旨在保护劳动者的合法权益,调整劳动关系,建立和维护适应社会主义市场经济的劳动制度,促进经济发展和社会进步。广义上,劳动法则不仅包括上述狭义的劳动法,还涵盖了所有调整劳动关系,以及与劳动关系有密切联系的其他社会关系的法律规范的总称。这些法律规范以各种单行法规的形式出现,并以劳动法典的形式颁布。

劳动法的主要内容包括:劳动者的主要权利和义务;劳动就业方针政策及录用职工的规定;劳动合同的订立、变更与解除程序的规定;集体合同的签订与执行办法;工作时间与休息时间制度;劳动报酬制度;劳动卫生和安全技术规程等。此外,劳动法还涉及劳动就业法、劳动合同法、工作时间和休息时间制度、劳动报酬、劳动安全与卫生、女工与未成年工的特殊保护制度、社会保险与劳动保险制度、职工培训制度、工会和职工参加民主管理制度、劳动争议处理程序,以及对执行劳动法的监督和检查制度等多个方面。

总的来说，劳动法是调整劳动关系以及与劳动关系密切联系的其他社会关系的法律规范的总称。它既包括狭义的劳动法典，也包括广义上的各种劳动法律规范。劳动法的核心内容和目的是保护劳动者的合法权益，维护劳动关系的稳定与和谐，推动经济发展和社会进步。

(三) 劳动法律渊源

劳动法律渊源，是指具有法的效力意义和作用的法或法律的外在表现形式，主要包括宪法、法律、行政法规、部门规章、地方性法规和规章、正式解释和国际劳工公约等。这些法律渊源共同构建了我国劳动法的法律体系，为劳动关系的调整提供了坚实的法律基础。

1. 宪法

宪法是国家的根本大法，具有最高的法律效力。在劳动领域，宪法中包含了许多关于劳动的基本规定，这些规定是劳动立法的基础和最高准则。例如，我国宪法规定公民有劳动的权利和义务，这确立了劳动权作为公民基本权利的地位。国家通过各种途径，创造劳动就业条件，加强劳动保护，改善劳动条件，在发展生产的基础上，提高劳动报酬和福利待遇等，为劳动法律、法规的制定提供了基本的原则和方向。

2. 法律

(1) 劳动基本法。如《中华人民共和国劳动法》是我国劳动法律体系中的基本法律。它全面规定了劳动关系的各个方面，包括促进就业、劳动合同和集体合同、工作时间和休息休假、工资、劳动安全卫生、女职工和未成年工特殊保护、职业培训、社会保险和福利、劳动争议等内容。这部法律对调整劳动关系起到了基础性的、综合性的作用。

(2) 劳动专项法。如《中华人民共和国劳动合同法》，重点对劳动合同的订立、履行、变更、解除和终止等环节进行详细规定，明确了劳动者和用人单位在劳动合同中的权利和义务，加强了对劳动者的保护，规范了劳动合同制度。《中华人民共和国就业促进法》(以下简称《就业促进法》)主要是为了促进就业，推动经济发展与扩大就业相协调，促进社会和谐稳定，规定了政府在促进就业方面的职责、就业服务和管理、职业教育和培训等内容。

3. 行政法规

行政法规是国务院根据宪法和法律制定的规范性文件。在劳动领域，有许多行政法规，如《工伤保险条例》，它详细规定了工伤保险的参保范围、工伤认定、劳动能力鉴定、工伤保险待遇等内容，是对工伤这一具体劳动保障问题的操作性规范。这些行政法规的效力低于宪法和法律，但它们能够针对劳动领域中的具体问题进行详细规定，使劳动法律制度更加完善和具有可操作性。

4. 部门规章

部门规章是国务院各部门根据法律和国务院的行政法规、决定、命令，在本部门的权限范围内制定的规范性文件。在劳动领域，劳动和社会保障部(现称"人力资源和社会保障部")等部门发布了大量规章。例如，人力资源和社会保障部发布的有关劳动人事争议仲裁办案规则的规章，详细规定了劳动争议仲裁的程序、仲裁庭的组成、证据规则等内容，这些规章为劳动争议的处理提供了具体的操作规范。

5. 地方性法规和规章

地方性法规是由省、自治区、直辖市的人民代表大会及其常务委员会，或者较大的市(如省会城市、经济特区所在地的市等)的人民代表大会及其常务委员会制定的规范性文件。地方政府规章是由省、自治区、直辖市和较大的市的人民政府制定的规范性文件。它们可以根据本地区的实际情况，在不与宪法、法律、行政法规相抵触的前提下，对劳动就业、劳动保护、社会保险等劳动领域的问题作出具体规定。例如，某沿海经济发达城市制定的关于外来务工人员社会保险的地方政府规章，以适应本地劳动力市场中外来务工人员众多的情况。

6. 正式解释

对已经生效的劳动法律、行政法规等规范性文件，任何人都可以根据自己的理解作出解释，律师、语言学家、法学家、公民个人的解释属于任意解释，任意解释不具有法律效力。但是，有权的国家机关对已经生效的劳动法律、行政法规等规范性文件所作出的阐释和说明，可以适用，具有法律效力，因此也是劳动法的法律渊源。根据解释主体的不同，正式解释分为立法解释、司法解释和行政解释。正式解释可以保证相关法律或行政法规在法律适用中不产生歧义，使其得到有效的实施。例如，《最高人民法院关于审理劳动争议案件适用法律若干问题的解释》，对于统一劳动争议案件的司法裁判标准，正确适用法律，维护劳动者和用人单位的合法权益具有重要意义。这些解释可以明确法律条款的具体含义，指导劳动法律的具体实施。

7. 国际劳工公约

国际劳工公约是由国际劳工组织制定的，经成员国批准后，在成员国内具有一定的法律效力。我国已经批准了一系列国际劳工公约，这些公约对于我国完善劳动法律体系、加强劳动保护标准等起到了借鉴和推动作用。例如，我国批准的《禁止和立即行动消除最恶劣形式的童工劳动公约》的决定，促进了我国在禁止童工等方面的法律实施和监督。

总的来说，劳动法的法律渊源是一个多层次、多形式的体系，它们共同构成了我国劳动法的法律基础。这些法律渊源不仅为劳动关系的调整提供了明确的法律依据，也为劳动者权益的保障提供了有力的法律支持。

(四) 劳动法的基本原则

根据《中华人民共和国宪法》(以下简称《宪法》)和《劳动法》的有关规定，将劳动法的基本原则归纳为以下内容。

1. 保障劳动者劳动权的原则

《宪法》第四十二条规定："中华人民共和国公民有劳动的权利和义务。国家通过各种途径，创造劳动就业条件，加强劳动保护，改善劳动条件，并在发展生产的基础上，提高劳动报酬和福利待遇。"第三十三条规定："国家尊重和保障人权。"根据《宪法》的上述规定和其他有关规定，可以说保障劳动者的劳动权是劳动法的首要原则。

劳动权是指法律保障的有劳动能力的公民能够参加社会劳动并因劳动而产生或与劳动有密切联系的各项权利，包括平等的劳动就业权、自由择业权、劳动报酬权、休息休假权、劳动保护权、职业培训权等。这种保障具体体现为基本保护、全面保护和优先保护等方面。基本保护是对劳动者的劳动权最低限度的保护，即对基本权益的保障；全面保护是对劳动者权益和权能的保护，包括人身权益和财产权益、法定权益和约定权益，无论涉及经济、政治、文化、社会等哪个方面，无论是劳动力的所有、占有、交换、使用等哪种权能，劳动法都给予全面保护；优先保护，是指劳动法在对劳动关系当事人的利益都给予合法保护的同时，优先保护在劳动关系中事实上处于相对弱势地位的劳动者。

2. 劳动关系民主化原则

宪法规定，国家发展社会主义民主。在社会主义市场经济体制下，国有企业和集体经济组织实行民主管理。依据宪法的有关规定和其他规定，劳动关系民主化原则同样是劳动法的基本原则。

劳动关系民主化原则的具体内容包括：第一，劳动者有依据法律的规定享有参加和组织工会的权利，有通过工会、职工大会或职工代表大会参与民主管理的权利。第二，劳动关系当事人双方有就劳动关系事务和生产经营事务进行平等协商的权利。第三，劳动关系当事人双方享有集体协商权和共同决定权。劳动条件不能由劳动关系当事人单方决定，一般劳动条件的决定，包括劳动报酬、工作时间、休息休假、劳动安全卫生、职业培训、保险福利等事项，由工会或职工代表与用人单位通过集体协商、订立集体合同的形式决定。第四，政府制定或调整重大劳动关系标准应当贯彻"三方原则"，即政府、工会和企业家协会(雇主协会)共同参与决定或听取工会和企业家协会(雇主协会)的意见。第五，用人单位制定重要规章制度涉及劳动者利益的，用人单位对劳动者进行重大处罚等事项应当通过一定形式听取工会意见。第六，劳动争议仲裁委员会的组成应当贯彻"三方原则"。第七，在劳动关系领域的其他方面，工会享有广泛的参与权、知情权和咨询权等。

3. 物质帮助权原则

《宪法》第十四条第四款规定："国家建立健全同经济发展水平相适应的社会保障制度。"第四十四条规定："国家依照法律规定实行企业事业组织的职工和国家机关工作人员的退休制度。退休人员的生活受到国家和社会的保障。"第四十五条规定："中华人民共和国公民在年老、疾病或者丧失劳动能力的情况下，有从国家和社会获得物质帮助的权利。国家发展为公民享受这些权利所需要的社会保险、社会救济和医疗卫生事业。"依据宪法的上述规定和其他规定，物质帮助权原则是劳动法的第三条基本原则。

物质帮助权是劳动者暂时或永久丧失劳动能力、暂时失去就业机会时有从社会获得物质帮助的权利。物质帮助权作为公民的基本权利，就劳动者而言，主要通过社会保险来实现。此外，社会保险作为物质帮助权实现的主要方式，还具有以下特征。第一，社会性。社会性包括保险范围的社会性，各类劳动关系的劳动者均被纳入社会保险的范围；保险目的的社会性，建立健全社会保险制度，既反映社会的政治进步，也促进经济发展；保险组织和管理的社会性，社会保险是一种政府的保险制度，由国家立法确认和保护，保险基金的筹集和运营、保险待遇的给付和管理等方面由政府组织实施。第二，互济性。互济性一方面表现为社会保险基金实行社会统筹，另一方面表现为社会保险基金平衡调剂，将个别劳动者的风险所形成的损失和负担在缴纳保险费的多数主体间分摊。第三，补偿性。劳动者享受的各项社会保险待遇均是劳动者通过自己的劳动创造的，各项社会保险的给付集中反映了其补偿性特征。

二、劳动法的制度体系

劳动法涵盖了四大体系内容，即劳动关系法律制度、劳动标准法律制度、劳动保障法律制度和劳动监察法律制度。它是一个多层次、多方面的综合法律体系，旨在保护劳动者的合法权益，调整劳动关系，并建立和维护适应社会主义市场经济的劳动制度。

(一) 劳动关系法律制度

劳动关系法律制度包含劳动合同制度、集体合同制度、工会和职工民主管理制度和劳动争议处理制度等。

(1) 劳动合同制度：劳动合同是市场经济条件下劳动者个人与用人单位建立劳动关系的契约，是落实劳动保障法律法规、规范劳动关系双方权利和义务的重要载体。1994年颁布的《劳动法》确立了劳动合同制度的法律地位和基本框架，极大地推动了劳动合同制度的全面实施。2012年修订的《中华人民共和国劳动合同法》(以下简称《劳动合同法》)进一步对劳动合同的订立、存续、解除或终止的过程进行了全面系统的规范。劳动合同制度是市场经济条件下调整个别劳动关系的一项基本制度。目前，我国已普遍实行了劳动合同制度。

(2) 集体合同制度：集体合同是指用人单位与本单位职工根据法律、法规、规章的规定，就劳动报酬、工作时间、休息休假、劳动安全卫生、职业培训、保险福利等事项，通过集体协商签订的书面协议。集体合同制度是调整集体劳动关系的基本制度。

自《劳动法》正式确立了集体合同制度以来，集体合同覆盖面不断扩大，1994年原劳动部颁布了《集体合同规定》，并于2004年对该规定进行了修订，以部令形式颁布。为进一步从法律上对集体合同制度进行明确，《劳动合同法》用专节对集体协商和集体合同制度的有关内容进行了特别规定。例如，在协商过程中，双方代表应当就各项劳动条件和劳动报酬等问题进行充分的讨论，达成一致意见后形成草案。集体合同签订后，应当报送劳动行政部门；劳动行政部门自收到集体合同文本之日起 15 日内未提出异议的，集体合同即行生效。集体合同的效力高于劳动合同，当劳动合同的标准低于集体合同标准时，按照集体合同执行。

(3) 工会和职工民主管理制度：工会和职工民主管理制度用于保障劳动者的结社权和民主管理参与权。该项制度规定工会的法律地位，工会的职责与任务，工会的工作方式与活动方式，以及劳动者民主参与管理的形式，职工大会、职工代表大会的职权等内容。

我国职工民主管理制度的主要体现形式是职工代表大会制度。按照法律规定，职工代表大会是由职工民主选举产生的、职工代表组成的、代表全体职工行使民主管理的机构，是企业实行民主管理的基本形式。职工代表大会制度一直是公有制企业实行职工民主管理的一种法定必要形式。

(4) 劳动争议处理制度：包括为了保证劳动实体法的实现而制定的有关劳动争议处理的调解程序、仲裁程序和诉讼程序的规范，以及劳动争议处理机构的组成，调解、仲裁程序应遵循的原则等内容。

劳动争议是指劳动关系双方当事人因实行劳动权利和履行劳动义务而发生的纠纷。劳动争议处理制度是指由法定的机构依法对劳动关系主体双方因劳动权利和义务发生的纠纷进行处理的一项制度。它是调整劳动关系的重要手段，是处理劳动关系主体双方矛盾纠纷的重要机制，是劳动关系协调机制的重要组成部分。我国自1987年恢复劳动争议处理制度以来，先后颁布了《中华人民共和国企业劳动争议处理条例》《中华人民共和国劳动争议调解仲裁法》(以下简称《劳动争议调解仲裁法》)等法律、法规，明确了以协商、调解、仲裁、诉讼为主要环节的先裁后审的劳动争议处理制度。我国实行的是"一调、一裁、两审"的争议处理体制。

(二) 劳动标准法律制度

劳动标准法律制度主要有工作时间和休息休假制度、工资制度、劳动安全与卫生制度、女职工与未成年工的特殊保护制度等。

(1) 工作时间和休息休假制度：包括对标准工作日和工作周的各项规定，对延长工作时间的规定和限制，休息时间、法定节日、年休假等规定。

(2) 工资制度：包括工资等级制度、工资、奖励、津贴制度的基本原则，最低工资法，在特殊情况下的工资支付等办法。

(3) 劳动安全与卫生制度：包括各种安全卫生的技术规程、职业病的预防与治疗、劳动保护用品的发放标准、各种安全和卫生的管理制度等。

(4) 女职工与未成年工的特殊保护制度：包括对女职工、未成年工从事有害健康的工作的限制，对女职工孕期、产期、哺乳期、经期的保护。对未成年工就业年龄和工作时间的职业培训的法规，包括学徒制度、技工学校制度、在职培训制度与转业培训制度等。

(三) 劳动保障法律制度

劳动保障法律制度主要有促进就业制度、职业培训法律制度、社会保险法律制度、劳动福利法律制度和协调劳动关系三方机制等。

(1) 促进就业制度：促进就业制度的主要内容是规范国家和各级政府在促进就业方面的职责，以及对社会特定人口群体如妇女、残疾人员、少数民族人员、退出现役的军人等的专门促进就业措施。

(2) 职业培训法律制度：职业培训是指对要求就业的或已经就业的劳动者进行的专业技术知识和职业技能的教育与训练。其目的在于开发劳动者的职业技能，提高劳动者的素质，增强劳动者的就业能力和工作能力。职业培训是国家国民教育体系的重要组成部分。职业培训制度规定政府有关部门和用人单位在发展培训事业和开发劳动者职业技能方面的职责、管理权限、职业分类、通用标准和职业技能考核鉴定制度。

(3) 社会保险法律制度：社会保险制度是为了保障劳动者的物质帮助权，其功能是使劳动者在年老、患病、工伤、失业和生育等情况下能够获得帮助和补偿。社会保险制度的主要内容包括：社会保险的体制，社会保险的项目、种类，社会保险的适用范围，享受社会保险待遇的资格条件和标准，社会保险待遇的支付原则，以及社会保险基金的筹集、运营和管理等。

(4) 劳动福利法律制度：用人单位应当创造条件，改善集体福利，提高劳动者的福利待遇，如提供职工食堂、宿舍、班车等福利设施，以及发放节日福利、年终奖金等。

(5) 协调劳动关系三方机制：三方机制是由政府、工会代表、雇主代表组成的三方性劳动关系协调制度。2001年8月，由原劳动和社会保障部、中华全国总工会、中国企业联合会三方共同建立了国家协调劳动关系三方会议制度。《工会法》《劳动合同法》《劳动争议协调仲裁法》先后对县级以上人民政府劳动行政管理部门会同工会和企业组织方面代表建立协调劳动关系三方机制作出明确规定。各地三方借助这一社会对话平台，对劳动关系方面的重大问题进行协商、沟通，在研究解决劳动关系重大问题上发挥了独特的作用。

(四) 劳动监察法律制度

劳动法的监察制度是为有效贯彻实施劳动法，保护劳动者的合法权益，对用人单位和其他有关单位遵守劳动法的情况实行监督、检察、纠偏、处罚活动的主体、监察的目的、监察的客体、监察的方式，对违反劳动法的行为进行制止、纠正和追究违法行为人法律责任的规范的总称。劳动法监察的内容既包括《劳动法》各项规定的实施状况，也包括劳动法律部门各项劳动法律规范的实施状况。劳动法监察的功能是保证劳动法体系的全面实施。

1993年8月，原劳动部颁布了《劳动监察规定》，我国逐步实现对用人单位用工行为监管的法制化。2004年，我国又颁布了《劳动保障监察条例》，进一步确立了劳动保障监察的性质和地位，健全了劳动保障监察制度。

三、劳动法的调整对象

劳动法的调整对象包括两个方面的关系：一是劳动关系，这也是劳动法调整的最重要、最核心的关系；二是与劳动关系密切相关的其他社会关系。

(一) 劳动关系

1. 劳动关系的定义与特征

劳动关系是指劳动者与用人单位之间在实现劳动过程中发生的社会关系。其具有以下特征。

(1) 主体特定性。劳动关系的主体一方是劳动者，另一方是用人单位。劳动者是指达到法定年龄、具有劳动能力、以从事某种社会劳动获取收入为主要生活来源的自然人。用人单位则是依法招用和管理劳动者，对劳动者的劳动过程进行组织、指挥、监督和管理，按照法律规定或者合同约定支付劳动报酬的组织，包括企业、个体经济组织、民办非企业单位、国家机关、事业单位、社会团体等。

(2) 隶属性。劳动者与用人单位之间存在着管理与被管理、指挥与被指挥的隶属关系。用人单位依法制定的各项规章制度对劳动者具有约束力，劳动者需要按照用人单位的要求完成工作任务，遵守工作纪律和工作规程。例如，在工厂的生产线上，工人需要按照工厂规定的生产流程和工作时间进行工作，听从车间管理人员的指挥和调度。

(3) 劳动给付性。劳动关系是基于劳动者向用人单位提供劳动而产生的关系。劳动是劳动者的主要义务，而用人单位的主要义务是向劳动者支付劳动报酬。这种劳动给付是劳动关系的核心内容，包括体力劳动和脑力劳动，如建筑工人的体力劳动，程序员的脑力劳动等。

2. 劳动关系的具体内容

(1) 劳动报酬关系。这是劳动关系中最基本的内容之一。劳动者通过付出劳动，有权获得相应的报酬。劳动报酬的形式多样，包括计时工资、计件工资、奖金、津贴和补贴等。例如，一名销售员的劳动报酬可能由基本工资和销售提成组成，基本工资按照每月的工作时间计算，销售提成则根据其销售业绩来确定。

(2) 工作时间和休息休假关系。劳动法对劳动者的工作时间和休息休假有明确规定。用人单位需要合理安排劳动者的工作时间，保证劳动者享有法定的休息休假权利。如劳动者每周至少有1天的休息日，在法定节假日(如春节、国庆节等)应安排休假，并且劳动者在工作一定时间后还享有带薪年休假的权利。

(3) 劳动安全卫生关系。用人单位有义务为劳动者提供安全、卫生的工作环境和必要的劳动保护条件。例如，在化工企业，用人单位要为劳动者配备防毒面具、防护手套等防护用品，对生产车间的有毒有害气体进行监测和控制，防止劳动者发生职业伤害和职业病。

(4) 职业培训关系。用人单位为了提高劳动者的职业技能和素质，适应企业生产经营的需要，会对劳动者进行职业培训。这种培训可以是新员工入职培训，也可以是针对新技术、新工艺的在职培训。例如，一家软件公司为了让员工掌握新的编程语言，会组织内部培训或者送员工参加外部的专业培训课程。

(二) 与劳动关系密切相关的其他社会关系

1. 劳动行政关系

劳动行政部门代表国家对劳动关系进行监督和管理，与用人单位和劳动者发生的社会关系属于劳动行政关系。例如，劳动行政部门对用人单位的劳动用工情况进行检查，包括审查用人单位是否依法签订劳动合同、是否按照规定缴纳社会保险、是否遵守最低工资标准等。同时，劳动行政部门也为劳动者提供就业服务、职业培训等方面的指导和帮助。

2. 社会保险关系

社会保险关系是指劳动者、用人单位和社会保险经办机构之间的关系。用人单位和劳动者必须依法参加社会保险，如养老保险、医疗保险、失业保险、工伤保险和生育保险。用人单位有为劳动者缴纳社会保险费的义务，劳动者在符合条件时可以享受社会保险待遇。例如，劳动者在生病就医时，可以通过医疗保险报销部分医疗费用；在因工作遭受事故伤害时，可以享受工伤保险待遇，包括工伤医疗救治、伤残津贴等。

3. 劳动服务关系

劳动服务关系是指劳动服务机构(如职业介绍机构、职业培训机构等)为劳动者和用人单位提供服务而产生的社会关系。职业介绍机构为劳动者提供就业信息、推荐就业岗位，为用人单位招聘员工提供服务。职业培训机构为劳动者提供职业技能培训，提高劳动者的就业能力和职业素质。例如，一个职业介绍中心为求职者和用人单位牵线搭桥，促成就业意向，它与求职者和用人单位之间就形成了劳动服务关系。

四、我国劳动法调整劳动关系的范围

我国劳动法调整劳动关系的范围广泛，涵盖了多种类型的用人单位和劳动者之间的劳动关系。具体来说，主要包括以下几个方面。

(一) 企业、个体经济组织、民办非企业单位等组织的劳动关系

(1) 企业：作为用人单位，与劳动者签订劳动合同，明确双方的权利和义务。企业依法制定的各项劳动规章制度适用于劳动者，劳动者受企业的劳动管理，从事企业安排的有报酬的劳动。这种劳动关系是最为常见的，也是劳动法调整的主要对象之一。

(2) 个体经济组织：如个体工商户等，虽然规模较小，但同样需要与劳动者建立劳动关系。双方通过签订劳动合同，明确工作内容、劳动报酬等事项。个体经济组织同样需要遵守劳动法的相关规定，保障劳动者的合法权益。

(3) 民办非企业单位：是指利用非国有资产举办的，从事非营利性社会服务活动的社会组织。这类单位与劳动者建立劳动关系时，也需要遵守劳动法的规定，保障劳动者的合法权益。

(二) 国家机关的劳动关系

国家机关与所用工勤人员之间的劳动关系是劳动法的调整对象。对于参照公务员管理的工作人员，其劳动关系适用公务员法，不属于劳动法的调整范围。

(三) 事业单位的劳动关系

(1) 参照公务员管理的工作人员：其劳动关系适用公务员法，不属于劳动法的调整范围。

(2) 实行聘任制的人员：有特别规定的从其规定；无特别规定的人员的劳动关系适用劳动法。

(3) 工勤人员：其劳动关系适用劳动法。

(四) 社会团体的劳动关系

(1) 参照公务员管理的社会团体：如工会、共青团、妇联等，其工作人员的劳动关系适用公务员法，不属于劳动法的调整范围。

(2) 工勤人员：其劳动关系适用劳动法。

(3) 其他社会团体：与其劳动者的劳动关系适用劳动法。

(五) 依法成立的合伙组织和基金会等单位的劳动关系

依法成立的会计师事务所、律师事务所等合伙组织和基金会与其劳动者的劳动关系也属于劳动法的调整范围。

值得注意的是，农村劳动者、现役军人、家庭保姆、自然人用工等性质的劳动关系，以及国家机关、事业组织、社会团体的非劳动关系(即公务员和依法参照执行公务员制度的劳动者的劳动关系)，不属于我国劳动法调整的范围。

第四节　劳动关系的认定

一、劳动关系的构成要件

劳动关系是指双方当事人通过合意由劳动者一方提供劳动、用人单位一方给付报酬所形成的具有经济、人身从属性的权利义务关系。根据该定义，劳动关系的构成要件包括以下几个方面。

(一) 适格的双方当事人，即用人单位和劳动者

用人单位和劳动者符合法律、法规规定的主体资格。就用人单位而言，根据《劳动合同法》第二条之规定，应为我国境内依法设立的企业、个体经济组织、民办非企业单位等组织，以及国家机关、事业单位、社会团体。就劳动者而言，应当为已满16周岁的自然

人，但不包括达到法定退休年龄且已经办理退休手续、依法享受养老保险待遇或领取退休金的人员。对于未满16周岁的自然人，可由文艺、体育和特种工艺单位招用。

(二) 具有建立劳动关系的合意

劳动关系的建立需要双方当事人间形成合意——即双方之间一致同意建立劳动关系的意思表示。对当事人之间建立劳动关系的合意认定，应当遵循民法"意思表示"认定和解释标准。通常，除书面合同外，确定双方达成的合意证据包括工资支付凭证、社会保险缴纳证明、工作证、招聘登记表、考勤记录、工作服等。

(三) 从属性

从属性是认定劳动关系的实质性要件，亦是劳动关系区别于其他法律关系的关键所在。劳动关系的从属性，包括经济和人身从属性。经济从属性主要在于劳动者以自身劳动获取报酬，在经济上从属于用人单位。人身从属性则是指用人单位相对劳动者处于管理、指挥、控制和支配地位。双方权利义务只有同时满足人身和经济从属性才能构成劳动关系，其中以人身从属性为核心。

二、劳动关系认定的一般标准

根据《劳动法》第十六条的规定，劳动合同是劳动者与用人单位确立劳动关系、明确双方权利和义务的协议。建立劳动关系应当订立劳动合同。但在认定劳动关系时，不能仅以双方之间是否签订了书面劳动合同为依据，而应以用工过程中所体现的双方当事人的权利与义务关系来确定。

(一) 法律法规对劳动关系认定

原劳动和社会保障部《关于确立劳动关系有关事项的通知》(劳社部发〔2005〕12号文件)：用人单位招用劳动者未订立书面劳动合同，但同时具备下列情形的，劳动关系成立：①用人单位和劳动者符合法律、法规规定的主体资格；②用人单位依法制定的各项劳动规章制度适用于劳动者，劳动者受用人单位的劳动管理，从事用人单位安排的有报酬的劳动；③劳动者提供的劳动是用人单位业务的组成部分。

(二) 实践对劳动关系的认定

实践对劳动关系的认定主要考虑三个方面的因素。①主体资格。用人单位主体不能是个人，且必须合法成立并存续，无营业执照或者未经依法登记、备案的单位，以及被依法吊销营业执照或者撤销登记、备案的单位是非法用工单位，不能与劳动者形成劳动关系；另外，年满十六周岁且未享受养老保险待遇或者未领取退休金的劳动者，可以认定为符合法律、法规规定的主体资格。②建立劳动关系的意思表示。有书面约定的，可以根据合同中对权利义务内容的约定判断双方之间是否有建立劳动关系的合意；没有书面约定的，需结合其他证据，如工资凭证、工作证、考勤记录、邮件收发记录、微信记录、社保缴纳记录等。③从属性。劳动关系的从属性包括经济从属性及人身从属性，前者表现为劳动者对用人单位经济上的依赖，后者表现为用人单位对劳动者的指挥、控制和支配。

(三) 新业态下劳动关系的认定

判断互联网平台用工是否构成劳动关系，应以事实为基础，审查双方是否符合劳动关系核心特征。对于适格主体之间，平台企业的指挥、管理与监督权具有决定作用，从业者无实质自主决定权，从业者获得的报酬为其主要经济来源且具有持续稳定特点，其提供的劳动是平台企业的业务组成部分的，应认定双方存在劳动关系。从业者应平台企业要求注册个体工商户、自备部分生产资料、薪酬由其他主体代发、双方事先对身份关系进行约定等均不影响劳动关系的认定。

资料链接

外卖骑手劳动关系确认典型案例

2020年12月3日，原告陈某某作为劳动者与被告某服务有限公司签订了劳动合同书，被告安排原告从事外卖骑手工作。2021年6月7日，双方达成解除劳动关系协议书。2021年9月8日，被告某服务有限公司与某科技有限公司签订了《业务外包协议书》。双方合作内容为被告从事××配送行业，某科技有限公司为被告寻找、筛选合适的自由职业者，并由被告支付服务费和任务佣金，某科技有限公司再将任务佣金发给自由职业者。后某科技有限公司分别向原告转账9 580.00元、5 945.00元、11 024.00元、7 511.00元。2022年5月5日，原告向劳动人事争议调解仲裁委员会提起仲裁，要求确认其与被告存在事实劳动关系。2023年1月17日，劳动人事争议调解仲裁委员会裁决原告与被告之间不存在事实劳动关系。原告不服该裁决，向承德市双桥区人民法院提起诉讼。最终，该法院从劳动管理、相关公司的业务组成等情况综合认定原告与被告之间存在劳动关系，从而维护了外卖骑手的合法权益。

分析：

本案中，原告提供其于2021年12月22日订单操作记录能证明其从事骑手配送行业，且该订单操作记录加盖被告的公章，故法院认为原告作为劳动者，对证明其与用人单位存在劳动关系，已完成了初步举证责任。同时，被告公司从事××配送行业，其与某科技有限公司签订的业务外包协议书中约定，被告应为自由职业者提供符合国家关于劳动保护的相关法律、法规规定的工作场所和各项安全条件，应尽全力保障其人身、财产安全，故能够确认原告系在被告提供的工作场所进行工作，并接受被告公司的管理。被告主张原告的工资系由某科技有限公司发放，但根据业务外包协议书中约定，系被告公司向某科技有限公司支付服务费和任务佣金后，科技有限公司再将佣金发给自由职业者。故原告和被告之间存在劳动关系。

三、劳动关系与劳务关系的区别

根据《最高人民法院关于审理劳动争议案件适用法律问题的解释(一)》(2021年施行)第三十二条，用人单位与其招用的已经依法享受养老保险待遇或者领取退休金的人员发生用工争议而提起诉讼的，人民法院应当按劳务关系处理。企业停薪留职人员、未达到法定退休年龄的内退人员、下岗待岗人员以及企业经营性停产放长假人员，因与新的用人单位发生用工争议而提起诉讼的，人民法院应当按劳动关系处理。

(一) 劳动关系

劳动关系是用人单位与劳动者之间建立的，由劳动者一方提供劳动、用人单位一方给付报酬所形成的具有经济、人身从属性的权利义务关系。

(二) 劳务关系

劳务关系，是指一方提供劳务、另一方支付报酬的民事关系，如家庭或个人与保姆、家教等人员之间的关系，个体工商户、农村承包经营户与受雇人之间的关系，用工单位与依法享受养老保险待遇或者领取退休金的人员的关系等。劳务关系的基本特征如下。

(1) 双方当事人的地位平等，在人身上不具有隶属关系。

(2) 工作风险一般由提供劳务者自行承担。但由雇工方提供工作环境和工作条件的和法律另有规定的除外。

(3) 基于民事法律规范成立，并受民事法律规范的调整和保护。

(4) 主体具有不特定性，提供劳务方和用工方都可以是自然人、法人或其他组织。

(三) 劳动关系与劳务关系的区别

1. 主体不同

劳动关系中的用人主体如前所述，劳务关系中的用工主体范围较为广泛，可以是自然人、法人或其他非法人组织。劳动关系中的劳动者限于法定情形，而劳务关系中的提供劳务方可以是依法享受养老保险待遇或者领取退休金的人员，也可以是未满16岁的未成年人。

2. 主体地位不同

劳动关系中，主体双方具有隶属性，劳动者是用人单位的成员，遵守单位的规章制度，服从单位的领导和安排。劳务关系中，双方是平等的民事主体，提供劳务一方提供劳务服务，接受劳务一方支付劳务报酬，双方也存在一定的管理关系，但是该管理更侧重于在提供劳务时的安排。

3. 报酬、福利待遇和风险承担不同

劳动关系中的劳动者享有定期、足额获取工资报酬的权利，除获得工资报酬外，还享有社会保险、公积金、各类补贴等福利待遇，如果劳动者在劳动过程中受到了意外伤害或者患职业病，可以认定工伤并获得工伤保险赔偿。劳务关系中的提供劳务方一般只获得劳务报酬，接受劳务方无须提供保险、福利待遇等，工作风险一般也由提供劳务方自行承担。

4. 适用法律及救济途径不同

因劳动关系产生的劳动争议适用《劳动法》《劳动合同法》等相关规定，通过协商、调解、劳动仲裁、民事诉讼程序处理。劳务关系产生的纠纷为普通民事纠纷，适用《中华人民共和国民法典》(以下简称《民法典》)等相关规定，通过协商、调解、民事诉讼程序处理。

资料链接

提供劳务过程中意外受伤致残，责任谁来承担？

装修工李某多年来一直跟随同行王某从事室内装修工作。某日，李某在对一店铺进行吊顶作业时，未按规定采取系安全绳、戴安全帽等保护措施，因脚手架滚轮滑动不慎摔落受伤，造成颅脑损伤和胸椎、腰椎骨折等严重后果，经治疗后落下残疾。双方在多次协商后无法达成赔偿协议，李某遂向法院提起诉讼。

法院审理认为，店铺经营者与被告王某之间形成的是承揽合同关系，被告王某与原告李某之间形成个人劳务关系。店铺负责人未履行基本的提示或监督作用，对于原告因此受伤的过错相对较小，酌情应承担10%的责任。被告王某作为店铺的装修承揽人，对雇佣人员未提供安全保障措施，也未对作业工具的安全使用等方面进行检查和管理，对于本次事故造成原告受伤的后果存在较大过错，应承担60%的责任。而原告本人作为熟练的装修作业人员，对防范自身安全等问题应高度重视，但其疏忽大意、过于自信，导致了本次事故的发生，对造成自身损害的结果也负有相应的责任，应承担30%的责任。

【法条链接】

《民法典》第一千一百九十二条规定，个人之间形成劳务关系，提供劳务一方因劳务造成他人损害的，由接受劳务一方承担侵权责任。接受劳务一方承担侵权责任后，可以向有故意或者重大过失的提供劳务一方追偿。提供劳务一方因劳务受到损害的，根据双方各自的过错承担相应的责任。

第一千一百九十三条规定，承揽人在完成工作过程中造成第三人损害或者自己损害的，定作人不承担侵权责任。但是，定作人对定作、指示或者选任有过错的，应当承担相应的责任。

第一千一百七十九条规定，侵害他人造成人身损害的，应当赔偿医疗费、护理费、交通费、营养费、住院伙食补助费等为治疗和康复支出的合理费用，以及因误工减少的收入。造成残疾的，还应当赔偿辅助器具费和残疾赔偿金；造成死亡的，还应当赔偿丧葬费和死亡赔偿金。

第五节　和谐劳动关系的构建

党的二十大报告明确提出"完善劳动关系协商协调机制，加强灵活就业和新就业形态劳动者的权益保障"的目标要求。推动中国特色和谐劳动关系健康发展，对实现"两个一百年"奋斗目标、实现中华民族伟大复兴的中国梦，具有重要的理论意义和现实意义。和谐的劳动关系成为建立和完善社会主义市场经济体制的一项长期而重要的任务。

一、和谐劳动关系的基本含义和特征

(一) 和谐劳动关系的基本含义

和谐劳动关系是指劳动者与用人单位之间基于平等自愿、公平公正、诚实信用的原则，形成的稳定、和谐、有序的劳动关系。在这种关系中，劳动者对用人单位的工作以及薪酬待遇感到满意，而用人单位也对劳动者的工作表现感到满意。

1. 从劳动者和用人单位权利义务角度来看

(1) 权益保障方面。①劳动者的权利得到充分保障，如获得公平合理的劳动报酬。劳动报酬不仅要符合国家法律、法规规定的最低工资标准等要求，还应当与劳动者的工作岗位、工作强度、工作技能等相匹配。②用人单位的合法权益也能得到维护，包括知识产权、商业秘密等。

(2) 责任履行方面。①劳动者需要遵守用人单位的规章制度，按照合同约定提供劳动服务。例如，劳动者在工作时间内保质保量地完成工作任务，遵守企业的考勤制度、工作流程规范等。同时，劳动者还应当履行对企业的忠诚义务，不能同时在与本单位有竞争关系的单位兼职，损害用人单位的利益。②用人单位则要为劳动者提供安全健康的工作环境，这是企业的基本责任。同时，用人单位还要按照法律规定和合同约定，为劳动者提供职业培训、晋升机会等。

2. 从劳动关系协调机制角度来看

(1) 沟通机制顺畅。劳动者和用人单位之间建立了有效的沟通渠道。企业内部设有员工意见反馈箱、定期的员工座谈会等方式，让劳动者能够将自己在工作中的困难、对企业管理的建议等及时反馈给管理者。

(2) 争议解决机制合理高效。当劳动关系双方出现争议时，有公正合理的解决方式。比如劳动争议调解仲裁机构能够公正地处理纠纷，并且企业内部也可以设有劳动争议调解委员会，在劳动争议初期进行调解，避免矛盾激化。通过协商、调解、仲裁等多种方式，及时、公平地解决劳动者和用人单位之间的分歧，如在工资支付、劳动合同解除等问题上出现争议时，能够按照法定程序和公平原则进行处理。

3. 从社会层面看

(1) 符合法律、法规和社会道德规范。和谐劳动关系必须是建立在遵守国家劳动法律、法规的基础之上。同时，劳动关系还要符合社会道德观念，企业不能过度压榨劳动者，劳动者也不能恶意损害企业利益。

(2) 促进社会稳定和经济发展。良好的劳动关系能够对社会稳定起到积极的促进作用。当劳动者和用人单位关系和谐，劳动者的工作积极性高，失业率会保持在合理水平，社会矛盾减少。从经济发展角度看，和谐劳动关系有利于企业提高生产效率，降低人力成本损耗(如因劳动争议导致的时间成本、经济赔偿等)，进而促进整个经济的健康持续发展。

(二) 和谐劳动关系的特征

1. 合同性

和谐劳动关系建立在劳动合同的基础上。劳动合同是劳动者与用人单位之间建立劳动关系的法律凭证，它明确了双方的权利和义务，规范了劳动关系双方的行为。

2. 法制性

和谐劳动关系遵循法律、法规的约束。在市场经济条件下，劳动关系在构成、运行、处理等方面应当实现法制化，以法律原则、法律方式作为调整劳动关系的主要模式。

3. 民主性

和谐劳动关系强调民主参与和协商。这包括劳动关系三方协商机制、平等协商和集体合同制度以及职工民主管理制度等，旨在保障劳动者的合法权益，提升劳动者在劳动关系中的地位和权利。

4. 救助性

和谐劳动关系需要建立一套解决矛盾和化解冲突的有效机制。当劳动关系双方出现矛盾时，应通过协商、调解、仲裁等方式及时解决，以维护劳动关系的稳定和谐。

二、构建和谐劳动关系的重要性

加强劳动关系协调，大力构建和谐稳定的劳动关系，既是构建和谐社会的重要内容，又是构建和谐社会的重要基础和必然要求。

(一) 劳动关系是最基本和最重要的社会关系

劳动关系的本质属性决定其成为现代社会经济生活中最基本、最重要的社会关系。随着我国工业化、城镇化进程的不断加快，劳动关系的调整对象日益增加，劳动关系的影响范围和程度不断加大。同时，劳动关系作为基础性的社会经济关系，深刻影响着企业乃至国家的经济发展和社会稳定。协调和处理劳动关系双方的利益矛盾，是处理和协调各种社会经济矛盾工作中的一项长期的任务，是协调社会经济发展的要求，是建设和谐社会的基础工作。

(二) 构建和谐劳动关系是营造和谐社会的重要内容

在促进经济发展的基础上，更加关注社会发展和人的全面发展，维护广大人民群众的合法权益，促进社会公平，是营造和谐社会的重要内容。经济利益是劳动关系的核心，劳动关系涉及企业和劳动者最关心、最直接、最现实的利益问题。为此，需要加快建立健全协调劳动关系的体制、机制，完善利益分配机制和劳动纠纷调处机制，维护好劳动关系双方的合法权益，尤其是劳动者的经济权利、民主权利和发展权利，引导双方通过正常渠道表达合理诉求，妥善和及时处理劳动关系方面的矛盾和冲突，实现职工得实惠、企业得效益、经济得发展、社会得稳定的共进局面，促进社会主义和谐社会建设。

(三) 构建和谐劳动关系是保持经济又好又快发展的重要前提

建设和谐社会需要强大的物质基础，经济的健康协调可持续发展是获得物质基础的根本保障。劳动是创造财富的源泉。建立和谐的劳动关系，尊重劳动、尊重知识、尊重人才、尊重创造，就可以更充分、更广泛地调动劳动者、经营者和投资者等各方面的积极性和创造性，使全社会充满创造活力，让一切创造社会财富的源泉充分涌流，推动生产力的进一步解放和发展，为和谐社会建设奠定坚实的物质基础，不断在更高层次上实现社会和谐。

三、构建和谐劳动关系的原则

(一) 坚持以人为本

把解决广大职工最关心、最直接、最现实的利益问题，切实维护其根本权益，作为构建和谐劳动关系的根本出发点和落脚点。

(二) 坚持依法构建

健全劳动保障法律、法规，增强用人单位依法用工意识，提高职工依法维权能力，加强劳动保障执法监督和劳动纠纷调处，依法处理劳动关系矛盾，把劳动关系的建立、运行、监督、调处的全过程纳入法治化轨道。

(三) 坚持共建共享

统筹处理好促进企事业发展和维护职工权益的关系，调动劳动关系主体双方的积极性、主动性，推动企事业和职工协商共事、机制共建、效益共创、利益共享。

(四) 坚持改革创新

从我国基本经济制度出发，统筹考虑公有制经济、非公有制经济和混合所有制经济的特点，不断探究和把握社会主义市场经济条件下劳动关系的规律性，积极稳妥推进具有我国特色的劳动关系工作理论、体制、制度、机制和方法创新。

四、构建和谐劳动关系的基本思路和目标任务

(一) 基本思路

发展和谐劳动关系的基本思路是以习近平新时代中国特色社会主义思想为指导，按照党中央关于构建社会主义和谐社会的要求，以发展和谐劳动关系为目标，在解决劳动关系突出问题的同时，推进治理体系与治理能力现代化相适应的劳动关系协调体制，形成发展和谐劳动关系长效机制和制度，构建规范有序、公正合理、互利共赢、和谐稳定的社会主义新型劳动关系。

(二) 目标任务

构建和谐劳动关系的目标是加强调整劳动关系的法律、体制、制度、机制和能力建设，加快健全党委领导、政府负责、社会协同、用人单位和职工参与、法治保障的工作体制，形成源头治理、动态管理、应急处置相结合的工作机制，实现劳动用工更加规范，职工工资合理增长，劳动条件不断改善，职工安全健康得到切实保障，社会保险全面覆盖，人文关怀日益加强，有效预防和化解劳动关系矛盾，建立规范有序、公正合理、互利共赢、和谐稳定的劳动关系。

1. 进一步完善劳动合同制度

继续完善劳动合同法规政策，制定《劳动合同法》的配套规章政策。采取有力措施，切实提高企业和农民工劳动合同签订率。加强对企业劳动用工的指导和服务。完善劳务派遣规定，加强对劳务派遣的规范和引导，促进劳务派遣在规范中发展，依法维护被派遣劳动者合法权益。推进劳动用工备案制度建设，建立全国统一的劳动用工信息数据库，实现对劳动用工的动态化管理。加强对产业结构调整和国有企业改革中劳动关系处理的指导，督促企业规范操作程序，依法妥善处理劳动关系，维护劳动者合法权益。

2. 积极推进集体合同制度实施

加强集体合同制度法治建设。以非公有制企业为重点对象，指导在已建工会的企业全面开展集体协商工作，在未建工会的企业集聚区大力开展区域性、行业性集体协商，进一步扩大集体协商和集体合同制度的覆盖面。继续支持工会和企业组织加强基层组织建设，强化双方协商代表的业务培训，帮助双方协商代表提高政策水平和协商能力，鼓励双方积极开展要约行动。

3. 健全国家劳动标准体系

完善特殊工时制度，加强对企业实行特殊工时制度的审批管理。加强劳动定额定员标准工作，全面推动劳动定额定员国家标准、行业标准的制定和修订工作，为企业合理确定劳动定额、计件单价，核算劳动者劳动报酬提供依据。贯彻落实职工带薪年休假制度，依法维护企业职工休息休假权利。

4. 完善协调劳动关系三方机制

健全三方机制组织体系，加快推进基层三方机制建设。增强三方机制协调处理劳动关系重大问题、重大集体劳动争议和群体性事件的能力，健全三方机制工作制度。深入开展和谐创建活动，继续开展创建和谐劳动关系企业和工业园区活动，大力推进街道(乡镇)、社区和谐劳动关系创建活动。

5. 加强企业工资收入分配制度改革

推进工资集体协商制度建设，健全企业工资正常增长机制。完善工资支付保障机制，重点解决农民工工资拖欠问题。改革国有企业工资总额管理办法，深化垄断行业收入分配制度改革，规范国有企业负责人薪酬管理。健全以工资指导线、人力资源市场工资指导价位、行业人工成本信息为主要内容的企业工资宏观调控体系，建立企业薪酬调查和信息发布制度，为企业工资分配提供信息引导。完善并落实最低工资制度，健全最低工资标准调整机制，适时调整最低工资标准。

6. 完善劳动争议处理体制

加强基层劳动争议调解组织建设和仲裁机构实体化基本建设，加强调解仲裁队伍建设，提高争议处理效能和专业化水平。

7. 加大劳动保障执法监察力度

加大对用人单位劳动用工和人力资源市场的监管力度，加强劳动保障监察机构队伍建设，实现监察机构标准化、人员专业化，加强网格化、网络化管理机制建设，健全违法行为预防预警和综合治理机制，提高处理违法案件和处置劳动保障群体性事件的能力。

资料链接

劳动关系无小事 和谐共赢"你我他"

某大型电子制造企业，拥有员工5000余人。在过去，企业面临着员工流动率较高、劳动纠纷时有发生等问题，这些问题严重影响了企业的生产效率和声誉。为了改善这一状况，企业管理层决定采取一系列措施构建和谐劳动关系。

企业首先完善了薪酬福利体系。通过市场调研，结合企业自身情况，制定了具有竞争力的工资标准，确保员工的付出能够得到合理回报。同时，企业增加了多项福利项目，如提供免费的工作餐、定期组织员工体检、为员工购买补充商业保险等。

在员工发展方面，企业建立了完善的培训体系。新员工入职后，会接受系统的岗位技能培训，帮助他们快速适应工作。对于有晋升意愿的员工，企业提供具有针对性的管理培训课程，为员工的职业发展提供广阔空间。此外，企业还设立了内部晋升机制，鼓励员工通过自身努力获得晋升机会。

为了加强沟通，企业搭建了多种沟通渠道：设立了员工意见箱，员工可以匿名提出对企业管理、工作环境等方面的意见和建议；定期召开员工座谈会，管理层与员工面对面交流，及时了解员工的需求和想法。同时，企业还利用内部网络平台，发布企业的重要决策和信息，让员工能够及时了解企业的发展动态。

在劳动保护方面，企业加大了投入，为员工配备了齐全的劳动防护用品，定期对生产设备进行维护和更新，确保工作环境的安全。同时，企业还制定了完善的安全管理制度，加强对员工的安全教育培训，提高员工的安全意识。

分析：

通过采取上述一系列措施，该电子制造企业成功构建了和谐劳动关系。员工流动率显著降低，劳动纠纷大幅减少，企业的生产效率和经济效益得到了显著提升。这表明，构建和谐劳动关系不仅有利于员工的权益保障，也有利于企业的可持续发展。企业应该重视劳动关系的管理，通过合理的薪酬福利、员工发展机会、沟通渠道和劳动保护等措施，营造良好的工作氛围，实现企业与员工的共赢。

思考题

1. 如何理解劳动关系的含义和特征？
2. 劳动关系的主要构成要素有哪些？
3. 简述我国劳动法调整劳动关系的范围。
4. 简述劳动关系与劳务关系的区别。
5. 分析构建和谐劳动关系的重要性。
6. 构建和谐劳动关系的最终目标任务是什么？

案例讨论题

案例一：直播带货主播与合作公司确认劳动关系案

近年来，互联网直播备受年轻群体关注，主播通过直播平台销售商品、观众打赏、插播广告等方式，快速积累财富，互联网直播已成长为新兴行业。在直播带货发展过程中出现许多新类型合同纠纷，社会关注度较高，准确地裁判对厘清法律关系、维护契约精神、引导直播行业的健康发展具有积极的作用。

汤某某于2022年3月至甲公司担任直播带货主播，约定直播收入为有效GMV所产生的利润的40%，每日直播两场，每场直播时间约两小时，直播时间长短由主播根据直播时的粉丝数量进行适当调整，直播内容由主播根据具体产品自行确定。双方签订了《达人经纪合作合同》，约定合作模式及双方的权利义务，同时约定双方之间并非劳动合同关系。汤某某每月的收入条中载明了其合伙人身份、佣金收入、运营成本、后台底薪、总利润、提成比(40%)、应发提成、奖金、扣除、实际工资等。后双方在合作期间因故产生争议，汤某某起诉要求确认双方存在劳动关系。

讨论与思考：

1. 从我国法律上如何判定是否存在事实劳动关系？
2. 结合我国法律、法规，分析汤某某与甲公司是否存在劳动关系，并说明依据的判定标准。

案例二：外卖小哥的劳动关系归属案

A公司为某区域外卖业务的分包主体，其站长发布骑手招聘信息，刘某应聘后签订电子服务协议，甲方为"B公司"，但A公司站长对刘某接单内容进行管理，刘某工资由C公司支付，A公司使用D公司的支付系统并扣除费用等，后刘某向A公司寄送解约书，通知解除劳动关系。

讨论与思考：

1. 刘某属于哪家公司的员工？
2. 刘某与A公司、B公司、C公司、D公司分别存在什么关系？

第二章

劳动关系管理理论与实践

学习目标

1. 了解劳动关系管理理论的历史演进。
2. 理解劳动关系管理理论的不同学派及观点。
3. 掌握不同国家劳动关系的管理实践。
4. 把握现代劳动关系的发展趋势。

扫码看详图

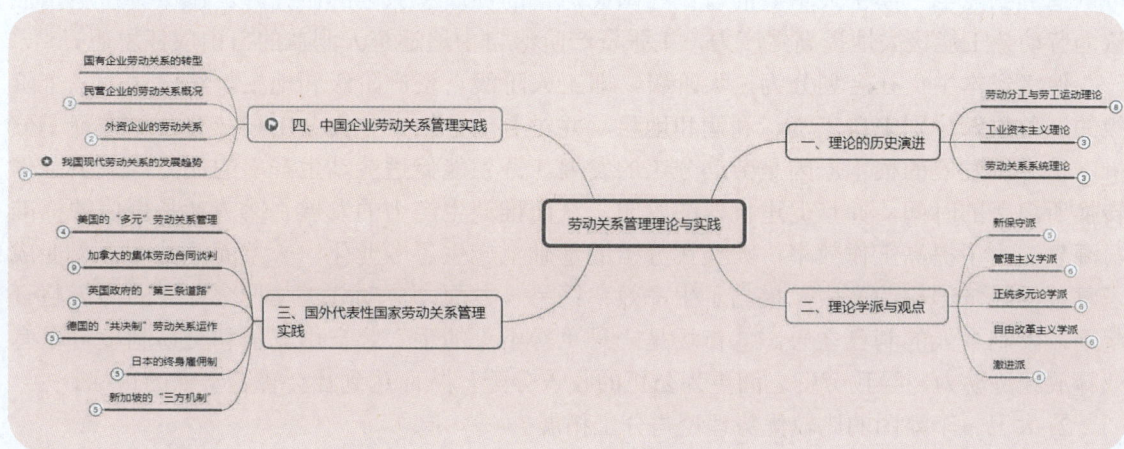

在现代社会，企业成功的关键因素除技术创新和市场开拓外，还有良好的劳动关系。当前，劳动关系管理面临着诸多挑战，如技术进步带来的就业结构变化、劳动力市场的多元化和灵活性、员工对工作生活平衡的追求等。同时，这些挑战也为劳动关系管理带来了新的机遇。因此，劳动关系管理理论和实践需要不断创新和发展，以适应时代的变化。

第一节　劳动关系管理理论的历史演进

一、劳动分工与劳工运动理论

劳动分工是指将生产过程分解为不同的任务，并由不同的工人或群体专门负责其中的一项或几项任务。劳工问题是伴随着资本主义制度的建立而出现的。18世纪中叶，以蒸汽机的发明为标志的产业革命首先从英国开始，产业革命引发了社会关系领域的重大变革。所谓劳工问题就是在这种时代背景下劳资双方围绕生产控制权和收入分配权产生的斗争与冲突，它涉及劳动者权益、工作条件、劳动报酬、职业发展等诸多方面，对劳动者个体和群体利益产生不利影响，并且需要通过一定的措施加以解决。

(一) 劳动分工理论

劳工运动理论(又称西方工会理论)，是以工会组织为中心研究工会运动、工会组织、集体谈判、工人的工资、就业、社会保障、劳动安全等劳工问题的思想体系。

1. 古典经济学视角下的劳动分工

1) 亚当·斯密的劳动分工思想

亚当·斯密(Adam Smith)是古典经济学的重要代表人物。关于劳工运动问题的研究，可以追溯到亚当·斯密最重要的著作《国民财富的性质和原因的研究》。在该著作中，他认为劳动分工能极大地提高生产力，主张资产阶级自由追逐个人利益的自由放任思想。

他将资本主义社会划分为三大阶级，即工人阶级、资产阶级和地主阶级，认为三个阶级的三种收入分别来自工资、利润和地租，并对劳动分工、社会分工和社会公正进行了分析。①经济发展的根本原因是劳动分工的发展。分工能促进劳动生产率的提高，减少工作转换所浪费的时间，并且促进机器的发明，从而推动生产力的发展。②劳动是价值的标准与源泉。为了提高工作效率，人类在分工的基础上产生了专业化。一方面，劳动分工促成了复杂的经济结构的产生，提高了生产效率；另一方面，劳动分工又把全社会的力量整合起来，限制个人的利己之心。③市场是一只"看不见的手"。自由竞争和交易制度可以有效释放经济动力，导致劳资之间更为公正的收入分配，从而达到社会普遍富庶的目标。

2) 大卫·李嘉图的比较优势理论与分工拓展

大卫·李嘉图(David Ricardo)在亚当·斯密理论基础上，提出比较优势理论。该理论指出，即使一个国家在两种商品的生产上都具有绝对优势，或者在两种商品的生产上都处于绝对劣势，但只要它们在两种商品生产上的优势或劣势程度不同，就可以通过专门生产自己具有比较优势的产品，然后进行交换，从而使双方都能从贸易中获益。

比较优势理论不仅应用于国家之间的贸易分工，在企业内部劳动分工也有体现。①基于技能的比较优势分工。在企业内部，员工在技能方面存在差异。②基于效率的比较优势分工。根据不同产品的生产效率来进行分工，在企业内部实现了资源的优化配置。③部门间的比较优势分工。部门间的分工协作，是比较优势理论在企业组织层面的体现，能够使企业在市场竞争中更好地发挥整体优势。

2. 马克思的劳资关系理论

马克思系统研究了欧洲的劳工运动问题，认为在资本主义制度下，劳资关系本质上是一种剥削关系。资本家凭借对生产资料的占有，雇用工人进行生产。工人除自己的劳动力外一无所有，不得不将劳动力出卖给资本家。资本家购买劳动力后，通过组织生产过程，占有了工人劳动创造的剩余价值。马克思进一步揭示了剥削是资本主义生产方式的核心特征。其主要观点有以下几方面。①资本主义社会由两大阶级组成，即工人阶级和资产阶级，两者之间具有根本的、不可调和的冲突和矛盾。②雇主将工资压低到劳动力价值以下，从而获得剩余价值，这是剥削产生的原因。③出于追逐剩余价值的动机与目的，资本家想尽一切办法通过使用资本密集的机器和加强劳动的强度来提高生产率，但随着时间的推移和劳动生产率的提高，工人阶级与资产阶级贫富差距越来越大，从而不可避免地导致阶级之间的两极分化并最终促使经济危机和社会矛盾的爆发。④工会的作用在资本主义条件下是受到限制的，但工会对于组织工人阶级进行反资本家的日常斗争的作用极其重要。

3. 现代管理学中的劳动分工理论演变

1) 泰勒的科学管理与分工细化

泰勒(F.W.Taylor)主张通过科学的方法对工作进行分析，进一步细化劳动分工。泰勒的科学管理理论认为，应该把工作分解为最简单的单元，通过精确的时间研究和动作研究，为每个工作单元确定最佳的操作方法和时间标准。这种分工和标准化管理在一定程度上提高了生产效率，但也引发了对工人过度控制的争议。

2) 团队分工与协作的兴起

随着社会和经济的发展，企业面临着来自世界各地的竞争。市场环境变得更加复杂多变，客户需求也日益多样化和个性化。为了在这种激烈的竞争中脱颖而出，企业需要快速响应市场变化。而传统的分工方式可能会因为信息传递不畅、部门壁垒等问题而效率低下。团队分工与协作能够整合不同专业人员的知识和技能，更灵活地应对市场需求，开发出具有竞争力的产品和服务。

(二) 劳工运动理论

1. 早期劳工运动的起源与动力

工业革命时期，大量农民涌入城市成为产业工人。工厂的工作环境恶劣，工作时间长，工资极低。这种恶劣的条件激发了工人的反抗意识，劳工运动应运而生。因此，早期劳工运动主要围绕提高工资、缩短工作时间等经济权益展开。这时期劳工运动的核心是工人通过罢工、集体谈判等方式来争取自身的经济权益。

2. 劳工运动理论的主要流派

1) 马克思主义劳工运动理论

马克思主义认为，劳工运动是阶级斗争的重要组成部分。工人阶级作为被剥削阶级，只有通过推翻资本主义制度才能从根本上改变自己的命运。在马克思主义理论的指导下，劳工运动不仅是为了争取眼前的经济利益，更是为了实现社会制度的变革。例如，在俄国十月革命时期，工人阶级在布尔什维克党的领导下，通过武装起义，推翻了资产阶级临时政府，建立了世界上第一个社会主义国家。

2) 多元主义劳工运动理论

该理论认为，社会是由多种利益集团组成的，劳工只是其中之一。劳工运动的目的是在现有的政治和经济体制内，通过和平谈判、协商等方式来平衡与其他利益集团的关系。在这种理论框架下，工会等劳工组织被视为合法的利益代表机构，与雇主组织、政府进行三方协商。例如，在德国，工会、雇主协会和政府定期就工资增长、劳动政策等问题进行三方会谈，通过协商达成共识。

3) 葛兰西的霸权理论

葛兰西认为，资产阶级的统治不仅仅依靠经济和政治上的强制力，还依靠文化和意识形态的霸权。劳工运动要想取得成功，不仅要在经济和政治领域斗争，还要在文化领域争夺霸权。例如，通过工人教育、文化活动等方式，提高工人的阶级意识和文化认同感，从而增强劳工运动的力量。

3. 当代劳工运动的新特点与挑战

在全球化背景下，资本可以在全球范围内流动，企业为了降低成本，往往将生产转移到劳动力成本较低的国家和地区。这使得劳工运动面临跨国资本的挑战。随着信息技术、共享经济等新经济形态的出现，劳工的就业形式越来越多样化，如零工经济中的网约车司机、外卖骑手等。这些劳工群体的组织性相对较弱，传统的劳工运动方式如工会组织等面临如何适应新就业群体的挑战。同时，这些新就业群体也在探索新的方式来维护自己的权益，如通过线上平台组织起来进行权益诉求等。

二、工业资本主义理论

工业资本主义理论是一个涉及经济、社会、政治和文化多个层面的复杂概念，它主要描述了资本主义体系下工业化的发展及其对社会结构和生产方式的影响。典型的工业资本主义理论有埃米尔·迪尔凯姆(Émile Durkheim)的工业主义理论、马克斯·韦伯(Max Weber)的工业资本主义理论、约翰·梅纳德·凯恩斯(John Maynard Keynes)的政府干预思想等。

(一) 埃米尔·迪尔凯姆的工业主义理论

埃米尔·迪尔凯姆的工业主义理论主要关注工业生产方式在社会经济结构、社会组织形式及社会变迁过程中所起的主导作用。该理论认为，工业生产方式带来了生产力的巨大飞跃，强调工业生产的标准化和专业化。标准化使得产品的质量更加稳定，零部件之间可以互换；专业化则体现在劳动分工上，工人专注于特定的生产环节，从而提高了熟练程度和生产效率。其主要论点如下。

(1) 在传统的前工业化社会，人们的生活方式和价值观念较为相似，集体意识强烈，社会靠机械团结来维系，即通过共同的信仰、情感和道德规范将同质性的个体紧密结合在一起。而在工业化社会，由于分工细化，人们的职业和生活方式多样化，个体之间的异质性增强，社会团结更多地体现为有机团结，即建立在社会成员异质性和相互依赖基础上的团结。

(2) 传统的"工人"与"资本家"这种简单的阶级分类在工业化社会已经不再适用。随着工业化的推进，企业的组织形式和生产方式发生了巨大变化，社会结构变得更加复杂，单纯以生产资料的占有来划分阶级难以准确反映社会现实中的利益关系。在工业化社会，不同的利益群体之间存在着相互依赖的关系。

(3) 集体意识在工业化社会中仍然起着至关重要的作用。集体意识是指在某一群体或社会中，每个成员所共同具有的信仰、情感和道德规范，它是维系社会团结和秩序的基础。在工业社会，职业伦理和职业道德等就是集体意识的具体体现，规范着不同职业群体的行为，促进了社会的整合，共同构成了一个稳定的社会系统。

(4) 工业化改变了人们的生活方式和工作模式，使个体更加独立和自主，传统的道德观念和社会秩序受到了挑战。工业主义理论认为，需要通过建立新的道德规范和社会制度来适应工业化社会的发展，以保障社会的和谐与稳定。

(二) 马克斯·韦伯的工业资本主义理论

马克斯·韦伯在《关于工业劳动的心理物质原理》等著作中，深入研究了工人的职业构成、社会出身、生活方式和心理状态，以及它们同劳动生产率及整个企业发展之间的关系，其理论中最为著名的是对官僚制组织的论述。韦伯认为，官僚制是理性化过程的一个结果，它通过一套严格的规则和程序来控制社会和经济生活，在工业资本主义社会中，人们的经济行动是基于理性的计算和选择的，个体在追求经济利益的过程中，会权衡各种利弊得失，选择最有利于自己的行动方案。同时，他还指出，工业资本主义的理性化发展虽然带来了经济的繁荣和社会的进步，但也面临着一系列的困境和挑战。一方面，官僚制的过度发展可能导致组织的僵化和效率的下降，压抑个人的创造力和自由；另一方面，理性化的扩张可能会导致价值观念的单一化和精神文化的荒漠化，使人失去对生活意义和价值的追求。

(三) 约翰·梅纳德·凯恩斯的政府干预思想

20 世纪 30 年代，全球经济陷入了严重的大萧条。在这个时期，传统的自由放任经济理论面临巨大挑战，经济陷入了恶性循环，有效需求严重不足。消费者因失业或对未来经济的担忧而减少消费，企业因产品滞销而减少生产，经济持续衰退。基于这种情形，凯恩斯提出了政府干预思想。

凯恩斯认为，经济衰退和失业是由于有效需求不足引起的，市场中不存在一个能把私人利益转化为社会利益的"看不见的手"，只有依靠政府这只"看得见的手"对经济的全面干预，资本主义国家才能摆脱经济萧条和失业问题。他主张，政府通过收入分配政策刺激有效需求来达到充分就业。为刺激社会投资需求的增加，政府采取扩大公共工程等方面的开支，增加货币供应量，实行赤字预算来刺激国民经济活动，以增加国民收入，实现充分就业。

综上所述，劳动关系的主要理论的比较分析，如表2-1所示。

表 2-1　劳动关系的经济和社会背景的理论比较

理论维度	资本主义理论	工业主义理论	工业资本主义理论
主要解释原因	资本主义制度	工业化进程	资本主义工业化进程
主要代表人物	卡尔·马克思	埃米尔·迪尔凯姆	马克斯·韦伯
劳动关系学派	激进学派	正统多元论学派	自由主义学派
主要社会形式	阶级	相互交错利益群体	分层制
就业关系基础	强制	自愿	强制和自愿
管理方的主要目标	剩余价值的最大化	效率和效力	精密计算获利润最大化
工作属性及发展方向	非技能化异化	技能化价值实现	高度的正规化和专业化

（续表）

理论维度	资本主义理论	工业主义理论	工业资本主义理论
对于未来的判断	阶级两级分化且不稳定	进步和稳定	经济发展但文化落后
潜在发展趋势	阶级斗争	对社会的认同	理性化

三、劳动关系系统理论

劳动关系系统理论的起源可以追溯到20世纪初，当时工业化进程加速，劳资矛盾日益突出。一些学者开始关注劳动过程中的社会关系，试图从系统的角度来理解和解释劳动关系。20世纪中叶，邓洛普(John T. Dunlop)正式提出了劳动关系系统理论。此后，随着社会经济的不断变化，劳动关系系统理论在不同学者的研究下得到了进一步的拓展和完善。

(一) 邓洛普的劳动关系系统理论

邓洛普的劳动关系系统理论是一种分析劳动关系的理论框架，它将劳动关系视为一个抽象的系统，关注关键变量和假设命题的验证。其基本框架包含以下四个方面。

1. 主体

邓洛普认为，劳动关系系统包含三个主体，即雇主、雇员(劳动者)和政府。其中，雇主是生产资料的拥有者和使用者，这部分人追求利润最大化、成本最小化和生产效率的提升。雇员则通过向雇主出卖劳动力来获取工资、福利等报酬，同时寻求得到更好的工作条件、合理的工资和职业发展机会。政府在劳动关系中扮演着规则制定者、仲裁者和公共利益维护者的角色，通过立法、政策制定和行政手段来调节雇主和雇员之间的关系。

2. 环境

劳动关系系统中的主体面临当时环境背景的影响。这些环境因素大致可分为以下三类。一是技术环境。技术的发展对劳动关系有着深远的影响。新的生产技术可能改变工作的组织方式、技能要求和劳动强度。二是市场或预算约束。在经济繁荣时期，劳动力市场需求旺盛，雇主可能会提高工资和福利待遇来吸引和留住员工；而在经济衰退时，雇主可能会采取裁员、降薪等措施。三是社会环境。社会环境涵盖社会价值观、文化传统、人口结构等方面。不同的社会价值观和文化传统会影响劳动关系双方的行为和期望。

3. 意识形态

系统由于意识形态或者所有主体共有的理解而连接在一起，意识形态是主体的一套普遍奉行的思想和信念，影响系统的运作。雇主的意识形态通常强调企业的自主经营权、市场竞争和效率原则，认为企业应该有权利根据市场情况和自身经营需要来决定雇佣条件。而雇员的意识形态则侧重于公平的劳动报酬、安全健康的工作环境和民主参与企业管理等权益。此外，社会的主流意识形态也会对劳动关系产生影响，如社会对劳动者权益保护的重视程度、对企业社会责任的认知等。

4. 规则网

劳动关系系统产生一套复杂的管理工作场所和工作社区的规则，这些规则可能表现为协议、法令、命令、政令、规章、奖励、政策、实务和传统等不同形式。

(二) 桑德沃的劳动关系分析模型

劳动关系分析模型是美国学者桑德沃(Sandver)在其1987年出版的《劳动关系：过程与结果》一书中提出的一种多因素的理论模型。该模型是一种建立在多学科基础之上，用于分析企业劳动关系的理论框架，旨在全面分析和阐述企业劳动关系的具体影响因素。

桑德沃认为，外部环境因素、工作场所因素和个人因素的相互作用是导致劳动关系紧张、冲突的基本原因。当这些因素之间存在不协调或矛盾时，就容易引发劳动关系的紧张局势。

1. 外部环境因素

外部环境因素包括经济、技术、政治、法律、社会文化等宏观环境因素，这些因素会对劳动关系产生广泛而深远的影响。例如，经济的繁荣或衰退会影响企业的经营状况和劳动力市场的供求关系，进而影响劳动关系的稳定性；技术的进步可能导致工作内容和工作方式的改变，从而引发劳动关系的调整；不同的政治体制和法律制度会为劳动关系的运行设定不同的框架和规则；社会文化背景则会影响劳动者和雇主的价值观、行为模式，以及对劳动关系的认知和期望。

2. 工作场所因素

工作场所因素涵盖了企业的规模、行业特点、生产技术水平、工作组织形式、管理风格、劳动强度、工作环境等方面。企业规模大小不同，其劳动关系的复杂程度和管理方式可能会有所差异；不同行业的工作特点和劳动条件各异；先进的生产技术可能会提高生产效率，但也可能对劳动者的技能要求和工作压力产生影响；工作组织形式和管理风格会直接影响劳动者的工作体验和参与感，进而影响劳动关系的质量；劳动强度和工作环境则关乎劳动者的身心健康和工作满意度。

3. 个人因素

个人因素主要指劳动者和雇主的个人特征，如年龄、性别、教育程度、职业技能、工作经验、性格、价值观等。这些个人因素会影响双方在劳动关系中的行为和态度。例如，年轻劳动者可能更注重职业发展机会和工作的灵活性，而年长劳动者可能更关注工作的稳定性和福利待遇；教育程度较高的劳动者可能对工作的自主性和创造性有更高的要求，并且在维护自身权益方面更具主动性；不同性格和价值观的劳动者对工作的期望和对劳动关系的处理方式也会有所不同，同样，雇主的个人特征也会影响其管理风格和对劳动关系的决策。

(三) 冈德森的劳动关系投入—产出模型

莫利·冈德森(Morley Gunderson)的劳动关系投入—产出模型是一个综合的分析框架，它将劳动关系视为一个系统，从多维度的视角来分析和理解劳动关系，其中包括投入、主体、转换过程和产出四个相互连续相关的部分。

1. 投入

投入指的是影响劳动关系系统的各种因素，包括劳动力市场的条件、技术、法律环境、社会价值观等。投入直接作用于主体，但反过来又受到主体和产出的影响。

2. 主体

主体包括劳动关系中的各方参与者，如雇员、雇主、工会、政府等。主体受投入和产出的影响，但同时又作用于转换过程和投入。

3. 转换过程

转换过程是指劳动关系主体之间的相互作用和谈判过程，包括集体谈判、工作场所的沟通和协调等。转换过程受主体的影响，同时又作用于产出。

4. 产出

产出是劳动关系系统的结果，包括工资、工作条件、劳动生产率、工作满意度等。产出受转换过程的影响，反过来又作用于投入和主体。

冈德森的劳动关系投入—产出模型强调了劳动关系系统的动态性和复杂性，其优点主要有：第一，投入部分涵盖了市场、技术、力量等多方面因素，能够更全面地分析劳动关系问题，避免了单一因素分析的局限性；第二，关注主体的各种行为对系统产出的影响，突出了雇主、雇员和政府等在劳动关系中的重要作用，有助于深入理解劳动关系的复杂性；第三，区分了程序性规则和实质性规则，使人们能够更清晰地认识到不同规则在劳动关系运行中的作用和特点；第四，反馈机制的存在表明劳动关系系统是动态的，能够反映出劳动关系随时间和各种因素变化而演变的过程，为研究劳动关系的发展趋势提供了有力的工具。

第二节　劳动关系管理的理论学派与观点

劳动关系管理的理论学派与观点包括新保守派、管理主义学派、正统多元论学派、自由改革主义学派和激进派。这些学派从不同的视角出发，对劳动关系的本质、冲突及其解决方式提出了各自的见解。

一、新保守派

(一) 理论基础

新保守派由保守主义经济学家组成。该学派以新古典经济学理论为基础，强调市场力量在劳动关系中的作用。该学派关注经济效率最大化，将劳动关系视为具有经济理性的劳资双方之间自由、平等的交换关系，认为市场力量能确保企业追求效率最大化，也能保证雇员得到公平合理待遇。它假设市场是完全竞争的，劳动力市场也不例外。在这种市场环境下，雇主和雇员都是理性的经济人，彼此会根据市场信号做出决策。例如，雇主会根据劳动力的边际生产力来确定工资水平，而雇员会根据工资和工作条件来选择工作。在这个学派看来，劳资双方虽然有不同的目标和利益，但双方的力量差异不重要，因为市场力量可以提供救济。

(二) 劳动关系观点

1. 自由市场调节

新保守派认为，通过市场机制可以有效地调节劳动力供需关系，实现资源的最佳配置。工资和工作条件等劳动条件是由劳动力市场的供求关系决定的，如果劳动力供大于求，工资就会下降；反之，工资则会上升。这使得雇主和雇员的利益都能得到满足。

2. 最小化政府干预

该学派主张政府应尽量减少对劳动关系的干预。政府的主要职责是维护市场秩序，确保公平竞争，而不是直接干涉工资和工作条件的确定。例如，政府只需要保证劳动法律、法规的公平性和透明度，让市场机制发挥主导作用。

(三) 改进劳资关系的方法

主张将市场"规律"引入工资和福利决定过程，采用额外支付计划使雇员收入和绩效更紧密联系，赋予管理方更大的管理弹性，减少限制管理权力的法律、法规，尤其是劳动法对管理方的限制。

二、管理主义学派

(一) 理论基础

管理主义学派由组织行为学者和人力资源管理专家组成。它以人力资源管理理论为基础，将员工视为企业最重要的资源。该学派强调通过有效的人力资源管理策略来提高员工的满意度和忠诚度，从而提高企业的绩效，也更关注就业关系中员工的动机。它主要研究企业对员工的管理政策、策略和实践。

(二) 劳动关系观点

1. 员工激励与发展

管理主义学派认为，劳动关系管理的重点应该是激励员工，发挥员工的潜力。企业应该通过提供良好的工作条件、培训机会、职业发展通道等方式来激励员工，使员工与企业形成利益共同体。例如，企业可以通过内部培训和晋升机制，让员工看到自己在企业内的发展前景，从而提高员工的工作积极性。

2. 合作型劳动关系

该学派倡导建立合作型的劳动关系，主张采用新的、更加弹性化的工作组织形式，避免员工与企业之间的冲突。企业管理者应该与员工进行积极的沟通和合作，共同解决企业面临的问题。例如，通过建立员工参与管理的机制，如职工代表大会、质量小组等，让员工参与企业决策，增强员工的归属感和责任感。

(三) 改进劳资关系的方法

采用新的、更弹性化的工作组织形式，增强劳资双方合作。在工会问题上，一方面认为工会威胁资方管理权力，给劳动关系带来不确定性甚至破坏性影响，应尽量避免建立工会；另一方面，在已建立工会的企业，管理方应将工会存在当作事实，与工会领导人建立合作关系。

三、正统多元论学派

(一) 理论基础

正统多元论学派由传统上采用制度主义方法的经济学家和劳动关系学者组成。该学派的理论基础是多元主义思想。它认为社会是由多个利益群体组成的，每个利益群体都有自己的利益诉求。在劳动关系中，雇主、雇员和政府等不同的利益群体都在追求自己的利益。

(二) 劳动关系观点

1. 利益平衡与协调

正统多元论学派强调劳动关系的管理应该注重利益的平衡和协调。不同的利益群体之间应该通过协商、谈判等方式来解决利益冲突。例如，在工资谈判中，雇主和工会代表雇员进行协商，政府也可以作为中立的第三方参与其中，通过三方协商机制来平衡各方利益，达成共识。

2. 多元利益主体的合法性

该学派认为，雇主、雇员和政府等利益主体的存在都是合法的，每个主体都有权利在劳动关系中表达自己的利益诉求，并且每个主体的利益都是重要的，不能忽视任何一方的利益。因此，需要建立一个公平、公正的制度框架来保障各方的利益。

(三) 改进劳资关系的方法

该学派认为，劳动法和集体谈判是确保公平和效率的有效途径，工会出面进行集体谈判是较为有效和民主的解决方式，可协调不同利益群体之间的关系。

四、自由改革主义学派

(一) 理论基础

自由改革主义学派受到制度学派的影响，重视制度在劳动关系中的作用。制度(包括正式的法律、法规和非正式的行业惯例等)能够为劳动关系提供一个基本的框架，规范雇主和雇员的行为。它关注如何减少或消灭工人受到的不平等和不公正待遇，认为通过改进和完善制度可以改善劳动关系。

(二) 劳动关系观点

1. 制度的约束作用

制度学派认为，劳动关系是在一系列制度的约束下形成和发展的。例如，劳动法律、法规规定了最低工资标准、工作时间限制、劳动安全与健康标准等，这些规定对雇主的雇佣行为和雇员的劳动权益起到了保护作用。同时，企业内部的规章制度也会影响劳动关系，如晋升制度、奖惩制度等。

2. 集体谈判的重要性

该学派非常重视集体谈判在劳动关系中的作用。工会作为雇员的代表，通过集体谈判与雇主就工资、工作条件等问题进行协商，这种协商过程是在一定的制度框架内进行的。集体谈判的结果会形成集体合同，对劳动关系双方都具有约束力。通过集体谈判，可以平衡雇主和雇员之间的力量，保护雇员的权益。

(三) 改进劳资关系的方法

自由改革主义学派主张，通过加强政府干预、完善劳动法律法规等方式来保护劳动者权益，推动社会公平，如提高最低工资标准、加强劳动安全卫生监管、扩大社会保障覆盖范围等，同时也强调集体谈判的重要性，但该学派对当前工会的作用和能力持一定的批判态度。

五、激进派

(一) 理论基础

激进派主要由西方马克思主义者组成。该学派以马克思的政治经济学理论为基础，认为在资本主义制度下，劳动关系的本质是资本家与工人之间的剥削与被剥削关系，资本家通过占有生产资料雇佣工人进行生产，无偿占有工人创造的剩余价值，强调阶级斗争。

(二) 劳动关系观点

1. 阶级斗争的本质

激进派强调，劳动关系的本质是阶级斗争。工人阶级和资产阶级之间存在着不可调和的矛盾，这种矛盾源于资本主义的生产方式和经济基础。工人阶级为了争取自身的利益，必然会与资产阶级进行斗争。例如，历史上的工人运动，如罢工、示威游行等，都是工人阶级反抗资产阶级剥削的表现。

2. 社会变革的必要性

该学派认为，要改变这种剥削性的劳动关系，必须进行社会变革，推翻资本主义制度，建立社会主义制度。在社会主义制度下，生产资料公有制将使劳动者成为生产资料的主人，劳动关系将不再是剥削关系，而是劳动者之间平等合作的关系。

(三) 改进劳资关系的方法

激进派倾向于建立雇员集体所有制，从根本上改变资本主义经济体系，推翻资本主义制度，实现生产资料的公有制，以消除劳资之间的剥削和对立关系。

综上所述，新保守派信奉市场效率，管理主义学派强调劳动关系和谐与员工的认同和忠诚，正统多元论学派追求以市场代表的效率和以工会、劳动立法等制度代表的公平之间的均衡，自由改革主义学派强调产业民主和工人自治，激进派关注劳动关系及对冲突过程的控制。劳动关系各学派的主要观点比较分析如表2-2所示。

表 2-2　各学派的主要观点和代表性实践国家

劳动关系学派	主要观点和主张	代表国家
新保守派	减少政府税收，强调发挥市场规律对工人收入的作用	美国
管理主义学派	政府间接干预经济，重视人力资源的培训与开发，用管理手段实现高度认同	日本、英国
正统多元论学派	政府负担更多的经济结构和培训责任，工人委员会制度等	德国、加拿大
自由改革主义学派	强势劳动法、工人代表制度和工会，劳工运动	瑞典、新加坡
激进派	工会参与社会活动，雇员所有制和企业的雇员控制制度	西班牙(蒙作根体系)

第三节　国外代表性国家劳动关系管理实践

一、美国的"多元"劳动关系管理

(一) 劳联—产联

美国劳工联合会—产业工会联合会(简称"劳联—产联"),是美国最大的工会联合会,由美国劳工联合会(AFL)和产业工会联合会(CIO)于1955年合并而成。劳联成立于1886年,作为工人的代表组织,其主要职责是协助执行《国家劳工关系法》(NLRA),负责调查不公平劳工行为索赔,促进雇员和雇主之间协商解决方案,执行规则,帮助员工进行工会选举,制定和修改《国家劳工关系法》规则等;产联成立于1935年,是由劳联分裂出来的一个工会团体成立的产业工会委员会,其职责主要是维护工人权益、推动工人团结、参与政治活动,以及促进工人教育和职业发展等。

1. 劳联—产联的组织结构

劳联—产联的组织结构主要分为三层:第一层是地方工会,工人实际加入并支付会费的地方,签署集体谈判协议通常由地方工会进行;第二层是全国工会和国际工会,全国工会由各地方工会代表组成,国际工会在国外组织工人活动和成立地方工会;第三层是全国工会联盟,即劳联—产联本身。

劳联—产联的内部组织机构包括最高权力机构(全体大会)、执行与管理机构(执行委员会、领导集团)、专业与部门机构(总董事会、行业和产业部门、小组委员会和职能部门),以及地方组织机构(州、市和地方中心组织)。这些机构共同构成了劳联—产联的组织架构,确保了组织的正常运作和工人权益的有效维护。

1) 全体大会

作为劳联—产联的最高权力机构,全体大会主要负责修订组织的章程、选举领导人等重大事项。该大会每四年召开一次,必要时可以召开特别代表大会。

2) 执行委员会

在两次全体大会之间,执行委员会是劳联—产联的管理机构,负责实施大会通过的决议、解释组织章程、制定工会的方针政策。执行委员会由主席、司库(秘书—财务长)、执行副主席和副主席组成,一年至少召开两次会议。

3) 领导集团

领导集团由主席、司库、执行副主席及51个副主席组成,其中最重要的三位领导是主席、司库和执行副主席。主席是劳联—产联的首席执行官,负责组织的日常事务、主持特别会议、支持执行委员会、签署重要文件等;司库则是首席财政官,负责审计劳联—产联的所有财务账目,并编制财务年度计划。

4) 总董事会

总董事会由执行委员会所有成员、附属工会主要官员、附属产业和工业部门主要官员,以及执行委员会选出的地区代表组成,负责进一步细化和执行组织的方针政策。

5) 行业和产业部门

根据劳联—产联的章程规定，设立了多个行业和产业部门，如建筑产业部、食品与联合服务产业部、海事产业部、金属产业部、职业雇员产业部、交通产业部、联合标签和服务产业部等。这些部门由相关领域的附属工会组成，具有很大的独立性，但各部门的规章必须符合劳联—产联的章程，且其主要负责人均须参加执行委员会的会议。

6) 小组委员会和职能部门

这些部门由主席根据需要报执行委员会批准成立，负责处理工会的具体事务。

7) 州、市和地方中心组织

这些是各行业工会在州和地方一级的横向联合组织，由地方工会代表选举产生。它们在执行委员会的指导下从事与立法、教育和社会服务相关的工作，以维护工会会员的利益。

2. 劳联—产联的政治参与方式

1) 支持竞选

对各级政治候选人进行评估和筛选，选择那些支持劳工权益、符合其政治诉求的候选人给予背书和支持。例如，在总统选举中，会通过内部讨论和投票等程序，确定支持的对象，并利用其庞大的会员网络，动员会员为支持的候选人投票。

2) 开展政治游说

雇佣专业的游说人员，直接与国会议员、政府官员等进行沟通和交流，表达劳工组织的立场和诉求。通过组织集会、游行等大规模活动，向政府和社会展示劳工群体的力量，对政治人物形成舆论压力，促使其在政策制定中考虑劳工的利益。

3) 政治捐款

一方面，通过成立政治行动委员会，筹集资金并向支持劳工利益的政治候选人、政党或政治团体提供捐款；另一方面，利用捐款开展与劳工权益相关的政治议题宣传活动。

4) 开展选民教育与动员

为会员提供政治教育材料和信息，鼓励会员参与基层政治活动，帮助会员了解政治制度、政策议题和选举程序等方面的知识，提高会员的政治参与意识和能力。例如，制作宣传手册、举办讲座和培训等，向会员介绍不同政策对劳工权益的影响。

3. 劳联—产联产生的影响

1) 政治影响

劳联—产联拥有庞大的会员基础。通过支持有利于劳工的立法，劳联—产联能够在一定程度上塑造美国的劳动法律和政策环境。这也充分体现了其在政治领域的重要性。

2) 经济影响

劳联—产联通过集体谈判制度，为会员争取更好的工资待遇和工作条件，从而间接提升了整体劳动者的经济水平。通过教育培训等活动，提升劳工的技能和素质，进一步促进了经济的发展。

3) 社会影响

劳联—产联致力于维护劳工的合法权益，包括反对歧视、争取平等就业机会等，为弱势群体争取平等权益，从而推动了社会的公平与正义。开展教育活动，提高工人的文化素质和技能水平，使其更好地适应社会发展的需求。通过组织各种社会活动，如罢工、游行等，劳联—产联增强了劳工的社会影响力，提高了公众对劳工问题的关注。

4) 国际影响

劳联—产联积极参与国际劳工组织的活动，与世界各国的工会组织建立联系和合作，推动了全球工会网络的形成和发展。同时，它利用其在国际工会组织中的影响力，配合美国政府实施对外政策渗透和颠覆活动，如参与中情局策划的隐蔽行动等。

(二) 产业和区域劳资委员会

美国产业和区域劳资委员会是美国处理劳工关系的联邦政府机构，即全国劳工关系委员会(National Labor Relations Board，NLRB)。该委员会由总统任命、参议院批准的5名成员组成。这些成员负责执行涉及劳工关系的所有任务，包括监督从提起申诉到举证证明的整个程序，以及通过调查、指控和判决来处理对不公正劳动行为的指控。总统在经参议院同意后，需要给委员会任命一名总法律顾问，负责对委员会雇佣的相关人员进行全面的监督。

1. 产业劳资委员会

产业劳资委员会通常由产业内的雇主协会代表与产业工会代表组成，该委员会主要关注本产业内的劳资问题。在工资和福利方面，会根据产业的经济状况、市场竞争等因素，与雇主协商工人的工资水平、福利待遇等，如电子产业会因技术更新快、人才竞争激烈，在薪酬协商中注重对高端技术人才的激励措施；在劳动条件上，会针对产业特点改善工作环境与安全标准，如化工产业着重于有毒有害化学品的防护和处理；在职业培训上，为适应产业技术发展，制订工人技能培训计划，如机械制造产业开展智能制造、工业机器人操作等方面的培训。

2. 区域劳资委员会

区域劳资委员会由区域内不同产业的雇主代表、工会代表及地方政府代表等组成。该委员会侧重于协调区域内的整体劳资关系和劳动政策，在劳动力市场政策方面，制定区域统一的劳动力市场规则、最低工资标准等，平衡区域内不同产业间的劳动力竞争；在跨产业问题上，当出现经济危机、产业结构调整等情况时，负责协调各产业的裁员、再就业等事宜，如2008年金融危机时，某些地区的区域劳资委员会推动了跨产业的就业援助计划和职业转换培训；在社会经济政策参与上，积极与地方政府合作，参与城市规划、基础设施建设等政策制定，考虑如何为劳动者提供更好的生活和工作条件，促进区域经济发展。

(三) 员工持股计划

美国员工持股计划(Employee Stock Ownership Plan，ESOP)是面向全体员工的一种长期激励方式，是企业所有者与员工分享企业所有权和未来收益权的一种制度安排。

1. 员工持股计划的发展历程

员工持股计划的历史可以追溯到20世纪初，该计划当时的目的是改善员工的福利待遇和提高员工的工作积极性。然而，1929—1933年的经济大萧条期间，由于股票市场的崩溃，许多参与员工持股计划的员工遭受了巨大损失，导致这一计划的发展一度陷入停滞。直到1974年，美国国会通过了《职工退休收入保障法》，确立了ESOP的法律地位，并将其作为退休计划的一部分。此后，员工持股计划在美国得到了广泛推广和发展，逐渐成为流行的员工所有制形式。

2. 员工持股计划的实施方式

员工持股计划通常以信托基金的形式设立，其资金来源可以是公司将新发行的股票投入其中，也可以是投入现金用于购买公司现有的股票，还可以通过借款来购买公司股票。值得注意的是，员工个人不能直接持有股份，而是通过信托机构间接持股，且员工持有的股份不能继承、不能转让、不能交易。

1) 非杠杆型 ESOP

由公司每年向该计划贡献一定数额的公司股票或用于购买股票的现金，一般为参与者工资总额的 25%。由员工持股信托基金会持有员工的股票，并定期向员工通报股票数额及其价值。当员工退休或因故离开公司时，将根据一定年限的要求相应取得股票或现金。

2) 杠杆型 ESOP

利用信贷杠杆来实现。首先成立一个职工持股计划信托基金，由公司担保，该基金出面以实行职工持股计划为名向银行贷款购买公司股东手中的部分股票，购入的股票由信托基金掌握，并利用因此分得的公司利润及由公司其他福利计划中转来的资金归还银行贷款的利息和本金。随着贷款的归还，按事先确定的比例将股票逐步转入职工账户，贷款全部还清后，股票即全部归职工所有。

3. 员工持股计划的影响

1) 对员工的影响

员工通过持股成为公司股东，能分享企业的利润增长和股价上涨带来的收益，增加了收入来源。同时，员工持股计划使员工利益与企业的发展紧密相连，提高了员工的工作积极性和生产效率，也增强了员工对企业的归属感和责任感。

2) 对企业的影响

有助于吸引和留住人才，因为员工持股计划提供了一种长期的激励机制，使员工更愿意留在公司长期发展。可以改善公司的治理结构，员工作为股东可以参与公司的决策，对公司的经营管理提出意见和建议，促进公司的科学决策和民主管理。此外，还能为公司筹集资金，特别是在杠杆型 ESOP 中，公司可以通过员工持股计划获得银行贷款等资金来源。

3) 对社会的影响

员工持股计划有助于扩大资本所有者的范围，使更多的劳动者分享经济发展的成果，促进社会公平。大量企业实施员工持股计划，可以稳定就业，提高员工的收入水平，进而促进消费，对经济的稳定和发展起到积极的推动作用。

(四) 员工援助计划

美国的员工援助计划(Employee Assistance Plan，EAP)是一项重要的工作场所福利计划。通过专业人员对组织的诊断、建议和对员工及其直系亲属提供专业指导、培训和咨询，帮助解决员工及其家庭成员的各种心理和行为问题，以解决可能影响其福祉和工作绩效的个人或工作相关问题，从而降低公司的风险。

1. 员工援助计划的起源与发展

员工援助计划起源于20世纪二三十年代，最初是为了解决员工的酗酒问题。随着时间的推移，EAP逐渐发展成为一项由组织(如企业、政府部门等)向所有员工及其家属提供的免费、专业、系统和长期的咨询服务计划。

2. 员工援助计划的运作模式

根据实施时间长短，分为长期 EAP 和短期 EAP。长期 EAP 作为一个系统项目，持续几个月、几年甚至无终止时间，能为员工提供持续稳定的支持；短期 EAP 则是企业在特定状况下实施，如并购、裁员、灾难性事件等特殊阶段，帮助企业和员工顺利渡过难关。

根据服务提供者，分为内部 EAP 和外部 EAP。内部 EAP 建立在企业内部，配置专门机构或人员为员工服务，更了解企业和员工情况，但对企业规模和资源有一定要求；外部 EAP 由外部专业 EAP 服务机构操作，企业需签订合同并安排专员联络配合，其专业性和保密性往往更受员工信任，在实践中，两者也经常结合使用。

3. 员工援助计划的实施意义

1) 对企业的意义

企业通过EAP计划为员工解决家庭矛盾、心理困扰或财务危机等问题，使企业员工更专注于工作本身，发挥自己的专业技能，员工离职率也会减少，从而降低企业运营成本，提高工作质量和工作效率；EAP计划表明企业注重员工的全面发展，树立了以人为本的好雇主形象，能够提升企业的社会声誉，增强企业的社会认可度和竞争力。

2) 对员工的意义

EAP计划提供的心理咨询服务帮助员工识别压力源并教授有效的应对策略，例如，通过认知行为疗法，帮助员工改变对工作压力的消极看法，学会放松技巧，如深呼吸、渐进性肌肉松弛等，从而缓解紧张情绪，减轻焦虑症状；通过专业的心理治疗服务，帮助员工恢复心理健康，重新融入正常的工作和生活。EAP计划还可以提供家庭咨询服务，帮助员工处理夫妻关系、亲子关系等方面的家庭问题，以及关于时间管理和休闲活动的指导，使员工以更积极的态度对待工作，从而增强工作动力，提升个人职业发展。

二、加拿大的集体劳动合同谈判

(一) 加拿大劳动关系的法律基础

1. 联邦与省的劳动法

加拿大是联邦制国家，联邦政府和省政府在劳动关系方面都有管辖权。联邦政府负责制定基本劳动立法，如《加拿大劳动法典》(Canada Labour Code)、《就业平等法》(Employment Equity Act)、《就业保险法》(Employment Insurance Act)、《工会法》(Trade Unions Act)、《工资责任法》(Wages Liability Act)、《加拿大人权法》(Canadian Human Rights Act)等。这些法律主要适用于联邦政府直接管理的行业，如银行、电信、广播、航空等。而各省对不属于联邦管辖的行业和企业制定了自己的劳工法或相关法案，如安大略省的《就业标准法》等。

《加拿大劳工法》是联邦层面规范劳动关系的重要法律，分为三个部分。第一部分处理联邦管辖范围内的劳资关系，规范劳资双方关系、集体谈判及劳动纠纷的建设性解决；第二部分涵盖联邦管辖范围内的职业健康与安全，旨在预防工作中的事故和健康损害；第三部分涉及联邦管辖范围内的标准工作时间、工资、休假等内容。此外，联邦政府还制定了如《就业保险法》《加拿大养老金计划》等法律法规，为劳动者提供就业保障和退休福利等。

2. 劳动法律的内容

加拿大的劳动法律涵盖了雇佣关系的各个方面，包括禁止歧视、同工同酬、雇员个人资料的保密、岗位培训、职业安全和健康等。此外，该法还规定了最低劳动标准，如就业最低年龄、工作时间、休息时间、加班费、最低工资等，旨在保护雇员的合理权益。

(二) 加拿大的集体劳动合同谈判

1. 集体劳动合同谈判制度

加拿大的集体劳动合同谈判制度是一个成熟且高度法制化的过程，旨在通过协商和对话解决劳资双方之间的利益冲突，维护产业和平与稳定。在加拿大，集体劳动合同谈判是劳动关系中的重要环节，是劳动关系协调的核心机制，它涉及雇主与工会或员工代表组织之间的协商和约定，包括确定员工的工资、福利、工作条件、工作时间等关键条款。

2. 政府角色

加拿大政府在劳动关系协调方面发挥着重要作用。除制定法律外，政府还负责监督这些法律的执行，确保劳资双方遵守相关规定，以此来维护劳动关系的和谐稳定。在联邦层面，联邦调解与调停服务局(FMCS)负责处理调解、预防性调解和仲裁事务，为劳资双方提供中立的第三方协助，帮助解决纠纷。省级政府也设有类似机构或部门，提供调解和仲裁服务。

3. 集体劳动合同谈判的运作模式

通常情况下，集体谈判和签订协议主要在企业一级进行。集体谈判的一方是企业的雇主，另一方是工会(工会要取得代表职工进行集体谈判和签订集体协议的权利，必须先获得代表资格)。工会与雇主就工资、工作时间、工作条件、福利待遇等问题进行谈判，并达成集体协议。这种体制允许企业雇主和工会组织根据本企业的实际情况进行谈判，既有利于企业提高生产率，又利于工会争取提高工人的待遇。在谈判过程中，如果双方发生争议，政府会进行干预，派专人进行协调，限制雇主随意采取关厂和工会罢工等过激行为。

4. 劳动关系的调整机制

加拿大设有多个机构来处理劳动争议，如加拿大劳动关系委员会、公务员劳动关系委员会、艺术家和技术人职业关系仲裁委员会等。这些机构负责审批工作代表权资格，对集体协议履行中的争议进行调解和仲裁。

当劳资双方发生争议时，首先会尝试通过内部协商和集体谈判来解决争议；如果协商不成，可寻求政府相关机构如 FMCS 提供的调解与调停服务，由中立的第三方协助双方沟通，并就劳动政策、劳动法规的制定和修改等问题进行讨论、寻求共识和解决方案，促使双方达成协议。在某些情况下，如双方无法通过调解解决争议，可根据法律规定或双方约定，将争议提交给仲裁机构或仲裁员进行仲裁，仲裁裁决具有法律约束力。

(三) 加拿大劳动关系的特色与发展趋势

加拿大劳动关系的体制是一个以法律为基础、以集体谈判为核心、以政府和专业机构为支持的复杂系统。这一体制在保障劳动关系主体之间的权益、促进经济平稳发展方面发挥了重要作用。

首先，加拿大的劳动关系实行分权化管理，联邦政府只负责基本劳动立法，而大部分就业人员的劳动关系则由各省自行管理。这种管理方式能够因地制宜，降低劳动行政成本，提高管理效率。其次，加拿大政府十分重视劳动立法工作，通过劳动立法来建立稳定协调的劳资关系。劳动法律具有系统成熟、技术性强、逻辑严密等特点。最后，集体谈判是加拿大劳动关系调整的重要手段之一。通过集体谈判，工会和企业雇主可以就工资、福利、工作时间等事项达成协议，从而维护双方的权益。

资料链接

加拿大某汽车零部件制造企业的集体劳动合同谈判制

加拿大某汽车零部件制造企业，长期以来与工会保持着较为密切的合作关系。然而，随着市场竞争的加剧和原材料价格的上涨，企业面临着巨大的成本压力。同时，员工对工资待遇、工作环境和职业发展等方面也有了新的诉求。在这种背景下，新一轮的集体劳动合同谈判提上日程。

分析：

加拿大某汽车零部件制造企业的集体劳动合同谈判是一个典型的案例。通过充分的谈判准备、灵活的谈判策略、有效的沟通协商，以及对外部环境的考虑，双方最终达成了一份有利于企业和员工共同发展的协议。这个案例表明，集体劳动合同谈判是解决劳资双方矛盾和问题的重要途径，通过合理的谈判和协商，可以实现企业和员工的共赢。

三、英国政府的"第三条道路"

英国政府的"第三条道路"是20世纪90年代末英国新工党政府提出的一种政治理念和政策取向，由英国社会学家安东尼·吉登斯提出，在托尼·布莱尔担任首相期间(1997—2007)得到了充分实践。

1. 英国劳资政策的历史沿革

英国劳资政策的历史沿革是一个复杂而漫长的过程，它伴随着工业革命的兴起、社会政治环境的变化，以及工人运动的不断发展而逐步演变。这一过程中，政府、雇主和工人三方的态度和行为都发生了显著变化，共同推动了劳资关系的演进和社会的进步。

1) 18世纪末至19世纪初

在工业化初期，英国政府对劳资关系持敌视态度，主要通过立法手段打压工人运动。1799年颁布的《反结社法》明确规定任何工人团体为改善就业条件而进行的联合都是违法的，工会属于非法组织。这一时期，政府劳工立法的重点在于限制工会活动，以维护雇主利益。

随着工人运动的不断壮大和工会组织的蓬勃发展，英国政府逐渐意识到单纯依靠立法打压已无法有效遏制工人运动。因此，政府开始调整劳工政策，由对抗转向调和，并试图将工会纳入新政策体系之中。1824年废除《反结社法》，1825年《工会组合法》承认工会合法性，但限制其活动范围，如禁止罢工权。此后，政府逐步承认工会的合法地位，并通过调解与仲裁等方式处理工业劳资间的权利争议与利益纠纷。

2) 19世纪末至20世纪初

工业化中后期，工会力量进一步壮大，阶级矛盾尖锐，政府转向调和劳资关系。集体谈判与仲裁制度建立。1897年《塔夫河谷裁决》确立工会法律责任，推动集体谈判成为劳资协商的主要形式。1909年《工业法院法》尝试建立自愿仲裁体系，1919年《工业法庭法》设立强制性仲裁机制，标志着政府从"压制"转向"调解"，劳资关系进一步改善。

3) 20世纪中叶至今

"二战"后，英国的劳资关系可以划分为四个时期：①劳资传统延续时期(1945—1951年)，英国延续了劳资双方集体谈判的传统，劳资关系运行良好。②劳资关系紧张时期(1951—1979年)，打破了劳资双方集体谈判的传统，采取三方协商的"法团主义"劳资机制，政府通过国有化及收入政策等手段来加强工会的力量，力图平衡劳资力量，推动劳资合作。然而，过度保护工会的政策使得劳强资弱局面逐渐形成，工会权力过大，使得20世纪70年代罢工频繁，经济受到影响，出现了"英国病"的现象。③劳资关系稳定时期(1979—1997年)，撒切尔夫人及其继任者以新自由主义为指导，通过打压工会、镇压罢工来平衡劳资力量，将劳资关系交由自由市场来规范，确立起资方的特权地位，实现国家强制下的和平。④劳资关系良性发展时期(1997年至今)，布莱尔领导的新工党开创了"第三条道路"，2004年《就业关系法》简化解雇程序，2010年《平等法案》强化反歧视条款，适应灵活用工需求。确立起以政府法律调解为主、工会集体调解为辅的新模式，旨在实现社会伙伴关系框架之下新型劳资关系的重构。2024年，斯塔默领导的工党新政府计划通过《就业权利法案》，以大幅提升劳动者的权益。主要措施包括禁止剥削性的零工时合同、推广灵活工时制度、取消法定病假工资等待期和最低收入限制、取消最低工资中的年龄歧视等。

2. 工党政府的劳资关系协调政策

英国工党政府自1997年执政以来，实施了一系列旨在改善劳资关系的协调政策。这些政策的制定和执行，反映了政府在处理劳资关系方面的新思路和新方法。

1) 新工党政府时期

在这一时期，开创了"第三条道路"，加强了对劳动市场的监管。工党政府一方面通过制定和完善相关法律、法规，对劳动市场、工资待遇、劳动条件等方面进行规范和保障；另一方面，鼓励劳资双方通过协商和合作来解决问题，推动"社会伙伴关系"建设，让雇主、工会和政府共同参与政策制定和决策过程，以此促进经济发展和社会稳定。

2) 斯塔默领导的工党政府时期

通过立法改善劳动者的权益，打击剥削行为，强化就业权利，颁布了2024年新版《就业权利法案》，具体包括以下内容。①第一天就业权利(Day One Rights)：员工从就业第一天起就可享有免遭不公平解雇的保护，取消了此前两年的资格期限；陪产假和育儿假也成为第一天权利，父亲、伴侣和父母从工作第一天起就有资格享受。同时，丧假将扩展至适用于所有员工；取消了法定病假工资的较低收入限制和三天等待期，从生病缺勤的第一天起就可申领病假工资。②禁止所谓的"剥削性"零时合同(Zero-Hours Contracts)：如果员工在一定时期内有规律地工作了一定时长，雇主需为其提供有保证工时的合同，且员工有权获得轮班变更的通知，对于短时间内取消或缩短的轮班，员工有权获得补偿。③禁止"解雇并重新雇佣"(Fire and Rehire)：除了在极端情况下(如财务紧急状况)该做法将被禁止。若雇主因员工不同意合同变更而解雇员工，然后以变更后的合同重新雇佣该员工或雇佣他人从事基本相同的工作，这种解雇将自动被视为不公平解雇。④灵活工作(Flexible Working)：灵活工作安排成为默认选项，雇主必须为所有员工提供灵活工作安排，除非能提供清晰合理的商业理由拒绝。拒绝请求时，雇主必须解释原因。⑤性骚扰(Sexual Harassment)：雇主将对工作过程中的第三方骚扰(不仅限于性骚扰)承担责任，并且防止性骚扰的义务将变为采取一切合理措施的义务。⑥集体裁员(Collective Redundancy)：当雇主计划在整个企业内裁员20人或更多时，无论是否在同一机构，都需要进行集体协商。⑦性别薪酬差距和更年期(Gender Pay Gap and Menopause)：拥有250名或更多员工的大型雇主将被要求制定解决性别薪酬差距的行动计划，并为处于更年期的员工提供支持。⑧工会权利(Trade Union Rights)：废除2023年的《罢工(最低服务水平)法案》，延长列入黑名单的立法范围以保护更多人。工人的就业条款和条件书面文件中必须包含工人有权加入工会的声明。

3. 全球化对英国劳动关系的推进及影响

1) 全球化对英国劳动关系的推进

(1) 促进劳动法律、法规的国际化协调：全球化使得英国与其他国家的经济交往日益频繁，为了更好地吸引外资和促进本国企业的海外发展，英国在劳动法律、法规方面不断与国际标准接轨。例如，在劳动者权益保护、最低工资标准、工作环境安全等方面，参考国际劳工组织的相关公约和欧盟的指令进行调整和完善，使英国的劳动法律法规更加公平、合理和国际化，进一步保障了劳动者的权益。

(2) 推动工会的国际化合作与交流：英国的工会组织在全球化背景下，加强了与其他国家工会的合作与交流。通过与国际工会组织及其他国家的工会建立联系，分享经验和信息，共同应对跨国公司的挑战和全球经济形势的变化。在一些国际劳工权益保护的活动中，英国工会与其他国家工会联合发声，争取更好的劳动条件和待遇，提升了英国工会在国际舞台上的影响力，也为英国劳动者争取了更广泛的支持。

(3) 加速企业人力资源管理的现代化与国际化：全球化促使英国企业拓展海外市场，为了适应不同国家和地区的劳动法规、文化习俗等，企业不得不优化自身的人力资源管理模式。这使得英国企业在招聘、培训、薪酬福利、员工关系管理等方面更加注重国际化和多元化，引入先进的管理理念和方法，提高了企业人力资源管理的效率和水平，同时也为员工提供了更多的发展机会和国际化的工作环境。

2) 全球化对英国劳动关系的影响

全球化使得英国的劳动关系更加复杂多元。英国劳动关系的未来发展趋势将受到多种因素的影响，包括政策变化、经济环境、技术进步、全球化趋势、社会文化变迁、教育和培训体系的改进、工会运动的发展，以及工作场所健康与安全的重视程度。为了应对这些挑战，政府、企业和工人需要共同努力，通过对话和合作来塑造一个更加公平、灵活和可持续的劳动市场，从而在一定程度上维护劳动者的权益。

四、德国的"共决制"劳动关系运作

"共决制"，又称劳资共决制，是指在企业的最高管理层，资方代表与工人代表对企业的重大经营管理问题进行讨论磋商、共同决定。德国的"共决制"劳动关系是一种特殊的劳资关系处理机制，它是德国职工参与管理的基本原则，也是德国劳动关系管理的最大特色，其主要目的是在企业和员工之间建立一种平衡和合作的关系。

(一)"共决制"的起源与发展

德国的劳资"共决制"有着悠久的历史，19世纪中后期，德国为世界工人运动的中心，产业工人自发地产生了要求改善劳动条件和增加劳动报酬的思想。随着工业化的发展，产业工人队伍不断发展壮大，其不仅要求改善物质生活条件，还要求参与社会生产中与自身命运密切相关的产业劳动过程中的决策问题。这种要求与改良主义思想相结合，形成了"共决制"的最初思想来源。1916年12月2日，德国政府颁布了《为祖国志愿服务法》，使自由工会的合法地位获得确认，并要求企业建立工人委员会与职员委员会。1920年，魏玛议会通过《企业代表会法》，确立了以企业代表会制为核心的劳资共决合作制度。

"二战"后，英占区工会在1946年底形成了以劳资共决制为核心的新的经济民主化政策。1951年《煤钢行业职工共同决策法令》颁布，适用于煤钢行业及其相关行业的职工超过2000人的股份公司和有限责任公司，并在1956年得到了补充和修改。1952年《企业组织法令》适用于职工超过500人的股份公司和有限责任公司。1976年《职工共同决策法令》适用于各种按照德国法律登记设立的职工超过2000人的股份公司和有限责任公司，但不包括适用《煤钢行业职工共同决策法令》的公司，以及政治或者慈善团体、新闻媒体。

(二)"共决制"的法律依据

德国是一个典型的法治国家，"共决制"的建立和实施都以详尽的、比较完善的法律规定为依据。现代意义上的企业"共决制"产生于第二次世界大战以后，其发展经历了以下几个阶段。

(1) 1951年的《煤钢共决法》：规定在1000人以上的煤矿和钢铁工业股份公司中，监事会由劳资双方代表对等组成，并另设一名双方都能接受的"中立"代表。监事会主席由资方出任，劳方代表担任副主席。在表决时出现意见相左或双方成平局的情况下，由中立代表做最后裁决。同时，还规定了在公司管理委员会内，任命一名由工会提名的劳工经理。

(2) 1952—1972年的《企业法》：对《煤钢共决法》进行补充，法律涵盖涉及5名以上雇员的所有企业。新补充的共决内容是，在2000人以下的股份公司里，监事会中的职工代表应占1/3；工会可以推荐工会代表作为职工代表参加监事会。

(3) 1976年的《共决法》：扩大了共决的范围，规定在煤炭、钢铁企业以外的雇用2000人以上雇员的私人企业也实行劳资对等共决。这标志着"共决制"作为一个完整的工人参与制度最终形成。

(三)"共决制"的相关主体及职责

1. 雇员代表

雇员代表包括工人、职员和高级职员等。这些人通过选举产生职工代表进入监事会等机构。职工代表要维护雇员的利益，在企业决策中表达雇员的诉求和意见，监督企业的经营管理活动，确保雇员的权益得到保障。

2. 雇主

雇主承担企业的经营管理责任，同时需要与雇员代表进行沟通和协商，在决策过程中考虑雇员的利益和意见，共同推动企业的发展。

3. 工会

工会是雇员的组织代表。德国工会联合会(Deutscher Gewerkschaftsbund，DGB)是主要的工会组织，拥有8个成员工会，覆盖所有主要的产业部门。工会在"共决制"中发挥着重要作用，如参与制定劳动政策、与雇主组织进行集体谈判、维护雇员的整体利益等，并且会为职工代表提供支持和指导。

4. 雇主组织

雇主组织是代表雇主利益的组织。如关注社会政策的德国雇主联合会(Bundesvereinigung der Deutschen Arbeitgeberverbände，BDA)和处理经济、商业事务的德国产业联合会(Bundesverband der Deutschen Industrie，BDI)，它们代表雇主的利益，与工会进行协商和谈判，在宏观层面上影响劳动关系的政策和制度。

(四)"共决制"的运作机制

1. 企业代表会制

在德国，5人及以上雇员的企业中，雇员可要求设立企业委员会(即雇员代表委员会)。成员由雇员选举产生，任期四年，不一定是工会会员。企业委员会在组织、社会和经济事务方面拥有共同决策权，如雇主在工作时间分配、休假计划、雇员申诉，以及安全与福利等事务上需与企业委员会磋商，解雇雇员也须事先通知企业委员会。在大规模裁员或重大重组时，双方要就利益均衡和社会方案协商，以补偿雇员损失。

2. 监事会劳资公决制

不同规模和行业的企业，监事会中职工代表的比例不同。根据1952年《企业组织法令》，职工人数在500人以上的股份公司、有限责任公司，职工代表在监事会中占1/3，由工人委员会提出候选人名单，再由职工直接选举。根据1976年《共同决策法令》，职工人数在2000人以上的公司，股东代表和职工代表各占监事会一半代表权，监事会主席由股东推选的人员担任，当出现表决票数相同时，作为股东代表的监事会主席有额外的一票。职工代表由工人、职员和高级职员根据其在职工人数中的比例选出，每一群体至少有一名代表。1951年颁布的《煤钢行业职工共同决策法令》规定，职工人数在1000人以上的采矿业、钢铁业的股份有限公司和有限责任公司中，监事会和董事会要有职工代表，董事会中要求有一位劳工经理参加。监事会由11人组成，其中股东代表和职工代表各4人，双方各推荐一名外部代表和联合提名一名中立者。

3. 劳工经理制

在一些适用的企业中，会有一名劳工经理进入董事会。劳工经理与其他经理具有同等权利，负责在企业的经营管理决策中反映职工的利益和诉求，参与企业的战略规划、生产经营等方面的决策。

(五)"共决制"的实施效果

1. 改善劳动关系

"共决制"通过让职工参与企业决策，使得职工对企业有较强的认同感，其积极性、创造性得到较为充分的发挥，激发了工作积极性，一定程度上提高了团队合作精神和经营效率。同时，职工比股东更了解公司的经营情况，因此比股东监督经营者更有信息优势。这种制度促使劳资双方都能认识到双方利益的互相依赖性与一致性，减少了非理性化冲突，使劳动关系更加稳定和谐。

2. 对企业的影响

"共决制"为劳资双方提供了一个正式的沟通和协商平台，减少了双方的误解和冲突。在企业面临经营困难需要调整薪酬或裁员时，通过共决机制，劳资双方可以共同商讨解决方案，寻求利益的平衡点，避免矛盾激化，维持企业的稳定运营。

由于需要考虑多方利益，在决策过程中，劳资双方可能会就某些问题产生分歧，需要进行反复的讨论和协商才能达成一致，这会导致决策时间延长，决策效率降低。另外，"共决制"要求企业设立相应的机构和程序来保障雇员代表的参与，如监事会中的职工代表选举、企业委员会的运作等，这会增加企业的管理成本和运营负担。

3. 对其他国家的影响

德国企业实行共决制曾被看作是西方工人参与管理的里程碑，其成功经验也影响到了西欧其他国家。许多国家效法德国，开始下放管理权力，吸收工人参与管理。例如，法国、挪威、荷兰、奥地利、卢森堡等国先后颁布法律，规定职工代表要在董事会中享有一定席位。

五、日本的终身雇佣制

终身雇佣制，是指求职者一经企业正式录用直到退休始终在同一企业供职，除非出于劳动者自身的责任，企业主避免解雇员工的雇佣习惯。它不是法律或成文规定意义上的制度，在日本的法律和企业制度中，并没有关于雇主必须实行终身雇佣制的规定。

(一) 日本终身雇佣制的起源与发展

(1) 早期雏形。终身雇佣制最早可追溯到江户时代的奉公人制度。当时，商人阶层为弥补人手不足，从外地雇佣年轻男性，只要工作表现好，就可长期工作并按顺序晋升，这一制度在各商家逐渐普及并成为惯例。

(2) 正式形成。现代意义上的终身雇佣制主要起源于"二战"后。当时日本经济迅速发展，劳动力供不应求，企业为稳定熟练工人队伍，防止工人"跳槽"，普遍实行了"年功序列工资制"，这成为终身雇佣制的重要支撑。同时，美国对日本进行民主化改革，通过"劳动三法"，使得企业解雇员工的成本非常高，也促使了终身雇佣制的形成。松下公司创始人松下幸之助提出："松下员工在达到预定的退休年龄之前，不用担心失业。企业也绝对不会解雇任何一个'松下人'。"这一经营模式被无数企业仿效，进一步推动了终身雇佣制的发展。

(3) 发展变化。20世纪70年代初期，终身雇佣制开始出现松动，一些公司对管理层提出"任职标准"，并采取"定年制"等措施。20世纪90年代后，为摆脱经营困境，日本企业引入绩效工资制度和内部竞争机制，终身雇佣制受到更大冲击。尽管如此，它在日本并未完全消失，仍有部分企业保留这一制度。

(二) 终身雇佣制的主要特点

(1) 长期就业保障。员工一旦被公司录用,通常可在该公司工作至退休,除非有严重过失或极端情况。这种稳定性让员工能全身心投入工作,不用担心被解雇,其收入和家庭生活也能得到保障。

(2) 年功序列制。员工的工资增长和职务升迁主要取决于长期工作年限和资历,工龄越长,工资越高,晋升机会越大。这有助于鼓励员工的忠诚度和长期奉献。

(3) 企业内部培训。企业通常从大学毕业生中选拔员工,并对其从最基本的工作开始培训。为让员工能长期在企业工作,企业愿意投入资源进行内部培训,或派员工到外部学习新技术,以满足企业运营和发展的需要。

(4) 福利和养老保障。企业为员工提供各种较为完善的福利制度,如养老金、健康保险等,员工退休时还能从企业得到一笔可观的退职金。

(5) 雇员关系的稳定。经济不景气或业绩不佳时,企业一般不会轻易裁员,而是通过内部整合,如调整员工岗位配置、削减工时或减少奖金等方式来共渡危机,让员工感受到更大的就业安全感。

(三) 终身雇佣制对企业和员工的影响

1. 对企业的影响

从积极方面看,有助于增强员工对企业的忠诚度,稳定企业中的熟练员工和骨干人员,减少因员工跳槽带来的损失,也有利于企业形成稳定的企业文化和团队氛围,提高生产效率和产品质量。此外,企业可以根据自身发展需要,对员工进行长期的培训和培养,使员工能够更好地适应企业的发展需求。从消极方面看,可能导致人才流动受阻,企业内部缺乏活力和创新精神,员工容易形成依赖心理,工作积极性和创造性可能会受到一定影响。在企业经营困难时,终身雇佣制可能会成为企业的沉重负担,增加企业的经营成本。

2. 对员工的影响

从积极方面看,员工能获得稳定的工作和收入,不用担心失业风险,有利于员工进行长期的职业规划和生活安排。同时,员工在企业中工作时间越长,待遇和地位越高,这也激励员工长期为企业服务。从消极方面看,可能限制员工的职业发展,由于晋升主要依据工龄,有能力的年轻员工可能难以快速获得晋升机会。而且员工长期在同一企业工作,可能导致知识和技能结构相对单一,缺乏对外部市场和其他企业的了解,一旦企业出现问题,员工再就业的难度较大。

(四) 日本终身雇佣制面临的挑战

(1) 市场竞争压力。随着全球化的发展,市场竞争日益激烈,企业需要更灵活地调整人力资源配置以适应市场变化,终身雇佣制的长期承诺在一定程度上限制了企业的灵活性。

(2) 劳动力成本压力。全球经济波动和成本竞争加剧,企业需要不断降低成本来提高竞争力,终身雇佣制下的长期福利待遇可能成为企业的负担。

(3) 职业生涯多样化需求。社会经济快速发展,就业门类随之增多,年轻员工更追求职业生涯的多样化,希望尝试和接触不同的工作和领域,终身雇佣制难以满足这一需求。

(4) 激励机制不足。在终身雇佣制下，员工的激励机制相对单一，主要依赖年功序列晋升和加薪，可能影响员工的工作积极性和创造力，特别是那些有能力和进取心的员工。

(五) 日本终身雇佣制的发展趋势

目前，虽然终身雇佣制在日本企业中的地位有所下降，但它并没有完全消失，仍然在一些日本企业中保持着一定的生命力。未来，随着社会结构和就业环境的不断变化，终身雇佣制可能会更多地与灵活就业形式相结合，形成更加多元化的人才发展和就业模式。

资料链接

丰田汽车的终身雇佣制

日本丰田汽车公司是日本制造业的代表性企业，长期以来采用终身雇佣制。在"二战"后日本经济高速发展的时期，丰田公司凭借终身雇佣制度吸引并留住了大量优秀人才。当时日本社会就业竞争激烈，人们渴望获得稳定的工作。丰田公司承诺，员工只要不出现重大过错，就不会被轻易解雇，这使得员工对企业充满信任，愿意长期为企业服务。

分析：

日本丰田汽车公司的终身雇佣制在其发展历程中既有积极影响，也面临一些挑战。在经济环境稳定、企业发展良好时，终身雇佣制能够促进企业的发展；但在经济波动或行业变革时期，其局限性也逐渐显现。这启示其他企业在借鉴终身雇佣制时，要充分考虑自身的发展阶段、行业特点及外部经济环境等因素，合理选择和调整终身雇佣制，以实现企业的可持续发展。

六、新加坡的"三方机制"

新加坡的劳动关系建立在完善且严格的法律框架之上，注重保护劳动者的权益，同时也为企业提供了明确的用工指导。

(一) 新加坡劳动关系法律框架

新加坡建立了较为完备的劳动关系法律体系，包括《雇佣法案》《雇佣代理法案》《职业安全与健康法案》《工伤赔偿法案》《产业关系法》《工会法》《行业争议法》《劳工赔偿法》《中央公积金法》等。这些法律从雇佣合同、工资支付、工作条件、工伤赔偿、工会组织等多方面对劳动关系进行规范和调整，为劳动关系的稳定和有序运行提供了坚实的法律基础。

(二) 新加坡的"三方协调机制"

(1) 三方主体。由新加坡职工总会(NTUC)、新加坡雇主协会(SNEF)和政府人力部(Ministry of Manpower)组成。三方本着"合作、互信、协商"的精神，通过协商、调解或裁决等手段来解决日常的劳资纠纷。

(2) 作用发挥。一是国家劳动仲裁法庭，由专职庭长、10名雇主组织陪审员和10名工会组织陪审员组成，对牵涉到众多雇主和雇员的案件进行裁决，确认集体合同，其裁决对劳资双方都具有法律约束力。二是劳资纠纷调查委员会，它是政府的非常设机构，由人力部授权组成，对劳资纠纷进行调查并向政府提出调查报告，在劳资纠纷无法通过集体谈判和依法裁定解决时出面裁决，其裁决同样具有法律约束力。

(3) 协商谈判。全国工资理事会由政府、工会和雇主三方的5个成员组成，对企业工资增长额提出指导意见，虽不具强制性，但大部分企业会将其作为确定工资水平的重要依据。国家生产委员会由三方组成，还包括专业学术团体代表，目标是通过培训提高企业人员素质和生产力。企业一级的集体谈判则是工会与单个企业资方之间就劳动条件、工资待遇等问题进行协商。

(三) 新加坡的工会组织

新加坡职工总会是全国性工会组织，成立于1961年。其不仅致力于维护工人权益，还兴办了各类合作社和企业，如保险、康福、平价、托儿、保健等9个合作社，为会员提供保险、消费、交通等方面的福利和服务，增强了工会在工人中的影响力和凝聚力。

(四) 新加坡劳动关系的雇佣形式

(1) 无固定期限雇佣。雇主需要承担雇员的各类基本雇佣报酬与福利，包括基本工资、固定津贴、加班费、节假日及医疗等。虽然新加坡没有最低工资标准，但市场劳动力价格有一定范围，雇主至少每月支付一次工资或以更短时间支付，工资需在工资期结束后7天内支付，加班费在工资期结束后的14天内支付，同时雇主还需为雇员缴纳中央公积金。

(2) 固定期限雇佣。与无固定期限雇佣类似，雇主需承担相应的报酬与福利责任。依据相关判例，两次连续签订固定期限雇佣合同后，员工与公司之间的雇佣可能会被认定为存在无固定期限的雇佣合同。

(3) 第三方合同用工。法律关系类似于劳务派遣制度。由劳务中介与雇员签订雇佣合同，公司作为实际用工单位与劳务中介签订代理服务合同，向中介支付人员服务费用以替代直接为雇员发放薪资及缴纳公积金。但公司有核实劳务中介是否依法取得中介许可证的义务，若未尽此义务，可能会被认定为实际雇主或联合雇主而承担雇主责任。

(五) 新加坡劳动争议处理

新加坡劳资纠纷争议解决需按照一定流程进行。

(1) 协商。劳动争议发生时，双方首先会尝试通过直接对话或借助第三方中介机构进行协商，以寻求解决问题的办法。

(2) 调解。劳资关系仲裁处下设的劳资政纠纷调解联盟(TADM)是法定的调解机构。争议双方以口头或书面形式向TADM 提出调解请求，TADM受理后会对争议进行调查，包括了解争议事实、双方意见及相关人员看法等，之后组织双方进行调解，促使达成调解协议。若调解无果，可获得TADM出具的《转介证书》。需要注意的是，2019年起新加坡所有不当解雇索赔必须首先经过TADM的调解，只有调解不成功，索赔才会被提交至雇佣纠纷索偿庭进行裁决。

(3) 仲裁。国家劳动仲裁法庭，由专职庭长、雇主组织陪审员和工会组织陪审员组成，是解决劳资纠纷的最权威机构，其裁决对劳资双方都具有法律约束力。劳资纠纷调查委员会是政府的非常设机构，由人力部授权组成，对劳资纠纷进行调查并向政府提出调查报告，在劳资纠纷无法通过集体谈判和依法裁定解决时出面裁决，其裁决同样具有法律约束力。

(4) 诉讼。如果协商和调解都无法解决争议，双方可以依据《转介证书》向雇佣纠纷索偿庭(ECT)起诉。ECT立案后会召开庭前会议，即案件管理会议，若双方达成共识，ECT将作出同意判决；若双方未达成共识，ECT则进行正式审理并作出判决。一方对判决有异议，可在判决作出后7个工作日内向地方法院提出上诉申请，地方法院决定是否批准，若批准，有异议方可就该许可向高等法院提出上诉。

第四节　中国企业劳动关系管理实践

一、国有企业劳动关系的转型

在改革开放之前，我国的劳动制度，特别是国营单位的劳动制度，基本上实行的是"统包统配"的制度。这种制度对保证计划经济时期我国社会主义经济建设对劳动力的需要和稳定职工队伍起到过积极作用。然而，随着时间的推移，这种制度的弊端逐渐显现，如企业缺乏用工自主权、员工缺乏职业选择权等。因此，为了提高国营企业的活力和效率，劳动用工制度的改革成为必然选择。

(一) 国有企业的劳动用工制度的转型

我国国有企业的劳动用工制度经历了从计划经济体制到市场经济体制的转变。这一转型过程不仅反映了我国经济体制改革的深化，也体现了国有企业在适应市场经济要求、提高企业竞争力方面所做的努力。国有企业的劳动用工制度转型大致可以分为以下几个阶段。

1. 中国计划经济时代的固定用工制度(1952—1980年)

这一时期，国家对劳动者的就业实行"统分统配"，是用工的主体；企业、事业单位在招工用人方面没有自主权，也不能辞退职工；职工是"国家职工"而不是"企业职工"，劳动关系的建立不是通过法律方式，而是通过计划统配的方式；职工有充分的就业保障，一旦成为某个用人单位的固定工以后，就同所属单位形成了终身的、固定的劳动法律关系，工作期限没有限制，俗称"铁饭碗"。这种用工制度下，职工也没有流动的自主权，微弱的劳动力流动需要通过行政调配来实现。

在当时的历史条件下，固定用工制度对安置大量失业人员、安定社会秩序、恢复国民经济起到了一定的积极作用，为国家工业化建设提供了稳定的劳动力队伍，保障了职工的基本生活。但随着时间的推移，其弊端也逐渐显现，它限制了劳动力的合理流向，劳动者端着"铁饭碗"缺乏压力和竞争意识，企业也丧失了活力，导致人力资源配置效率低下，不利于企业和经济的长期发展。

2. 改革开放后试行的就业政策双轨制(1980—1993年)

党的十一届三中全会以后，国家开始对固定用工制度进行改革，在劳动用工领域形成了传统的固定用工制度和新兴的劳动合同制并存的"双轨制"用工形式。1986年，国务院颁布《国营企业实行劳动合同制暂行规定》，正式确立了就业政策"双轨制"。一方面，原有的固定用工制度仍然存在，部分老职工继续按照传统的固定工模式就业；另一方面，开始推行劳动合同制，企业和员工通过签订劳动合同来明确双方的权利和义务，在合同期限、工作内容、薪酬待遇等方面有了更多的约定和灵活性。

双轨制是经济体制转型期的过渡性安排。从政府角度看，计划经济运行多年，一下子打破传统用工制度阻力巨大，双轨制可在一定程度上减少改革对既有体制和利益格局的冲击，同时也给官员一定的适应和调整期。从劳动者和企业角度看，双轨制给劳动者提供了更为灵活的就业选择空间，给企业带来了更大的用工自主权和更多获利的可能，如乡镇企业和个体私营企业获得了要素供给来源及产品销售渠道，企业可以根据自身需要选择不同的用工方式，劳动者也有了一定的自主择业机会。

3. 推行全员劳动合同制的市场化就业制度(1993年至今)

随着社会主义市场经济体制的逐步建立，"双轨制"的弊端日益显现，为了进一步深化劳动用工制度改革，建立与市场经济相适应的新型劳动用工制度，提高企业的竞争力和活力，推动劳动力资源的优化配置，我国开始推行全员劳动合同制。

1983年2月，劳动人事部门下发了《关于积极试行劳动合同制的通知》，对劳动合同制进行试点。1986年7月，国务院发布相关规定，提出在国营企业实行劳动合同制，对新招的工人统一实行劳动合同制。1992年7月，国务院公布了《全民所有制工业企业转换经营机制条例》，赋予企业劳动用工权等多项经营自主权，推动了全员劳动合同制的推行。1994年7月颁布的《中华人民共和国劳动法》再次确认了劳动合同制的实施，为全员劳动合同制提供了法律依据。《劳动法》的颁布标志着全员劳动合同制的全面推行，企业和劳动者之间的关系转变为契约关系；到1996年，我国国有集体企业全部实行劳动合同制，乡镇企业也开始推行劳动合同制度。2007年6月29日，第十届全国人民代表大会常务委员会第二十八次会议通过《中华人民共和国劳动合同法》，将我国的劳动合同制纳入法制轨道，进一步完善和规范了全员劳动合同制。这一过程逐步打破了固定工制度的束缚，使企业用工更加灵活，劳动者与企业之间的关系更加市场化。

综上所述，我国计划经济时代的固定用工制度在改革开放后逐渐转型为就业政策"双轨制"，并最终转型为全员劳动合同制的市场化就业制度。这一转型过程体现了我国劳动用工制度的不断发展和完善，为建立现代企业制度和完善社会主义市场经济体制奠定了基础，也为经济社会的持续发展注入了新的动力。

(二) 国有企业劳动关系特点

我国国有企业目前的劳动关系特点主要体现在以下几个方面。

1. 劳动关系的基本性质向市场化发展

随着经济体制从计划经济向市场经济的转变，国有企业劳动关系的性质也发生了根本性变化。在计划经济时期，国有企业的劳动关系是基于国家计划和行政命令建立的，企业和员工都缺乏自主选择权。而在市场经济环境下，劳动力市场逐渐形成，企业作为独立的市场主体，需要根据市场需求和自身经营状况来配置劳动力资源。具体表现为以下几个方面。

1) 企业用工自主权增强

国有企业可以根据生产经营的实际需要，通过市场招聘、面试等环节，自主选择合适的劳动者。例如，一家国有制造企业为了拓展新的生产线，面向社会公开招聘具有特定技能的技术工人，而不再像计划经济时期等待国家分配员工。

2) 劳动者择业自主性提高

劳动者也能够根据自己的专业技能、兴趣爱好和职业规划，在劳动力市场上寻找适合自己的工作岗位。比如，一位有经验的会计可以在多个国有企业或其他类型企业之间比较薪酬待遇、工作环境等因素后，选择最符合自己期望的企业就业。

3) 劳动力价格由市场决定

劳动力的工资不再是由国家统一规定，而是根据市场供求关系和企业的经济效益来确定。在热门行业，如新兴的信息技术领域的国有企业，由于对高端技术人才的需求旺盛，这些人才的工资水平会相应提高；相反，在一些传统行业且劳动力供过于求的情况下，工资增长可能会较为缓慢。

2. 劳动关系由国家调控转向市场调控

在计划经济时期，国家通过行政手段对国有企业劳动关系进行全面调控。从员工的录用、调配到工资福利的确定，都由国家统一安排。随着改革的推进，这种调控方式逐渐改变。国家开始放松对企业用工的直接干预，转而通过制定法律法规、政策引导等方式来规范劳动关系。

1) 供求机制的作用

劳动力市场的供求关系对劳动关系产生直接影响。当某个地区或行业国有企业对某类专业人才的需求大增，而供给相对不足时，企业就会提高待遇吸引人才。例如，在国家大力发展新能源产业的背景下，国有新能源企业对研发人才的需求激增，促使企业提供更好的薪酬和发展机会来满足自身的用工需求。

2) 竞争机制的影响

企业之间为争夺优质劳动力资源而竞争，劳动者之间也为获得更好的工作岗位而竞争。国有企业为了在市场竞争中吸引和留住优秀人才，会不断优化工作环境、完善培训体系等。例如，不同的国有金融企业会通过提供更具吸引力的职业晋升通道和培训机会来吸引金融专业人才。

3. 劳动关系确立契约化

1) 劳动合同成为确立劳动关系的基本依据

国有企业与员工之间普遍签订劳动合同，明确双方的权利和义务。劳动合同涵盖了工作内容、工作时间、劳动报酬、社会保险等诸多方面。例如，在一家国有建筑企业，新入职的员工会和企业签订详细的劳动合同，其中规定了员工的具体工作岗位是建筑设计还是现场施工管理，工作时间是标准工时制还是不定时工时制，以及相应的工资结构和福利待遇等。

2) 合同形式多样化

除了传统的固定期限劳动合同，还有无固定期限劳动合同和以完成一定工作任务为期限的劳动合同。这使得企业和员工能够根据不同的工作性质和需求选择合适的合同形式。例如，对于一些长期稳定的管理岗位，企业可能会与员工签订无固定期限劳动合同；而对于一些项目制的工作，如国有软件开发企业承接的某个特定软件项目开发任务，则可以签订以完成一定工作任务为期限的劳动合同。

4. 劳动关系处理法治化程度提高

1) 法律、法规体系不断完善

我国陆续出台了《劳动法》《劳动合同法》等一系列法律、法规，为劳动关系的处理提供了明确的法律依据。这些法律规定了劳动合同的订立、履行、变更、解除和终止等各个环节的具体要求，以及企业和劳动者的权利和义务。例如，《劳动合同法》规定了企业在解除劳动合同时必须符合法定条件，否则将承担相应的法律责任。

2) 劳动争议处理机制日益健全

我国建立了包括协商、调解、仲裁和诉讼等多种方式在内的劳动争议处理机制。当国有企业出现劳动关系纠纷时，双方可以先通过协商解决；协商不成的，可以申请调解或仲裁；对仲裁结果不服的，还可以向法院提起诉讼。例如，某国有纺织企业的员工如果认为企业克扣了自己的工资，可以先与企业进行协商，协商无果后可以向企业所在地的劳动争议仲裁委员会申请仲裁。

(三) 国有企业劳动关系面临的挑战

我国国有企业劳动关系目前面临着多方面的挑战，这些挑战既来源于企业内部的管理和制度问题，也受到外部环境变化的影响。

1. 劳动法律、法规执行方面的挑战

1) 法律、法规复杂多样

我国已经出台了众多劳动法律、法规，如《劳动法》《劳动合同法》等，但这些法律、法规内容丰富复杂。国有企业在实际操作中，可能会因为对某些条款理解不准确而出现执行偏差。例如，关于劳务派遣员工同工同酬的规定，在具体实施过程中，企业可能难以准确界定"同工同酬"的标准，导致法律执行不到位。

2) 监管难度较大

国有企业数量众多，分布行业广泛，劳动用工情况复杂。劳动监察部门在监管过程中面临着巨大的挑战。一方面，监管力量相对不足，难以对所有国有企业的劳动关系进行全面、及时的监督；另一方面，一些企业可能会采取隐蔽手段规避法律监管，如通过不合理的劳务外包安排来逃避对员工的法律责任。

2. 经济结构调整与企业改革带来的压力

1) 产业升级和转型需求

随着经济结构的调整，国有企业面临着产业升级和转型的任务。这可能导致部分传统岗位的员工技能与新岗位需求不匹配。例如，在传统制造业向智能制造转型过程中，一些年龄较大、知识结构较为陈旧的员工可能难以适应新的自动化生产线和数字化工作环境，从而引发劳动关系的紧张。

2) 企业重组和改制

国有企业的重组、改制等改革措施会对劳动关系产生重大影响。在企业合并、分立或股权变更过程中，员工的岗位安排、薪酬待遇和工作条件等都可能发生变化。如果处理不当，很容易引发大规模的劳动争议。例如，在企业裁员过程中，若没有按照法定程序和合理的补偿标准进行操作，就会损害员工的合法权益。

3. 员工权益保障与企业利益平衡难题

1) 薪酬福利方面

国有企业既要保证员工的薪酬福利在市场上具有一定的竞争力，以吸引和留住人才，又要考虑企业的成本控制和经济效益。在经济下行时期，企业可能会面临资金压力，需要调整薪酬福利政策。但这可能会引起员工的不满，特别是在员工对企业经营状况缺乏足够了解的情况下，容易引发劳动关系矛盾。

2) 工作强度和工作环境改善

为了在市场竞争中取得优势，国有企业可能会加大生产任务，导致员工工作强度增加。同时，在一些工作环境较为恶劣的行业，如矿山、化工等，企业在改善工作环境方面面临着成本高、技术难度大等问题。如果企业不能有效平衡员工权益和企业利益，就会影响员工的工作积极性和忠诚度。

4. 劳动力市场变化带来的挑战

1) 劳动力供给变化

我国人口结构发生变化，劳动力人口红利逐渐减少。国有企业在招聘合适的员工方面面临着新的挑战。例如，在一些技术密集型行业，高素质人才短缺，企业可能需要花费更多的资源来吸引和培养人才。同时，随着新生代员工(如"90后""00后")逐渐进入劳动力市场，他们对工作的期望和价值观与老一代员工有所不同，更加注重工作与生活的平衡、个人职业发展等因素，这也给国有企业的劳动关系管理带来了新的课题。

2) 就业观念和职业流动变化

现代社会就业观念日益多元化，员工的职业流动更加频繁。国有企业可能会面临员工离职率上升的问题，特别是一些优秀的年轻员工可能会因为更好的发展机会而跳槽。这不仅会增加企业的人才培养成本，还会影响企业的团队稳定性和生产连续性。

5. 劳动关系多样化和复杂化带来的挑战

1) 灵活用工管理难度大

国有企业采用多种灵活用工方式，如劳务派遣、业务外包等，增加了劳动关系管理的复杂性。对于劳务派遣员工，其劳动关系与实际用工单位和派遣单位都有关联，容易出现责任划分不清的问题。例如，劳务派遣员工在工作中发生工伤，实际用工单位和派遣单位可能会在赔偿责任等问题上产生推诿现象。

2) 多元利益诉求协调困难

国有企业内部不同用工形式的员工有着不同的利益诉求。正式员工可能更关注职务晋升和长期福利，而劳务派遣员工可能更注重工资待遇和同工同酬问题。企业需要协调好这些不同的利益诉求，否则会影响劳动关系的和谐稳定。例如，正式员工和劳务派遣员工在同一岗位工作，但工资和福利差距较大，容易引发劳务派遣员工的不公平感，并造成双方的矛盾。

二、民营企业的劳动关系概况

在我国，民营企业通常是指由自然人投资设立或由自然人控股，以雇佣劳动为基础的营利性经济组织。民营企业包括按照《公司法》《中华人民共和国合伙企业法》(以下简称

《合伙企业法》)、《中华人民共和国个人独资企业法》(以下简称《个人独资企业法》)、《私营企业暂行条例》规定登记注册的民营有限责任公司、民营股份有限公司、民营合伙企业和民营独资企业。民营经济在推动国民经济增长方面发挥着关键作用，已经成为国民经济的重要组成部分。据市场监管总局统计，截至2024年9月底，全国登记在册民营企业数量为5554.23万户，民营企业在全国企业总量中的占比为92.3%。

(一) 民营企业劳动关系的性质及特点

劳动关系是劳动者与用人单位之间为实现劳动过程而建立的社会经济关系，其本质上是一种雇佣关系，这是由建立在雇佣劳动基础之上的民营企业的本性所决定的。在我国，民营企业作为市场经济的重要组成部分，其劳动关系也呈现出多元化和复杂化的特点。

1. 劳动关系矛盾多发

在当前经济环境下，我国经济社会正处于转型期，劳动关系的主体及其利益诉求越来越多元化，这导致劳动关系矛盾进入凸显期和多发期。劳动争议案件居高不下，拖欠工资、少交或不交社会保障金、劳动合同内容不利于劳动者等问题时有发生，同时，新兴行业的快速发展和竞争也带来了新的劳动关系问题，如互联网行业的"996"工作制引发的关于工作时间和加班报酬的争议。这些现象大都发生在民营企业中。

2. 劳动关系以企业为主导

在民营企业中，企业往往处于劳动关系的主导地位。由于用人单位在资本、信息、管理等方面的优势，劳动者往往处于相对弱势的地位。这种不平衡性可能导致劳动者权益受到侵害，如超时加班、劳动条件恶劣、工资拖欠等问题。因此，加强劳动者权益保护，提高劳动者在劳动关系中的地位和话语权，是构建和谐劳动关系的重要方向。

3. 劳动关系管理规范化程度低

部分民营企业在劳动关系管理方面存在规范化程度低的问题。这体现在劳动合同签订不规范、执行不力，劳动者权益保障不到位等多方面。为了改善这一现状，企业需要加强劳动法律、法规的学习和执行力度，建立健全劳动关系管理制度和机制，提高劳动关系管理的规范化和法制化水平。

4. 工会在调整民营企业劳动关系中缺位

工会在调整民营企业劳动关系中发挥着重要作用，但现实中存在工会缺位的问题。一些民营企业没有建立工会组织或者工会组织的作用没有得到充分发挥。这导致劳动者在维权过程中缺乏有力的组织支持和法律援助。为了加强工会在调整劳动关系中的作用，需要积极推动工会组织的建设和发展，提高工会的组织力和影响力，为劳动者提供更好的维权服务和保障。

(二) 民营企业劳动关系中存在的问题

民营企业劳动关系双方追求的目标不同，企业将利润视为其投资和经营风险的回报，更关注资本增值和长期发展，而员工主要关注自身劳动所得，期望工资能够合理反映其劳动价值，并且随着企业效益的增长而同步提高。这就必然导致双方在利益目标上产生分歧，主要体现在以下几个方面。

1. 劳动合同方面

1) 劳动合同签订不规范

部分民营企业不与劳动者签订劳动合同，或所签合同条款简单粗糙、内容不明确，对工作内容、时间、报酬、社保等重要事项规定模糊。还有一些企业签订阴阳合同或包含与《劳动法》相违背的条款，以逃避法律责任。

2) 合同执行困难

一些企业虽然签订了劳动合同，但在实际执行中不按照合同约定执行，如随意变更工作岗位、降低工资待遇等，而劳动者由于处于弱势地位，往往难以有效维护自己的合同权益。

2. 薪酬福利方面

1) 工资水平不合理

部分民营企业刻意压低职工工资，克扣和拖欠工资的现象也时有发生。一些企业还通过不合理的劳动定额标准、以包吃包住为由支付较低工资或用实物代替货币等方式，降低员工的实际工资水平。此外，劳动者工资增长相对缓慢，与企业利润增长不同步，贫富差距逐渐拉大。

2) 加班工资问题突出

弹性加班、隐形加班现象日趋严重，许多企业不支付或不足额支付加班工资，劳动者的加班付出得不到合理补偿，其休息权和获得劳动报酬的权益受到侵害。

3) 社会保险参保率低

很多民营企业将参加社会保险视为增加成本，采取排斥和规避态度，参保面不广，这损害了职工的合法利益，也制约了社会保险制度的发展。

3. 工作时间与劳动强度方面

1) 加班问题突出

为了追求更高的经济效益，许多民营企业安排员工长时间加班，且部分企业没有按照法律、法规支付加班工资。过度加班不仅损害了员工的身体健康，也影响了员工的工作与生活平衡。

2) 劳动强度大

在一些制造业和服务业民营企业中，工作流程设计不合理或者工作任务分配不均衡，导致员工劳动强度过大。高强度的工作容易使员工产生疲劳和职业倦怠，降低工作效率和工作质量。

4. 劳动条件与安全方面

1) 工作环境恶劣

部分民营企业技术落后，生产工艺简单，没有为劳动者提供良好的工作环境，缺乏必要的通风、采光、降噪等设施，影响劳动者的工作舒适度和身体健康。

2) 劳动防护不足

在一些存在职业危害的行业，企业没有做到对有毒有害作业场所进行尘毒监测、配备职业病防护用品、告知劳动者职业危害因素和后果、组织体检等，大大增加了职业病的得病概率，侵害了劳动者的安全健康权益。

5. 工会与维权方面

1) 工会组建率低

随着民营企业中"小微企业"数量的增加，工会组建难度加大，组建率比以前更低。许多企业没有建立工会组织，或者工会组织有名无实，无法发挥应有的作用。

2) 工会维权职能弱化

即使企业有工会组织，工会也往往缺乏独立性，在经济上和人事上对企业有一定的依附性，不敢理直气壮地帮助员工维权。工会干部人选可能由企业所有者掌握，无法充分体现和表达广大会员的意志，导致工会在代表员工与企业进行集体协商、维护员工合法权益等方面的能力有限。

6. 劳动争议处理

当发生劳动争议时，由于缺乏有效的内部协商机制和外部调解仲裁机制，劳动争议往往得不到及时、公正的解决。这不仅增加了员工的维权成本，也会影响企业的正常经营秩序和社会形象。

三、外资企业的劳动关系

外资企业包括中外合资经营企业、中外合作经营企业和外商独资企业。从统计口径上讲，一切非内地投资均统称为外资。在经济全球化背景下，外资企业大量涌入我国并迅速发展，成为吸纳就业的重要力量。随着我国经济体制改革和劳动力市场的发展，越来越多的外资企业选择外资控股或外资独资，这使得劳动关系的基本性质从计划经济时期较为单一的行政隶属关系向市场经济下的多元化、市场化方向转变。

(一) 外资企业劳动关系的现状

2023年，新设立外商投资企业数量达到53 766家，同比增长39.7%，创近年来新高。商务部数据显示，截至2024年10月，全国新设立外商投资企业46 893家，同比增长11.8%。截至2024年11月，全国新设立外商投资企业52 379家，同比增长8.9%。不难看出，尽管全球经济形势复杂多变，但我国依然保持着对外资的强大吸引力。

1. 政府在推动外资企业建立和谐劳动关系方面发挥重要作用

1) 法律保障与监管

政府通过制定和执行劳动法律、法规，为外资企业劳动关系提供了基本的规则框架。在我国，劳动法律、法规体系不断完善。政府劳动监察部门加强对外资企业的执法监督，确保企业依法经营，这是构建和谐劳动关系的基础。例如，政府会定期检查外资企业的工资支付情况、劳动保护措施等是否符合法律规定。

2) 平衡利益与协调机制

政府能够站在宏观角度，平衡外资企业的经济利益追求和劳动者的权益保障。一方面，政府要吸引外资，促进经济发展，需要为外资企业创造良好的投资环境；另一方面，政府必须维护本国劳动者的合法权益，确保社会公平正义。通过建立三方协调机制，即政府、企业(包括外资企业)和工会代表共同参与的协商平台，政府可以在其中发挥主导作用，协调解决劳动关系中的重大问题。例如，在制定地区性工资指导线时，政府会综合考虑企业的承受能力和劳动者的生活成本等因素。

2. 劳动密集型外资企业的劳动关系问题尤为突出

1) 劳动争议频发

劳动密集型外资企业劳动争议案件数量相对较多。这类企业主要依靠大量劳动力进行生产，劳动力成本在总成本中占比较高。为了追求利润最大化，企业往往会在工资、劳动条件等方面进行成本控制。劳动争议主要涉及工资待遇、加班工资、社会保险、劳动条件等多个方面。例如，在一些服装制造、电子装配等劳动密集型外资企业中，员工经常因为加班时间过长但未得到足额加班费而与企业发生纠纷。

2) 员工流动性高

员工流失率较高是劳动密集型外资企业劳动关系紧张的一个重要表现。由于工作环境差、劳动强度大、工资待遇低等原因，员工往往频繁跳槽。这不仅影响企业的正常生产经营，也增加了企业的人力资源成本，同时也反映出员工对企业的不满和劳动关系的不稳定。

(二) 外资企业劳动关系中存在的主要问题

1. 执行《劳动合同法》方面

外资企业劳动合同随意性强，劳资契约内容不对等。外资企业劳动合同成立的条件较宽，定性条款少、定量条款多，对职工的约束力强，且劳动合同的变更富有弹性，劳动合同的解除更为灵活。部分生产型外资企业存在非法用工行为，如非法招收外地打工者或雇佣童工，不与员工签订劳动合同。一些技术含量高的企业为压低工资，以口头约定、试用期拖延或者拒绝签订劳动合同。已签订的劳动合同中，有的条款模糊、残缺，对职工权利规定不明确；还有的存在不平等条款，如"生死合同"，企业试图转嫁工伤、残废及死亡等风险。由于劳动合同的签订和管理不规范，劳动争议时有发生且很难解决。

2. 工资待遇方面

首先，一些外资企业薪资偏低，甚至低于当地最低工资标准，兼职员工薪资问题较为突出。同时，存在工资不公平现象，高级管理人员和核心技术人才薪酬过高，普通员工薪酬水平相对较低。其次，克扣工资、拖欠职工工资，以及企业停产和解除合同时不发给职工停工工资和补偿金等情况时有发生。最后，员工加班频繁但得不到合理报酬，不仅生产线上的工人如此，白领阶层也面临同样问题。

3. 劳动时间与休息休假方面

部分外资企业任意延长劳动时间，增加劳动强度，却未按规定支付足额加班工资。员工的带薪休假等权利难以得到有效落实，休息休假权得不到充分保障。

4. 劳动安全与卫生方面

一些外资企业为降低成本，未能提供良好的工作环境和必要的劳动保护措施，如工作环境不良、缺乏防护用品、不进行尘毒监测等，对员工的身体健康构成威胁，增加了得职业病的概率。

5. 员工权益保障方面

一方面，外资公司在华企业招聘的外地工、劳务工或农民工等，在工资上虽与正式合同工同工同酬，但不能享受养老保险、个人与家属的医疗保险等社会保障。另一方面，存在裁员和工人下岗待业的情况，且劳动合同有效期一般较短，多为一两年，工人缺乏就业安全感。合同期满后，企业不给被辞退者任何补偿。

6. 工会与民主参与方面

外商对签订集体合同通常持慎重态度，需经公司总部或地区分部批准，耗时较长。部分外商抵制集体合同，不承认工会代表职工集体协商的地位与权利。职工参与企业管理的层次低、范围有限。只有少数中方控股或股权相近的合资企业规定工会主席列席董事会，且很少将生产经营问题提交协商讨论。

四、我国现代劳动关系的发展趋势

在经济全球化的浪潮下，我国企业面临着来自国内外的激烈竞争。为了在竞争中取得优势，企业需要不断提高生产效率、创新产品和服务。合作型劳动关系能够整合雇主和员工的力量，实现资源的优化配置，是现代劳动关系新的发展趋势。

(一) 更加注重员工权益与企业效益的平衡

随着社会文明进步和法律、法规的完善，劳动者的权益意识不断提高，政府也加强了对劳动法规的执行和监管力度。企业认识到员工是企业发展的重要资源，将不得不更加重视员工的工资福利、工作环境、职业健康与安全等方面，确保员工的基本权益得到充分保障。只有保障员工权益，让员工分享企业发展成果，才能激发员工的积极性和创造力，从而实现企业的长期稳定发展。例如，通过利润分享计划、员工持股计划等方式，使员工的利益与企业的利益紧密相连。

(二) 数字化与智能化对劳资合作关系的影响加深

一方面，互联网、大数据、人工智能等技术的发展，推动了企业生产方式和管理模式的变革，远程办公、弹性工作、兼职工作等灵活就业形态日益普遍。这使得劳资合作关系在工作时间、工作地点、工作考核等方面的管理更加灵活多样，需要企业和员工重新协商和界定双方的权利和义务。另一方面，数字化和智能化技术的应用，使企业对员工的技能要求发生了变化，对高技能、复合型人才的需求增加。企业为了适应发展，会加大对员工的培训投入，帮助员工提升数字技能和适应新技术的能力；员工也意识到持续学习的重要性，愿意积极参与培训，以提升自身竞争力，与企业共同成长。

(三) 沟通与协商机制更加完善和多元化

企业将更加重视与员工的沟通，通过建立多种形式的沟通渠道，如定期的员工大会、部门会议、线上沟通平台等，及时向员工传达企业的发展战略、经营状况和重大决策，同时也倾听员工的意见和建议。面对复杂的劳资关系问题，双方更倾向于通过协商和集体谈判来解决。工会等组织在维护员工权益、促进劳资协商方面的作用将更加凸显，它们将与企业进行更积极的对话和谈判，就工资待遇、工作条件、劳动法规执行等问题达成共识。

同时，政府也会积极推动建立健全三方协商机制，即政府、企业和工会共同参与，协调劳动关系，促进劳资合作。

(四) 社会责任对劳资合作关系的影响增大

社会对企业的社会责任要求越来越高，企业不仅要追求经济利益，还要关注社会和环境效益。在劳资合作关系方面，企业需要承担起保障员工权益、促进员工发展、创造良好工作环境等社会责任，以提升企业的社会形象和声誉。员工在选择就业企业时，除考虑工资待遇等因素外，也会关注企业的社会责任表现。具有良好社会责任形象的企业，更容易吸引和留住优秀人才。因此，企业在处理劳资合作关系时，需要将社会责任理念融入其中，满足员工对企业的期望。

(五) 全球化背景下劳资合作关系的多元化与复杂性增加

随着企业全球化经营的发展，跨国企业面临着不同国家和地区的文化、法律、劳动市场等差异，需要制定多元化的劳资合作策略。他们需要在全球范围内整合资源，协调不同地区员工的利益诉求，同时还要遵守当地的劳动法规和文化习俗。国际劳工组织制定的国际劳动标准及一些全球性的行业规范，对各国的劳资合作关系产生影响。企业在全球竞争中，需要遵循这些国际标准和规范，以确保自身的合法性和可持续发展。同时，国际劳资交流与合作也会增多，不同国家的企业和工会之间会相互学习和借鉴劳资合作的经验和做法。

思考题

1. 简述马克思的劳资关系理论。
2. 简述邓洛普的劳动关系系统的构成。
3. 劳动关系管理的理论有哪些学派？
4. 比较分析美国、德国和日本的劳动关系管理特点。
5. 简要分析我国民营企业的劳动关系概况。
6. 简述现代劳动关系的发展趋势。

案例讨论题

德国大众汽车公司的"共决制"

德国大众汽车公司是德国汽车制造业的巨头，在全球汽车市场占据重要地位。德国的"共决制"在大众汽车公司有着典型的体现。"共决制"是指雇员通过法定的形式参与企业决策，与雇主共同决定企业事务的制度。在大众汽车公司，员工通过选举代表进入监事会，参与公司的重大决策过程。

1. 历史发展与基础奠定

大众汽车的共同决策制度有着深厚的历史渊源。早期，随着工人运动的兴起和发展，工人开始争取在企业决策中的话语权。大众汽车在发展过程中，逐渐认识到员工参与决策对于企业发展的重要性，并开始探索建立相关的制度。

德国的法律框架为大众汽车实施"共决制"提供了依据和保障。德国的《公司法》规定了职工在监事会中的比例和权利，要求超过一定规模的公司在重大决策时必须征得职工委员会的同意，这为大众汽车的共同决策制度提供了法律基础。

2.机构设置与人员构成

(1) 监事会层面：在大众汽车的监事会中，股东代表和员工代表各占一定比例。根据公司的规模和性质，员工代表的数量有所不同。例如，在雇员人数超过2000人的大公司中，资本所有者得到一半的席位，另一半给雇员；在员工低于10000人的公司里，双方各有6个席位，其中雇员方的一个席位作为管理者雇员，还有两个是留给工会代表的。

(2) 职工委员会层面：大众汽车的职工委员会由企业内部的员工选举产生，代表了不同部门和岗位的员工利益。职工委员会的成员包括一线工人、技术人员、管理人员等，具有广泛的代表性。职工委员会在企业内部发挥着重要的作用，如参与企业的生产管理、劳动保护、福利待遇等方面的决策。

3.决策流程与参与方式

(1) 信息共享与沟通：大众汽车公司注重信息的共享和沟通，管理层会定期向职工委员会通报企业的经营状况、发展战略、市场动态等信息，使员工能够及时了解企业的情况。同时，员工也可以通过职工委员会向管理层反映工作中的问题和建议，实现信息的双向流通。

(2) 决策参与：在涉及企业重大利益的决策时，如投资计划、产品研发、生产布局等，职工委员会会参与讨论和表决。员工代表会根据自身的专业知识和工作经验，对企业的决策提出意见和建议，为企业的发展提供参考。例如，在大众汽车推出新车型的决策过程中，职工委员会会从员工的角度出发，对新车型的设计、性能、市场需求等方面进行评估，为管理层提供决策依据。

(3) 争议解决机制：当管理层和员工在决策过程中出现分歧时，大众汽车公司建立了有效的争议解决机制。双方可以通过协商、调解等方式解决问题，如果无法达成一致意见，还可以通过法律途径解决。这种争议解决机制保证了共决制的顺利实施，避免了由决策分歧而导致的企业内耗。

(资料来源：闻效仪.大众之道：经济、政策与战略的劳资共决[M].北京：中国工人出版社，2024.)

讨论与思考：

1.德国大众汽车公司的"共决制"对企业发展有哪些积极意义？请结合案例具体分析。

2.德国大众汽车公司在实施"共决制"过程中面临哪些挑战？企业应如何应对这些挑战？

3.从德国大众汽车公司的"共决制"案例中，其他企业可以得到哪些启示？

第三章

员工沟通与民主管理

学习目标

1. 了解员工沟通管理的含义与基本理论。
2. 准确掌握民主管理的核心内涵与各种形式。
3. 全面理解工会的含义职能以及工会在企业中发挥的作用。
4. 深入了解我国民主管理形式与制度。

扫码看详图

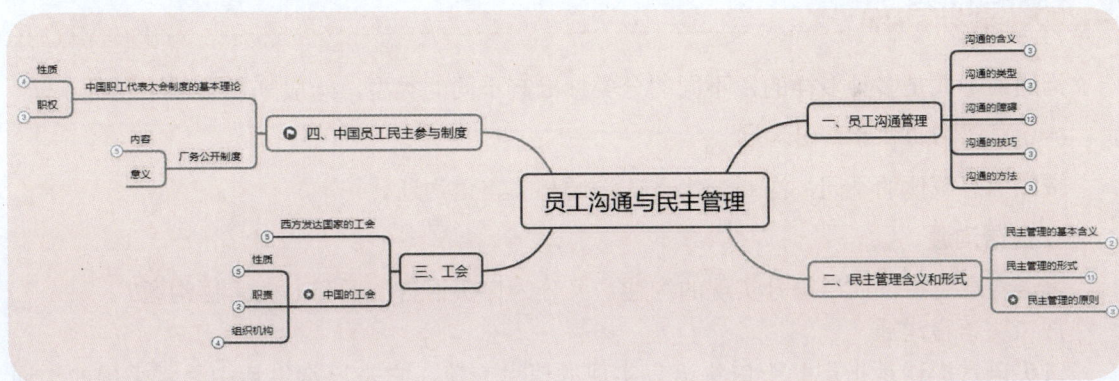

在发展中国特色社会主义市场经济过程中，企业的民主管理越来越重要，可以说是现代企业管理的核心内容。员工参与管理是一个必然趋势，在员工参与企业管理的实践中员工沟通是一个核心部分，我们把企业组织里的劳动者参与管理的行为称为民主管理。本章从做好企业民主管理工作的角度出发，阐述员工沟通管理的内涵与形式，并对企业的民主管理进行了深入思考。

第一节　员工沟通管理

"沟通从心开始"的广告词，道出了沟通的重要性。沟通，能使人与人之间，个体与组织之间更加了解彼此。通过有效沟通，能够消除一些误会和解决一些麻烦。在企业的经营管理中，有效的沟通是提高员工工作积极性、创造性的关键环节，沟通可以说是管理的核心。

一、沟通的含义

沟通是人类借助于共同的符号系统(包括语言符号和非语言符号)获得信息，彼此传递和交流信息的个人行为和社会互动行为，是人类有意识的活动及其能力。人们通过沟通与周围的社会环境相联系，而社会又是由人们互相沟通所维持的关系组成的网。沟通是双向行为，而不是单方面的行为；沟通不是只说给别人听，也不是只听别人说。如果只是单方面的我说你听，你未必都愿意听；就算听了，也不见得真正听懂了我的意思；即使听懂了我的意思，你也不一定就会按我的意图去行动。然而仅仅你说我听，也不算有效沟通，因为仅仅听别人说，以为自己听懂了，其实并没有听懂，如果就按照去做，结果证明听错了，这等于没有沟通，甚至带来了危害。

二、沟通的类型

沟通的形式是多种多样的，不同的分类标准有不同的类型，一般来说有以下几种。

(一) 言语沟通和非言语沟通

按照信息载体的不同，沟通分为言语沟通和非言语沟通。

1. 言语沟通

言语沟通是指以词语符号实现的沟通，又分为口头语言沟通和书面言语沟通。

1) 口头语言沟通

口头语言沟通是指借助于口头语言实现的信息交流，它是日常生活中最常采用的沟通形式，主要包括口头汇报、讨论、会谈、演讲、电话联系等。口头语言沟通是管理者在工作中要做的最重要的事情之一，沟通技能是管理者必须掌握的技能。

2) 书面语言沟通

书面语言沟通是以文字为媒体的信息传递，形式主要包括文件、报告、信件、书面合同等。书面语言沟通是一种比较经济的沟通方式，沟通的时间一般不长，沟通成本也比较低。这种沟通方式不受场地的限制，一般在解决较简单的问题或发布信息时采用。在计算机信息系统普及应用的今天，我们已经很少采用纸质的方式进行沟通了。

2. 非言语沟通

非言语沟通指的是使用除语言符号外的各种符号系统(包括形体语言、副语言、空间利用及沟通环境等)进行沟通。在沟通中，信息的内容部分往往通过语言来表达，而非语言则作为提供解释内容的框架来表达信息的相关部分。因此，非言语沟通常被错误地认为是辅助性或支持性角色。

(二) 正式沟通和非正式沟通

1. 正式沟通

正式沟通是指组织中依据规章制度明文规定的原则和渠道进行的沟通。例如，组织间的公函来往，组织内部的文件传达、发布指示、指示汇报、会议制度、书面报告、一对一的正式会见等。按照信息流向的不同，正式沟通又分为上行沟通、下行沟通和平行沟通。

1) 上行沟通

上行沟通是指下级向上级报告工作情况，提出建议、意见，或表达自己的意愿等。 上行沟通是领导者了解和掌握组织和团体全面情况的重要途径，集体决策实际上要靠上行沟通的信息为依据。良好的上行沟通可使领导掌握真实的情况从而做出符合实际的决策。上行沟通的信息内容有四项：成员自己的工作表现和问题；有关其他成员的工作表现和问题；有关组织成团体的决策与工作活动的信息；成员个人的需求。上行沟通的渠道有意见箱、建议奖励制度、座谈会、家访谈心、定期汇报等。

2) 下行沟通

下行沟通是指资讯的流动是由组织层次的较高处流向较低处，通常下行沟通的目的是控制、指示、激励及评估。在组织中，当信息下行沟通经过许多组织层级时，许多资讯会遗失，最后接收者真正能收到的只是其中的一小部分而已。因此，精简组织、减少组织层次，才能使沟通有效执行。

3) 平行沟通

平行沟通，又称横向沟通，指的是平级间进行的与完成工作有关的交流。平行沟通具有以下优点：第一，可以使办事程序、手续简化，节省时间，提高工作效率；第二，可以使企业各个部门之间相互了解，有助于培养整体观念和合作精神，克服本位主义倾向；第三，可以增加员工之间的互谅互让，培养员工之间的友谊，满足员工的社会需要，使员工提高工作兴趣，改善工作态度。其缺点表现在，平行沟通头绪过多，信息量大，易造成混乱。此外，平行沟通尤其是个体之间的沟通也可能成为员工发牢骚、传播小道消息的一条途径，造成涣散团体士气的消极影响。

2. 非正式沟通

非正式沟通是指在组织正式信息渠道之外进行的信息交流。当正式沟通渠道不畅通时，非正式沟通就会起到十分关键的作用。与正式沟通相比，非正式沟通的信息传递速度更快、范围更广，但准确性比较低，有时候会对正式沟通产生很大的负面影响。组织可以通过开诚布公、正本清源、提供事实、驳斥流言、诚信待人、与人为善等方式尽可能降低非正式沟通带来的负面影响。

(三) 单向沟通与双向沟通

单向沟通与双向沟通的划分是按照地位变换的角度进行的。

1. 单向沟通

单向沟通是指信息发送者只发送信息，接收者只接收信息的沟通，如上级向下级发布命令、指示，做报告，发表演说，等等。单向沟通与双向沟通的关系是相对的。美国心理学家莱维特曾将其与双向沟通进行比较，发现它速度较快，富有条理性、逻辑性，但准确性没有双向沟通高。现实中，纯粹的单向沟通很少见，因为信息接收者会以各种方式做出反馈，只是信息量有多有少而已。

2. 双向沟通

双向沟通是个人或社会组织与公众经常交换意见，其中包括同组织内部或外部的公众之间沟通思想和感情。开展公共关系工作，必须在组织机构与社会公众之间建立起双向沟通的联系网络，一方面利用各种媒介和手段对外传播，使公众认识、了解组织；另一方面又必须吸取舆情民意，将它反馈给组织的最高决策层，作为调整、改善自身的依据。实现双向沟通，要求组织全体成员，尤其是领导成员和公共关系人员，承认公共关系双方的平等地位，在交往中相互倾听意见。

三、沟通的障碍

在沟通的过程中，信息并非畅通无阻的，可能会遇到各种各样的问题，从而出现沟通失败或者无法沟通的情况。信息沟通中的障碍是指信息在传递过程中出现的噪声、失真或停止的现象。沟通的障碍分为传送者的障碍和接收者的障碍。

(一) 传送者障碍

1. 传送语言的障碍

语言的障碍是指语言表达不清晰，表达的目的不明确，造成理解上的偏差而产生歧义。造成这方面的原因可能是受教育状况、文化差异、不同地理区域方言的差异而导致对方听不懂，理解不了传送者的意思。

2. 表达模糊的障碍

如果表达者在传递信息的过程中没有表达清楚，或者是口齿不清、语无伦次或词不达意，那么会导致接收者无法了解对方传递的真实意图。其原因可能是因为用词过于模棱两可，没有传递具体、确切的信息。

3. 形式不当的障碍

在沟通的过程中我们会选用各种形式的沟通，包括口头语言沟通、身体语言沟通、当面沟通、传真电话等。如果传送者在传递信息时没有根据场景选择适当的方式进行沟通，会使对方不能理解。例如，传送者在讲述一个非常复杂的装修设计时，如果单纯地靠语言文字沟通，没有进行当面沟通，这会直接影响信息交流的效果。

(二) 接收者障碍

1. 心理的障碍

人与人之间因为环境差异、兴趣爱好的不同，尤其是企业内部员工之间或者部门之间利益的原因，会造成接收者心理上存在认知的偏差。同样的一件事情在不同的人身上会有不同的反应，有人认为很重要，有人却认为无关紧要。

2. 信息过多的障碍

接收者每天会接收到各种各样的信息，在这众多的信息中有非常重要的，也有非常微小的或不重要的，一个人的精力是有限的，在处理的过程中，有可能会遗漏信息。

3. 思想差异的障碍

由于接收者的价值观不同、认知水平不同和思维方式不同，往往会出现传送者传送了正确的信息，接收者却曲解了对方意图，造成双方出现隔阂与误解，最终引发冲突。

(三) 渠道障碍

1. 沟通媒介不当

对于比较严肃和涉及机密的事情，如果用口头言语沟通，就会让人感觉事情并没有想象中的严肃或者机密，无法引起重视。

2. 沟通渠道过长

机构层次过多，从上层向下层传达的信息或者从底层向上层汇报的内容，经过多次转达后，容易造成信息失真，导致最终收到的信息与传达者所表达的信息有误差。

3. 外界干扰

沟通过程中很容易受到外界环境等因素的干扰，造成沟通的失败，如噪声、距离过远、有遮挡物等。

四、沟通的技巧

一个企业中的正常运转离不开有效沟通，管理者与员工进行沟通是至关重要的，因为作为管理者需要下属的配合，如果只有管理者发布计划和命令，下属没有理解或者不执行，那么这个沟通管理是没有任何效果的。管理者与下属有效沟通需要从以下三个方面着手。

1. 充分的准备工作

庞大的企业管理中，会议几乎是每天都会进行，各个层级之间需要会议进行工作任务的传送，如高层之间的会议、中层管理者之间的会议和下级员工的晨会等。会议是一种有效的沟通方式，面对面的交流可以传递更多的信息，尤其适合需要各部门协调的工作。

召开会议之前就应该安排好会议的主题、议程、参会者的名单、地点、时间，以及会议现场的布置工作，如果这些准备工作没有提前做好，就很难进行下面的会议。为此应该提前把会议的时间地点安排好，准备好会议的议程顺序，把会议的议程提前交到参会者的手中，最好写出纸质的格式条款的文件。

2. 对不同的人使用不同的语言

管理者在进行沟通的过程中，并不是一视同仁的，不同的员工选用不同的语言。需要注意的是，这里的语言不单纯指语言种类。例如，在对层次较高的部门领导人进行沟通时，要考虑到部门的利益；在对底层员工进行沟通时，要选用他们比较关心的问题进行交流。进行交流时要根据接受教育的层次不同而选择不同的语言，不能用他们听不懂的话进行交流。

3. 学会倾听员工的声音

沟通是双方的行为，一个有效的沟通需要做一名倾听者，学会倾听员工的声音。在听取员工的信息时，应尽量避免打断他们的讲话，因为这是一种不礼貌的行为。如果管理者能做一名倾听者，倾听员工的声音，这会让员工觉得自己被尊重和重视，也会增加员工对企业的认同感和忠诚度。

五、沟通的方法

员工对企业的认可度和了解程度在某种意义上决定着企业的发展潜力和管理水平。企业的管理经营策略如何让员工们正确理解并付诸实施，沟通起着重要的作用。企业高层领导的工作并不仅仅是制定企业战略和制度，更应该是与员工正确沟通，传达清楚企业的发展目标，激励员工去完成企业的发展目标。

员工表现的积极性，某种程度上取决于员工对于企业的满意度。良好的沟通，可以拉近领导与员工的距离，增强员工对公司的向心力，提升员工对工作的积极性，有助于企业整体效益的提高。经过多年的发展实践，总结出以下几种沟通方法。

1. 约谈沟通法

私下的谈心可以拉近领导与员工的距离，排除员工很多心理负担和不满。在实践中，很多部门领导经常对下属展开谈心活动，交流想法，了解其生活状态。在员工犯错初期了解他的情况，可以很好地遏制错误的发生和提高员工工作的积极性。对于犯了错的员工，也可以做到"沟通在前，处罚在后"，让员工清楚地知道自己错在哪里，减少员工因为处罚带来的不满情绪。

2. 定时沟通法

部门领导作为管理者和上位者，处于优势地位，很多时候处在矛盾的焦点中，容易与员工产生矛盾，引发员工的不满情绪，影响工作开展。这就需要制定一种评议制度，定时由员工对领导进行评价，给员工发表意见的机会。最后对员工的意见进行总结，具体问题具体分析，再着重解决员工提出的主要问题。

3. 聚会活动沟通法

利用聚餐、集体活动、外出郊游等较为放松的形式，员工可以与领导更好的沟通，也能以更好的心态来面对种种不满和矛盾。在这种环境下，没有上下级之分，只有"哥们""姐们"的氛围，可以更好地交流想法，化解矛盾。

资料链接

上司与下属不充分的沟通

财务部陈经理每个月总会按照惯例请下属员工吃一顿饭。一天，他走到休息室准备让员工小马通知其他人晚上吃饭。

快到休息室时，陈经理听到休息室里面有人在交谈，他从门缝看过去，原来是小马和销售部的员工小李在里面。

小李对小马说："你们陈经理对你们很关心，我见他经常请你们吃饭。"

"得了吧。"小马不屑地说，"他就只有笼络人心这么点本事，遇到我们真正需要他关心、帮助的事情，他没有一件办成的。就拿上次公司办培训班的事情来说，大家都知道如果谁能上这个培训班，那么他的工作能力就会得到很大提高，升职机会也会增加。我们部门几个人都很想去，但陈经理却一点都没察觉到，也没有积极地为我们争取机会，结果让别的部门抢了先。我真的怀疑他并没有真正关心过我们。"

"别不高兴。"小李说，"走，吃饭去。"

陈经理只好委屈地躲进自己的办公室。

（资料来源：惠亚爱，舒燕. 沟通技巧(慕课版)[M]. 2版. 北京：人民邮电出版社，2025.）

分析：

上级与下属的沟通错误：陈经理仅通过请员工吃饭这种物质形式来体现对员工的关心，沟通方式较为单一且表面化；缺乏对员工内心真实需求的洞察，导致员工对他产生不满情绪；没有及时将公司办培训班的相关信息准确传达给员工，从而导致误解的产生。

企业沟通管理中的技巧：拓展沟通渠道，如电子邮件、即时通信工具、视频会议等，实现多样化的沟通。建立反馈机制，设立专门的反馈渠道，如意见箱、在线反馈平台等，鼓励员工对企业的管理、决策、工作流程等方面提出意见和建议。

企业领导者要倡导开放、透明的企业文化，鼓励员工敢于表达自己的想法和观点；在沟通中，上级要善于倾听下属的意见和想法，给予下属充分的表达机会，不要急于打断或否定。

除了关心员工的工作状态和生活情况，更主要的是了解员工的期望和目标，上级要定期与下属进行一对一的谈话，了解他们的职业发展规划、个人成长需求，以及对工作的期望和目标。

第二节　民主管理的含义和形式

民主管理在西方国家常常称之为员工参与，是指以劳动者为主体参与企业管理的行为。企业民主管理的概念问题，是构建企业民主管理体系，推进企业民主管理进程的理论基础，是一个关系到职工民主权利是否能够真正落实，乃至企业在全球竞争中是否能够生存和发展的大问题。民主管理对于促进企业决策民主、利益关系公平公正、职工团结与构建和谐的企业方面具有重要的意义。

一、民主管理的基本含义

企业民主管理是职工依照法律规定，以主人的身份，通过职工代表大会或其他形式，对企业经济生活、政治生活、社会生活、文化生活，以及其他事务实行民主决策、民主参与、民主监督的管理制度和管理方式。

民主管理的实行可以从两个角度进行分析：从员工的角度看，员工投入企业的决策中，改变领导者说了算的指挥性决策，可以保证员工自己参与企业的管理决策，增强员工的参与感和归属感，从而提高自己的社会地位和经济地位；从管理者的角度看，让员工参与管理决策，减少了很多不必要的摩擦和纠纷，也减少了与员工的矛盾和冲突，与员工的关系变得更为融洽、稳定，从而有利于企业的稳定发展。

民主管理的一个共同特征是员工参与决策，也就是下级在一定程度上分享其直接管理者的决策权，与其上级形成共同决策的机制。为使员工能有效参与民主管理，员工必须有充足的时间参加，而且员工参与决策的问题必须与其利益有关。另外，员工必须具有参与民主管理的能力(相关知识、技术条件、沟通技巧等)，以及企业文化和组织氛围也有利于员工参与。许多研究表明，企业员工参与管理能使雇佣关系协调，使劳资双方的矛盾得到缓和。员工参与管理方案通过增加员工在工作中的责任和成长机会为员工提供激励，把员工从被动参与转变为主动参与，有效地把企业和员工的目标结合在一起。

二、民主管理的形式

(一) 国外企业民主管理的常见形式

从国外研究来看，员工民主管理的研究不是近期才出现的，随着工业革命和工人运动在最早的资本主义国家英国出现后，在19世纪末产业民主和工人参与管理的概念随之产生。国外企业民主管理的主要形式有集体谈判、职工董事和职工监事制度、职工自治小组、职工委员会制度、职工持股制度等。

1. 集体谈判

集体谈判是一种工会或个人的组织与雇主就雇佣关系和问题进行交涉的活动，是作为职工的团体通过工会或组织参与管理的一种有效的方式。在集体谈判中工资和福利是谈判的主要问题之一。在实际的谈判中，雇主代表的是企业方的利益，而工会或职工代表大会代表的是雇员的利益。早期的集体谈判主要是就劳动条件、劳动报酬和劳资关系等问题的处理进行谈判和交涉，后来的集体谈判内容有所扩大，许多与企业发展和企业管理有关的内容也通过劳资磋商的方式解决，如企业内的人事改革、录用标准、人员流动、劳动合同的签订与解除等。

目前，西方国家的集体谈判朝着两个方向发展，体现在范围和内容上有所不同，如表3-1所示。

表 3-1　集体谈判发展趋势比较

集体谈判的发展趋势	过去	现在
范围	全国性、全行业	单体企业、工厂，甚至车间
内容	工资、劳动条件、休息休假	工会权利、工人代表权利、参与管理方式、节假日、养老金、人事、公司投资等

2. 职工董事和职工监事制度

职工董事和职工监事制度在西欧国家普遍存在，而且上升到法律的高度，在法律层面上要求董事会中设立职工代表大会，这使得在公司制企业中最高管理层和决策层出现职工参与民主管理的制度。在一些国家，要求在公司内人数超过一定规模时设立董事会或监事会制度，提高职工参与的积极性，其中董事会和监事会的代表不是由董事会选举产生的，而是由职工代表选举产生，选出的职工代表有权利参加董事会和监事会的各种会议，也可以参与决策。他们同股东代表具有相同的权利，有权参与企业在生产、经营、人事、技术、劳动、财务等方面的决策权。

职工董事和职工监事制度可以使职工代表对公司的决策进行监督，及时反应职工的利益要求和意愿，兼顾企业和职工的利益，这对于缓解双方的矛盾、调节资方与员工之间的利益冲突具有积极的作用。

3. 职工自治小组

职工自治小组是在车间内部形成的一种组织，可以是正式的组织，也可以是非正式的组织，具体是指车间或班组的一线工人直接参与企业管理的一种方式，由企业生产一线的成员自主安排和部署生产工作计划和执行方案，并且在生产过程中自发地参与到技术革新和质量提升的工作中。

4. 职工委员会制度

在欧洲国家，职工委员会制度是一种采用较为广泛的形式。从组织上看，该制度基本上分为两种形式：一种是由企业管理者代表和工人代表按人数对等原则组成，类似劳资联席会议；另一种是由企业全体工人选出的工人代表组成，不论是不是工会会员都可当选职工代表。职工委员会被认为是工人影响企业决策的"双轨体系"的一部分。工会参与到集体谈判和政治性活动之中，而工人委员会则在工作场所中被赋予更大的权利——从参与讨论的权利到共同决策的权利。1972年，原联邦德国通过法律对职工委员会的权利做规定，包括在人力资源事务上有全部信息的知情权，在雇用、调动和工资等问题上有建议权和表示同意的权利等。在很多情况下，职工委员会是其他职工民主参与形式的基础和平台。

5. 职工持股制度

职工持股制度是有着"员工持股计划之父"之称的美国人路易斯·凯尔索提出的。他认为，资本工具必须和劳动工具同等视为一种投入要素，因此经济学就被从单一系统转变为双因素系统。随着资金投入对产出的贡献越来越大，减少财富向少数人集聚，贫富差距不再扩大。同时，激发全体人民的创新精神和责任感，其唯一途径就是让员工持股，实现资本所有权的泛化。职工持有公司的股份，这不仅有利于建立公司稳定的股东队伍，稳定本公司股票的市场价格，较为容易地团结股东进行企业的经营决策，而且能够大大增强企业的向心力，使职工与公司同呼吸共命运，调动职工的生产积极性和参与管理的责任感。

(二) 国内企业民主管理的常见形式

同国外研究相比较，由于我国社会体制的特殊性质决定了以公有制为主体的政治体制下的企业形式多种多样，最常见的有国有企业、私有企业、股份制企业的民主管理。他们对企业的民主管理大多采用的是职工代表大会、员工持股计划、股份合作计划、集体合同等制度。在后面的章节中会详细介绍应用最为广泛的工会制度、职工代表大会制度和厂务公开制度，这里不再赘述。

三、民主管理的原则

要做好企业的民主管理，需要把民主管理贯穿于企业的各个环节，把职工的主体作用充分发挥，也要顺应时代发展，同时，也要遵循以下几个原则。

1. 坚持全心全意依靠职工群体办企业的原则

企业的发展离不开职工的参与和支持，企业只有紧紧的依靠职工的民主管理，使职工的主体地位得到良好的保障，职工才会对企业有更多的归属感，才会对企业多一份热爱，多一份忠诚。

2. 坚持职工代表大会制度原则

职工代表大会制度是我国法定的企业民主管理的基本形式，在《宪法》《企业法》和《劳动法》中都有相应的规定。我国几十年的民主管理实践证明，职工代表大会制度已为社会和职工群众所接受，同时它在推动企业改革、促进经济发展、维护职工合法权益等方面都发挥了重要作用。

3. 坚持厂务公开制度

厂务公开正在基层企业单位广泛开展，这是新时期加强职工的监督，保证职工参与企业民主管理、民主决策和民主监督，依靠职工办好企业的一种很好的形式与手段，可以促进党风廉政建设，增强企业凝聚力。

资料链接

浙江元成园林集团股份有限公司民主管理案例

浙江元成园林集团股份有限公司职工(包括外地职工)的综合素质普遍较高，具有较强的民主平等意识，对获得公平的劳动就业权、社会保障权、教育发展权、参与表达权、民主监督权等，都具有较高的期待。同时，《浙江省企业民主管理条例》规定，企业实行民主管理。职工代表大会是企业实行民主管理的基本形式。企业应当依据法律、法规和国家规定建立职工代表大会制度，以及厂务公开、职工董事和职工监事、平等协商等制度。因此，综合考虑企业实行民主管理的法律规定、集团公司的长远发展、广大职工的意愿等因素，2011年，集团公司工会向公司提议推进企业协商民主工作，召开首届职工代表大会，畅通职工理性表达利益诉求的渠道，有效整合职工的意见建议，促进企业专业管理与民主管理的有机结合，充分保障职工的知情权、参与权、监督权，构建和谐的劳动关系。公司领导、党支部、工会等经过讨论，决定召开首届职工代表大会。经过大会的举行，职工代表的利益诉求获得了满足，职工代表的提案内容得到了落实，有利于企业的进一步发展和提高员工的积极性和主人翁精神，增加了凝聚力。

分析：

《中共中央关于全面深化改革若干重大问题的决定》指出，健全以职工代表大会为基本形式的企事业单位民主管理制度，加强社会组织民主机制建设，保障职工参与管理和监督的民主权利。浙江元成园林集团股份有限公司以职工代表大会为主要形式推进企业协商民主工作，扎实稳健、亮点纷呈。实现了以下几点：通过协商民主凝聚共识，塑造了企业的核心价值观；通过协商民主集聚智慧，增强了企业的核心竞争力；通过协商民主实现"双赢"，健全了企业的民主管理机制。

第三节　工会

职工维护自己合法权益的主要方式是通过工会与企业之间进行集体谈判，因此工会的形成和发展关系到职工的切身利益，在企业的管理中发挥了不可替代的作用。

一、西方发达国家的工会

(一) 工会的定义

对于工会的定义理解，人们普遍从工会的职能、性质、地位和作用等方面进行解释。一般认为工会是雇员建立起来的，通过集体谈判改善雇员地位、工资水平与就业条件的组织。

关于工会的解释最早追溯到亚当·斯密(1723—1790)的研究，他认为负担最重的劳动者得到的利益反而是最少的，因此需要工会来进行调节，通过工会使劳动者拥有劳动的所有权。

后来的研究者韦伯夫妇(S.Webb，B.Webb)主要以工会和劳工运动为研究对象，在《英国工会运动史》中下了定义："工会是由工人组成的旨在维护并改善其工作条件的持续性组织。"詹姆斯·坎尼森(Jamws Cunnison)认为，工会是"工人的垄断性组织，它使单个的劳动者能够相互补充。由于劳动者不得不出卖自己的劳动力从而依附于企业，因此工会的目标就是要增强工人在与企业谈判时的力量"。美国的约翰·R.康门斯和塞立格·波尔曼认为，工人和资本家间的利益冲突具有合理性，因而这是难以避免的，如果要解决这种利益冲突，必须建立双方都可以接受的行为规范，就需要工会发挥作用，使工会行为能够纳入经济活动的一般理论。马克思、恩格斯和列宁为代表的马克思主义派别中，他们主张发挥工会在集体谈判和罢工等方面的职能，以尽量降低工人阶级受剥削的程度。他们甚至认为工会的斗争应该突破经济领域，将政治领域的工人解放作为重要的目标，努力推翻资本主义的制度剥削。

(二) 工会的职能

工会的职能可以概况为以下四点。

1. 参与的职能

职工在企业中进行民主管理，参与企业的管理大多通过集体谈判的形式，因此工会作为集体谈判的重要渠道、途径和形式发挥着不可替代的作用。在基层组织中，工会依法通过职工代表大会和其他形式，组织职工参加本单位的民主管理和民主监督，保障职工依法行使民主权利。工会与企业行政方面建立劳资协商或集体谈判制度，对关系职工切身利益的劳动用工、工资福利、劳动保险、劳动保护等问题，由工会代表职工与行政方面进行协商或谈判，取得一致意见后，用劳动合同、集体合同或谈判协议的形式确定下来，以保护劳动者的合法权益。

2. 建设的职能

在实现建设职能方面，工会积极配合各级党政开展各种形式的活动，引导职工主动为祖国建设、社会繁荣、企业改革和促进企业发展献计出力。工会还围绕地方和企业各个时期的经济发展目标和企业经营活动的重点和难点，积极组织职工开展以技术创新为主要内容的劳动竞赛和合理化建议、技术革新和发明创造活动，推进企业技术进步、扭亏增盈和提高经济效益。

3. 维护的职能

维护职工合法权益是企业工会组织的基本职责，也是工会工作的生命线。工会要坚持以职工为中心，把维护职工合法权益放在各项工作的首位，切实当好职工利益的"娘家人"。《中华人民共和国工会法》表明，维护职工的合法权益是工会的基本职责，工会在维护全国人民总体利益的同时，代表和维护职工的合法权益和民主权利。工会为职工谋取薪资、福利、保障等方面发挥着重要的作用。

4. 教育的职能

工会履行教育职能，主要是根据广大职工群众的觉悟水平和不同的兴趣、爱好和要求，通过开展多种多样的群众性活动，吸引职工广泛参加形式多样、生动活泼的各种活动以提高职工的思想政治觉悟。同时，帮助职工通过各种途径学习科学、文化和技术知识，掌握从事岗位工作的本领。

二、中国的工会

(一) 中国工会的性质

2023年10月修订的《中国工会章程》明确规定："中国工会是中国共产党领导的职工自愿结合的工人阶级群众组织，是党联系群众的桥梁和纽带，是国家政权的重要社会支柱，是会员和职工利益的代表"。这表明，我国工会的本质属性是工人阶级的阶级性、群众性和政治性的有机统一。另外，依据《工会法》《劳动法》的内容可知，工会还具有经济性和永续性的特点。

1. 阶级性

工会的阶级性是指工会是工人阶级组织，把工人阶级作为自己的阶级基础。在《中国工会章程》第一条中指出"凡在中国境内的企业、事业、机关单位中以工资收入为主要生活来源的体力劳动者和脑力劳动者，不分民族、种族、性别、职业、宗教信仰、教育程度，承认工会章程，都可以加入工会为会员。"这说明以工资收入为主要生活来源的劳动者是阶级性的组织，代表了广大职工的利益。

2. 群众性

工会的群众性，指工人阶级在阶级范围内是最广泛的组织，群众性体现在以下几个方面。

(1) 会员构成的广泛性。工会的会员在构成上没有歧视，工会始终是工人阶级实现阶级联合最广泛的组织。

(2) 参与的自愿性。职工参加和组织工会是完全自愿的，工会不是按照某种指令组织起来的，而是职工群众为了谋求共同利益，实现共同愿望自觉自愿组织起来的群众团体。任何人都不能强迫职工参加或退出工会。

(3) 组织内部的民主性。工会内部生活的民主性是工会群众性的必然要求和具体表现。工会组织内部成员之间的地位和权利是平等的。工会内部的事务应当由会员群众当家作主。工会的活动要从会员群众的意愿和要求出发，工会的一切工作和活动都要置于会员群众的监督之中。

(4) 过程的独立性。《劳动法》第七条规定，工会"依法独立自主地开展活动"；《工会法》第九条规定，中华全国总工会根据独立、平等、互相尊重、互不干涉内部事务的原则，加强同各国工会组织的友好合作关系。

3. 政治性

《工会法》第四条指出："工会必须遵守和维护宪法，以宪法为根本的活动准则，以经济建设为中心，坚持社会主义道路、坚持人民民主专政、坚持中国共产党的领导""坚持改革开放，保持和增强政治性、先进性、群众性，依照工会章程独立自主地开展工作。"在《中国工会章程》总则中指出："中国工会是中国共产党领导的职工自愿结合的工人阶级群众组织，是党联系职工群众的桥梁和纽带，是国家政权的重要社会支柱，是会员和职工利益的代表。"

4. 经济性

工会一直以维护职工的合法权益为重点，而重中之重是维护职工的经济利益。工会制定的最低工资标准、职工安全等方面都体现了工会维护职工经济利益的性质。

5. 永续性

永续性是指我国工会在时间上的永续性，不是间断性、暂时性的组织。

(二) 我国工会的职责

依据《工会法》的规定，工会的职责包括基本职责和具体职责两个方面。

1. 基本职责

工会的基本职责包括工会的代表职责和维护职责。

1) 代表职责

代表职责指代表职工进行交涉、行动、参与、监督的权利。集体谈判权是工会行使代表权最基本的方式，我国在立法和实践中对这一权利有比较多的运用。我国法律明确规定了在职工诉讼或仲裁的过程中工会应当给予一定的支持和帮助。《中华人民共和国工会法》《中国工会章程》等法律、法规中规定了工会的参与权，涉及工会的政治参与、法律参与、经济参与等多个方面。

2) 维护职责

维护职责主要指维护职工的合法权益，包括维护经济方面的权益，维护与劳动条件有关的权益。劳动条件不仅应当包括工作时间、休息休假，以及劳动安全卫生，而且应当包括与雇佣和解雇条件有关的内容，还应该包括女职工在特殊时期和特殊工作条件下的权益、对未成年劳动者在劳动强度方面的限制，以及专门对残疾人实施的特定条件下的保护。

2. 具体职责

在具体工作中，工会的职责并不仅仅表现为"代表和维护"两种，而是呈现出具体职责的形式。工会的具体职责是其基本职责在实践过程中的延伸,在研究工会基本职责的前提下,从工会具体职责的角度对工会工作进行研究具有一定的必要性。具体而言,工会的具体职责主要表现在如下方面。

(1) 对有关职工合法权益的重大问题进行调查研究,向党中央和国务院反映职工群众的思想、愿望和要求,提出意见和建议;参与涉及职工切身利益的政策、措施、制度和法律、法规草案的拟定;参与职工重大伤亡事故的调查处理。

(2) 负责工会理论政策研究,研究制定工会的组织制度和民主制度,监督检查《中国工会章程》的贯彻执行;研究指导工会自身改革和建设;指导各级工会组织开展以职工代表大会为基本制度的民主选举、民主决策、民主管理和民主监督工作,推动建立平等协商、集体合同制度和监督保证机制的工作。

(3) 协助省、自治区、直辖市党委管理省级总工会领导干部,协助中央国家机关有关部委(局)管理全国产业工会的领导干部;监督、检查全国总工会机关和直属单位党员干部党风廉政建设情况;研究制定工会干部的管理制度和培训规划,负责市以上工会和大型企事业单位工会领导干部的培训工作。

工会基本职责问题是有关工会权利义务的重要问题,只有如此,才能正确认识和把握工会基本职责。

资料链接

工会的权利和义务

第二十条 企业、事业单位、社会组织违反职工代表大会制度和其他民主管理制度,工会有权要求纠正,保障职工依法行使民主管理的权利。

法律、法规规定应当提交职工大会或者职工代表大会审议、通过、决定的事项,企业、事业单位、社会组织应当依法办理。

第二十一条 工会帮助、指导职工与企业、实行企业化管理的事业单位、社会组织签订劳动合同。

工会代表职工与企业、实行企业化管理的事业单位、社会组织进行平等协商,依法签订集体合同。集体合同草案应当提交职工代表大会或者全体职工讨论通过。

工会签订集体合同,上级工会应当给予支持和帮助。

企业、事业单位、社会组织违反集体合同,侵犯职工劳动权益的,工会可以依法要求企业、事业单位、社会组织予以改正并承担责任;因履行集体合同发生争议,经协商解决不成的,工会可以向劳动争议仲裁机构提请仲裁,仲裁机构不予受理或者对仲裁裁决不服的,可以向人民法院提起诉讼。

第二十二条 企业、事业单位、社会组织处分职工,工会认为不适当的,有权提出意见。

用人单位单方面解除职工劳动合同时,应当事先将理由通知工会,工会认为用人单位违反法律、法规和有关合同,要求重新研究处理时,用人单位应当研究工会的意见,并将处理结果书面通知工会。

职工认为用人单位侵犯其劳动权益而申请劳动争议仲裁或者向人民法院提起诉讼的，工会应当给予支持和帮助。

第二十三条　企业、事业单位、社会组织违反劳动法律法规规定，有下列侵犯职工劳动权益情形，工会应当代表职工与企业、事业单位、社会组织交涉，要求企业、事业单位、社会组织采取措施予以改正；企业、事业单位、社会组织应当予以研究处理，并向工会作出答复；企业、事业单位、社会组织拒不改正的，工会可以提请当地人民政府依法作出处理：

(1) 克扣、拖欠职工工资的；

(2) 不提供劳动安全卫生条件的；

(3) 随意延长劳动时间的；

(4) 侵犯女职工和未成年工特殊权益的；

(5) 其他严重侵犯职工劳动权益的。

第二十四条　工会依照国家规定对新建、扩建企业和技术改造工程中的劳动条件和安全卫生设施与主体工程同时设计、同时施工、同时投产使用进行监督。对工会提出的意见，企业或者主管部门应当认真处理，并将处理结果书面通知工会。

第二十五条　工会发现企业违章指挥、强令工人冒险作业，或者生产过程中发现明显重大事故隐患和职业危害，有权提出解决的建议，企业应当及时研究答复；发现危及职工生命安全的情况时，工会有权向企业建议组织职工撤离危险现场，企业必须及时作出处理决定。

第二十六条　工会有权对企业、事业单位、社会组织侵犯职工合法权益的问题进行调查，有关单位应当予以协助。

第二十七条　职工因工伤亡事故和其他严重危害职工健康问题的调查处理，必须有工会参加。工会应当向有关部门提出处理意见，并有权要求追究直接负责的主管人员和有关责任人员的责任。对工会提出的意见，应当及时研究，给予答复。

第二十八条　企业、事业单位、社会组织发生停工、怠工事件，工会应当代表职工同企业、事业单位、社会组织或者有关方面协商，反映职工的意见和要求并提出解决意见。对于职工的合理要求，企业、事业单位、社会组织应当予以解决。工会协助企业、事业单位、社会组织做好工作，尽快恢复生产、工作秩序。

第二十九条　工会参加企业的劳动争议调解工作。

地方劳动争议仲裁组织应当有同级工会代表参加。

第三十条　县级以上各级总工会依法为所属工会和职工提供法律援助等法律服务。

第三十一条　工会协助用人单位办好职工集体福利事业，做好工资、劳动安全卫生和社会保险工作。

第三十二条　工会会同用人单位加强对职工的思想政治引领，教育职工以国家主人翁态度对待劳动，爱护国家和单位的财产；组织职工开展群众性的合理化建议、技术革新、劳动和技能竞赛活动，进行业余文化技术学习和职工培训，参加职业教育和文化体育活动，推进职业安全健康教育和劳动保护工作。

第三十三条　根据政府委托，工会与有关部门共同做好劳动模范和先进生产(工作)者的评选、表彰、培养和管理工作。

第三十四条 国家机关在组织起草或者修改直接涉及职工切身利益的法律、法规、规章时，应当听取工会意见。

县级以上各级人民政府制定国民经济和社会发展计划，对涉及职工利益的重大问题，应当听取同级工会的意见。

县级以上各级人民政府及其有关部门研究制定劳动就业、工资、劳动安全卫生、社会保险等涉及职工切身利益的政策、措施时，应当吸收同级工会参加研究，听取工会意见。

第三十五条 县级以上地方各级人民政府可以召开会议或者采取适当方式，向同级工会通报政府的重要的工作部署和与工会工作有关的行政措施，研究解决工会反映的职工群众的意见和要求。

各级人民政府劳动行政部门应当会同同级工会和企业方面代表，建立劳动关系三方协商机制，共同研究解决劳动关系方面的重大问题。

(资料来源：《中华人民共和国工会法》)

(三) 我国工会的组织机构

依据《工会法》的规定，工会的组织机构是中华全国总工会、地方各级总工会、全国或者地方产业工会、基层工会委员会。

1. 最高权力机构

我国工会全国代表大会每五年举行一次，由中华全国总工会执行委员会召集。在特殊情况下，由中华全国总工会执行委员会主席团提议，经执行委员会全体会议通过，可以提前或者延期举行。代表名额和代表选举办法由中华全国总工会决定。

我国工会全国代表大会的职权是：审议和批准中华全国总工会执行委员会的工作报告；审议和批准中华全国总工会执行委员会的经费收支情况报告和经费审查委员会的工作报告；修改我国工会章程；选举中华全国总工会执行委员会和经费审查委员会。

2. 执行机构

中华全国总工会执行委员会在全国代表大会闭会期间负责贯彻执行全国代表大会的决议，领导全国工会工作。

执行委员会全体会议选举主席一人、副主席若干人、主席团委员若干人，组成主席团。执行委员会全体会议由主席团召集，每年至少举行一次。

3. 常设执行机构

中华全国总工会执行委员会全体会议闭会期间，由主席团行使执行委员会的职权。主席团全体会议，由主席召集。主席团闭会期间，由主席、副主席组成的主席会议行使主席团职权。主席会议由中华全国总工会主席召集并主持。

主席团下设书记处，由主席团在主席团成员中推选的第一书记一人，书记若干人组成。书记处在主席团领导下，主持中华全国总工会的日常工作。

4. 特别机构

产业工会全国组织的设置，由中华全国总工会根据需要确定。

产业工会全国委员会的建立，经中华全国总工会批准，可以按照联合制、代表制原则组成，也可以由产业工会全国代表大会选举产生。产业工会全国委员会每届任期五年。任期届满，应当如期召开会议，进行换届选举。在特殊情况下，经中华全国总工会批准，可以提前或者延期举行。

产业工会全国代表大会和按照联合制、代表制原则组成的产业工会全国委员会全体会议的职权是：审议和批准产业工会全国委员会的工作报告；选举产业工会全国委员会或者产业工会全国委员会常务委员会。独立管理经费的产业工会，选举经费审查委员会，并向产业工会全国代表大会或者委员会全体会议报告工作。产业工会全国委员会常务委员会由主席一人、副主席若干人、常务委员若干人组成。

资料链接

跨国公司遭遇工会门风波

2010年10月末，沃尔玛、柯达、三星、戴尔、肯德基、麦当劳等一批知名的跨国企业在我国被点名批评。提出批评的是中华全国总工会和部分全国人大代表，批评的理由是这些著名的跨国企业在我国已经存在多年却一直没有建立工会组织或者工会组织不健全。这条消息经由新华社传出更加表明了政府相关部门对此事的关注和重视，也迅速引起舆论的全面跟进和工会组织、地位、作用的大讨论。面对中华全国总工会的公开批评及媒体频繁的追问，一些企业终于开始开口讲话，不过他们的"辩解"竟然惊人的相似，比如，"职工自愿结合，企业无权组建""没有组建工会的惯例"。您认为这些自行辩解的理由合理吗？

分析：

一、辩解理由的逻辑漏洞

从法律上讲，企业方的确没有组建工会的义务，或者说，企业方也没有组建工会的权利。在一些市场经济国家，企业老板自己成立工会是违反法律的，因为那样可能会形成老板控制工会、工会代表老板利益的危险局面。成立工会只能是工人的权利，但是企业却有义务支持工会组织的成立和活动。这种义务主要表现为两个方面：一是不作为义务，即工人在自愿成立工会时，不得干涉阻挠；二是作为义务，即企业必须依据法律为工人成立工会和开展活动提供必要的条件。而以"没有组建工会的惯例"为由拒绝组建工会，是"站不住脚"的。因为企业惯例不能高于国家法律。不管企业有何惯例，都必须服从和执行投资所在地的法律规定。

二、工会地位的尴尬

我们还应该注意到一个问题，那就是在跨国公司投资者与我国员工之间的力量对比是很不平衡的。一旦投资者发出"我们不欢迎成立工会"这样的宣示，那么作为劳动者个体，是没有谁愿意拿自己的"饭碗"做代价去冒险同老板谈组建工会的问题的。因此，投资方这种明显不欢迎的态度实际上已经给劳动者形成了压力，影响了劳动者组建工会的想法和行为。

三、为什么拒绝工会

根据《国际劳工条约》和我国的《工会法》规定，劳动者有依法参加和组织工会的权利。那么这些跨国企业为什么不愿意、不鼓励工人参加和组建工会组织呢？他们持这种反对态度的根源是什么？

工会是代表劳动者利益的组织，维护的是劳动者的权益，成立工会是体现工人自己的权利，即工人在企业不仅仅是一个被动的劳动力，他们还有权利参与工资等劳动条件的决定，即劳动力的议价权。有了工会以后，企业的投资者和管理者就不能对劳动者的管理形成垄断，不能想怎么做就怎么做，而是要受到工会组织的制约。因此，从本质上来讲，所有投资者和管理者对于工会都是有抵制情绪的，因为工会组织会对他们的利益和权利构成牵制和制约。一些跨国企业在我国不愿意或不鼓励工人建立工会的原因主要也是出于这种抵制情绪，他们担心外部力量介入企业的管理，担心自己的权利和利益受到工会组织的牵制和制约。

另外，经济方面的考虑也是这些跨国企业不愿意建立工会组织的一个重要原因。我国的《工会法》第四十三条规定："建立工会组织的用人单位按每月全部职工工资总额的百分之二向工会拨缴的经费"。这部分经费实际上是税前列支打入企业成本的，并不是企业的利润，而是劳动力成本中工人的社会制费用。过去由于我国实行计划经济，因此这部分经费是由企业直接划拨给工会的，这种办法在国有企业有其合理性，但在私企和外企，这种做法是否合适还需要再研究。在规范的市场经济下，通常是企业把这部分钱交给员工，再由员工交给工会，这样工人与工会就有了经济上的联系，而不会让企业觉得好像是自己出钱组建了一个与自己对立的组织。这当中确实有一个法律有待完善的问题，但既然现行法律目前这样规定，跨国企业也应该照此严格执行。

工会对企业来说，也不是仅仅有牵制和制约作用，实际上工会的存在对于企业发展也具有积极意义。一般来说，一些大的企业，尤其是加工制造业都会组建工会组织，因为对劳资双方来说，工会对于消解彼此的矛盾都会有一定的作用，这些非常了解国际惯例和国际劳工公约的跨国公司，完全没有必要拒绝工会。

第四节　中国员工民主参与制度

员工的民主参与制度，有学者认为应该包括两个方面的内容：职工的管理参与和职工的利益参与。职工的管理参与主要指职工代表大会制度以及职工董事、监事制度等；职工利益参与则主要包括职工持股制度以及各种形式的职工利益分配参与制度。本节主要从职工管理参与的角度出发重点介绍职工代表大会制度与厂务公开制度。

一、中国职工代表大会制度的基本理论

职工代表大会制度是我国企业实行民主参与的基本制度和基本形式，是职工行使民主管理权利的机构，它作为我国基层民主政治的一种基本形式，对于推进基层民主政治建设，保障和落实职工当家作主的民主权利，维护职工合法权益，建立稳定协调的劳动关系，具有重要的意义。以职工代表大会为基本形式的企业民主管理制度，是中国共产党经过长期实践和反思而形成的企业领导体制的重要组成部分，是一套成熟的、系统的、有我国特色的民主管理制度，它既回应了外部制度环境的要求，也符合企业内在发展的规律。

(一) 中国职工代表大会制度的性质

职工代表大会是企业民主管理的基本形式。职工代表大会同企业民主管理的其他形式相比，具有代表性强、职责分明、组织健全、工作范围广泛、易于操作等特点，能够全面体现民主管理的基本要求，为广大职工所熟悉和接受。

1. 主体是全体职工

职工代表大会是由全体职工选举的职工代表组成的，代表全体职工行使民主管理权力，表达全体职工的意志，体现大多数职工的利益。因此，职工代表大会实质上是以全体职工为主体的。

2. 职工行使民主管理权力的机构

职工代表大会拥有对企业的重大决策进行审议、监督行政领导、维护职工合法权益的权利，因此，职工代表大会是一个可以在一定范围内做出决定的权力机构。

3. 不是企业最高管理的权力机构

职工代表大会行使的民主管理权是有一定范围和限制的，权力大小有明确规定。

4. 不是决策的执行机构

职工代表大会通过的决议或做出的决定，由企业行政部门组织实施，职工代表大会负责进行监督和检查。

(二) 中国职工代表大会制度的职权

职工代表大会是企事业单位民主管理的基本形式，是职工参与各项民主活动的主线。有关职工代表大会的职权、组织形式等内容，在我国《宪法》《企业法》等有关法律中有明确规定，但长期以来，有关职工代表大会的职权，在不同类型的企业中是不同的，如我国的国有企业、集体企业和非公有制企业这三大类。

这里借鉴刘元文教授明确的三项基本职权。需要说明的是，所有的企业都实行民主管理，把职工代表大会的这种形式推广到所有的企业，那么所确定的职权应该是具有普遍适应性的，即不仅适用于国有企业，也适用于非公有制企业。综合这些因素，确定职工代表大会具有三项基本职权，即审议建议权、审议通过权、评议监督权。

1. 审议建议权

这项权利的核心内容是提建议，即由职工代表(或全体职工)对生产、经营管理重大决策问题进行审议，提出意见和建议。综观现代企业管理，不管是在我国还是在国外，凡是具有现代意识的管理者，没有任何人会反对和拒绝自己的员工在企业生产与管理方面提出建设性意见，相反，都以鼓励职工参与管理、关心生产作为管理的重要方面。所谓"以人为本"就是管理围绕着"人"来运行，人处于被推崇的地位，为人创造和提供各种条件，挖掘其潜能、发挥其创造性、实现其价值。而这一切，离开职工对生产管理的深入了解与积极参与，与管理者有良好的互动关系是注定无法完成的。像在西欧国家盛行的"董事会中的职工代表制""共决制"，都是这种"以人为本"管理理念指导下的产物。所以，职工代表大会的审议建议权，也是适应民主管理要求，为职工创造条件，把他们的聪明才智都充分调动起来的应有权利。

2. 审议通过权

审议通过权也叫共决权、审查同意权或否决权。这项权利主要是基于劳动力是商品，以及这种特殊商品的价值或价格实现方式的特定要求，其最后的表现是职工代表大会要有一个表决程序，表决通过的可以实施，遭到否决的不能实施。审议通过权的内容主要包括：工资标准(包括工资增长比例)、奖金分配、福利待遇、劳动保护措施、涉及职工行为规范的重要规章制度，以及集体合同制度等内容。这一项职权的依据是：在市场经济国家，劳动者的劳动报酬、劳动条件、工作现场的行为规范等，历来是由劳动者与用人单位协商确定的，根本原因在于劳动力是商品。商品的价格如何确定？既不能由卖方自定价格，也不能由买方单方确定，而是由双方协商确定。利益相关各方也都在其内部有一个协商和表决程序，以便统一思想和意志，对职工群众而言，就是要经过职工代表大会表决通过，以实现 "集体劳权"。

职工或其利益代表者工会享有这项职权，并不是社会主义国家的企业所独有。在西方市场经济国家，职工、工会基本上都享有这项权利。比如在美国，1935 年美国国会通过的 "劳资关系法"(即瓦格纳法)，就明确了工会代表会员与资方进行集体谈判确定工资标准的权利。这一权利根植于市场经济，与所谓的社会制度是否优越无直接关系。

3. 评议监督权

评议监督权是指由职工代表对企业高级管理者进行民主评议，提出奖惩任免建议的权利，同时也包括对进入企业董事会、监事会担任职工董事和监事的职工代表的评议。这一权利的依据不是因为职工具有 "主人翁" 地位，而是基于改善管理、促进管理、更好地实现企业目标的要求。企业存在的基本条件是能够实现其确定的经营目标，不仅如此，还必须不断提高其经营效益，因为效益是维系企业发展的条件，是投资人、管理者、职工群众的利益所在。因此，不管是投资人、管理者，还是职工劳动者，对企业经营效益都会有明确的预期，而企业效益的提高必须依赖于企业稳定与和谐的劳动关系。如果管理者与职工之间矛盾重重，上下不和，各种得过且过、偷懒怠工和投机取巧的行为便会大量产生，企业的目标自然难以实现。因此，如何在管理者与被管理者之间建立诚信和睦关系，也是企业三方都关注的事项。用人单位与职工劳动者相比，因为拥有资本而自然处于强势地位，这更需要在经营者与普通职工之间建立某种制约机制，以确保双方互相倚重，彼此都有所顾忌，两者之间达成一种动态的平衡。而民主评议，恰恰就具有这样的功能。从这个意义上说，赋予职工民主评议权，便是在企业内部建立起了类似于民主体制所要求的制衡机制。

二、厂务公开制度

厂务公开制度即把企业重大经营决策、生产经营管理的重要问题，涉及职工切身利益的问题，以及与企业领导班子建设和党风廉政建设相关的问题，根据有关法规和制度，通过职工代表大会、厂务公开栏等多种形式，向企业广大职工公开，使职工及时了解厂情，更好地参与企业决策、管理和监督，这是强化企业管理的重要手段，是职工参与企业民主决策、加强民主监督的有力措施。

(一) 厂务公开的内容

1. 企业重大问题决策公开

其公开的内容包括企业发展目标和长远规划、重大投资、财务预决算、企业改制方案等。

2. 企业干部的选拔、任用和管理公开

其公开的内容主要包括各岗位干部的任用条件、程序、结果，企业职工代表大会民主评议领导干部的标准、程序和结果等。

3. 涉及职工切身利益的问题公开

其公开的内容包括职工工资、奖金分配、保险福利情况、劳动保护措施、职工培训计划、职称评定、奖惩晋级、劳动用工、下岗分流，以及集体合同的签订等。

4. 企业经营状况公开

其公开的内容包括企业盈亏情况、大宗原材料的采购供应、企业业务招待费使用情况等。

5. 企业干部收入和待遇公开

其公开的内容包括领导干部工资、奖励收入、年薪制实施及考核情况，住房、交通通信工具的配置及费用支出、出国境情况等。

(二) 厂务公开的意义

(1) 实行厂务公开工作是认真落实党的全心全意依赖工人阶级方针的主要体现，是建立和健全现代企业制度与坚持依法经营的内在要求，也是强化民主监督、促进企业改革发展的重要途径。厂务公开是指企业在深化改革过程中，由职工群众创造且在具体实践过程中形成的民主管理和民主监督制度，其代表员工的物质利益与民主权利。厂务公开可以激发员工参与民主监督和民主管理的热情，全面发挥员工的群体创造性，为企业发展提出自己的建议，这是促进企业经营管理的有力保障。

(2) 实行厂务公开工作是健全监督制约制度、规范各项决策程序、加强领导干部清正廉洁、不断深化现代企业党风清正廉洁建设的有效措施。深入实行现代企业厂务公开工作，可以将所有职工的力量和聪明智慧集中在一起，将厂务公开作为主要方法，建立和健全群众监督制度。这样既可以让领导干部的行为置于员工的监督下，又可以利用制约与监督不断加强企业在各个方面的发展。

思考题

1. 管理沟通的类型和技巧有哪些？
2. 什么是民主参与，分析民主参与的主要形式有哪些？
3. 什么是工会？
4. 简要分析工会的职责有哪些？
5. 如何理解职工代表大会制度的性质与职权？
6. 简述厂务公开制度的意义。

公司上下级沟通要适当

小刘刚办完一个业务回到公司，就被主管马林叫到了他的办公室。

"小刘，今天业务办得顺利吗？"

"非常顺利，马主管。"小刘兴奋地说，"我花了很多时间向客户解释我们公司产品的性能，让他们了解到我们的产品是最合适他们使用的，并且在别家也不可能以这么合理的价格买到该产品，因此我很顺利地把公司的机器推销出去100台。"

"不错！"马林赞许地说，"但是，你完全了解客户的情况吗，会不会出现反复的情况呢？你知道我们部门的业绩是和推销出的产品数量密切相关的，如果他们再把货退回来，这会打击我们的士气。你对那家公司的情况真的完全调查清楚了吗？"

"调查清楚了呀！"小刘兴奋的表情消失了，取而代之的是失望的表情，"我是先在网上了解到他们需要供货的消息，又向朋友了解了他们公司的情况，然后才打电话到他们公司去联系的，而且我是经过您批准后才出去的呀！"

"别激动嘛，小刘。"马林讪讪地说，"我只是出于对你的关心才多问几句的。"

"关心？"小刘不满道，"您是对我不放心才对吧！"

在之后的一周内，马主管不搭理小刘，开会不点他发言，平常也不和他打招呼，小刘如果有工作汇报，也只是简单地应付一下，这让小刘感觉到上司对他是冷落的。然后小刘找老王，让他协助解决自己的问题。在一个快餐店，小刘请客，开始请教老王。

"最近我感到很苦闷，我知道自己得罪马林了。"小刘说。

"哦，怎么会呢？你们相处没有多长时间呀。"老王笑眯眯地看着小刘。

小刘挠挠头说："可能是我上次说他对我不放心，惹他生气了，他现在都不理我了。"

"上次的事，我也听说了，你们当时好像搞得很僵。我觉得没有必要，工作就是工作嘛，哪来那么多想法，更不能有情绪呀。"老王还是微笑着说。

小刘委屈地说："我最后带着情绪，这是我不对，但他问得那么细，那就是不相信我，还说万一这个单子反复，会影响士气，当时我就生气了。"

"那么你说如果这个单子反复了，会不会真的影响士气？马林说得有没有错呢？"老王说。"如果反复了就一定会影响士气，其实他说得都没错，但我感觉他就是不相信我。"小刘说。老王笑着抬起头又说："他为什么要相信你？你凭什么被别人相信？他相信了你，可谁会相信他呀？等你坐到了他那个位置就知道了。我们部门如果出了问题，老板不会骂你，只会骂马主管，他的压力比我们都大。你看我们已经下班了，在这里吃饭，他还在加班，又没有加班费，而且工资比我们也高不了多少，他也不容易，你有没有站在他的角度想想？"

小刘低着头陷入了沉思。

老王接着说："人都是首先相信自己，然后才能相信别人，你也一样首先相信了自己，相信凭自己的感觉认为那个客户一定没有问题的。但你的上司相信自己也没有错，所以他对你的工作问得仔细一点，再自己进行判断，这些都是正常的。他信自己没有问题，你作为下属，盲目自信就有问题了，毕竟他作为主管得为公司负责，出了问题是你的责任大，还是他的责任大？这个问题你想过没有？"

小刘点点头：“你说得有道理，他是主管，得为部门负责。”

“所以对我们员工来说，关键是要争取到他的信任，怎么争取是个问题。你看我现在要到客户那里，打个招呼就可以了，签回来单也只要说一下就可以了，他都不管我，为什么呢？我刚来时也和你一样，每次他都问得很仔细，但我每次都能让他满意，之后他就不问了，只看结果。所以我认为要争取到信任，还是要从自己做起。”

小刘豁然开朗，说：“那我应该怎么做？我现在一点头绪都没有，整个人都是发蒙的。”

“我的经验很简单，就一句话：从自己做起，提升自我价值。如果想让上司满意，只需你的成果超过他的期望即可。刚开始他一定是不信任你的，但你的成果每次都超过他的期望值，他怎么还会不信任你呢？其实他没有太多的时间关注细节，到了那个时候他就只问结果，而不问过程了。如果还问过程，只能说明他有问题，哈哈，当然了，马林不是这样的。”

讨论与思考：

1. 案例中主管马林在沟通中犯了什么过错？
2. 小刘面对与上级沟通时需要注意哪些问题？
3. 沟通有哪些方式，需要注意什么？

第四章

雇主与政府管理

学习目标

1. 了解雇主的基本概念与内涵。
2. 准确把握雇主组织的形式和特征。
3. 深刻理解雇主组织在劳动关系中的作用。
4. 掌握政府在劳动关系中的作用。

扫码看详图

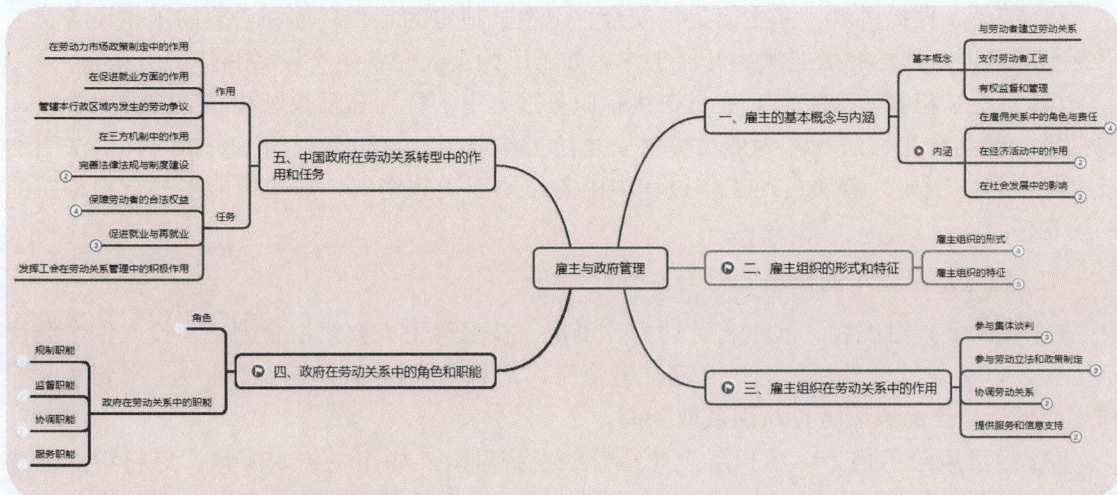

雇主与政府在劳动关系管理中扮演着极为重要的角色，它们之间的互动与协作对劳动关系的稳定和经济社会的发展有着深远影响。雇主的企业经营活动离不开政府政策的支持和法律的保障，政府的经济发展目标也依赖于雇主的积极参与和企业的良好发展。政府通过法律、法规和监管措施对雇主的行为进行约束，确保雇主遵守劳动法律和承担社会责任。同时，雇主也可以通过行业协会等组织表达自身诉求，影响政府政策的制定和调整，促使政府制定更加符合企业实际情况的政策。

第一节 雇主的基本概念与内涵

一、雇主的基本概念

雇主(Employer)是指在劳动法律关系中，与劳动者建立劳动关系，支付劳动者工资，并对其进行管理和监督的一方。雇主可以是自然人、法人或其他组织。在劳动关系中，雇主享有一定的权利，如要求劳动者完成工作任务、遵守劳动纪律等，同时也承担相应的义务，如支付工资、提供劳动保护、缴纳社会保险等。

二、雇主的内涵

(一) 在雇佣关系中的角色与责任

(1) 主导者。雇主是雇佣关系的发起者和组织者，是雇佣关系中的一方主体，享有一定的权利，如确定工作内容、目标和要求，根据自身经营需要选择、雇佣和解雇雇员，以及对工作任务进行分配和管理的权利等。

(2) 报酬支付者。雇主有义务按照约定向雇员支付工资、奖金、福利等报酬，这是雇佣关系的重要经济基础，报酬的合理与否影响员工积极性和稳定性。

(3) 劳动条件提供者。雇主需提供安全、卫生、适宜的工作环境和必要的工作设备、工具等劳动条件，保障雇员能顺利开展工作，如工厂为工人配备生产设备和防护用具等。

(4) 责任承担者。雇主需对雇员在执行职务过程中的行为和后果承担相应的法律责任，包括遵守劳动法律、法规，为雇员提供安全的工作环境、支付合理的工资报酬、依法缴纳社会保险等。例如，若雇员在工作过程中因工作原因受到伤害，雇主可能需要承担相应的赔偿责任。

(二) 在经济活动中的作用

(1) 生产要素组织者。雇主将劳动力、资本、技术等生产要素组合起来，投入生产经营活动中，以实现经济效益。通过合理配置资源，组织雇员进行生产，使各种生产要素发挥作用，创造出产品或服务，从而获取利润。

(2) 经济风险承担者。承担着企业经营的经济风险，如市场需求变化、原材料价格波动、竞争加剧等因素都可能影响企业的盈利状况，雇主需要应对这些风险，确保企业的生存和发展。

(三) 在社会发展中的影响

(1) 就业机会提供者。雇主是就业岗位的主要创造者，为社会提供就业岗位，吸纳劳动力，对降低失业率、维护社会稳定起着重要作用。一个地区的雇主数量和规模在很大程度上影响着该地区的就业水平。

(2) 社会关系协调者。在与雇员的互动中，需要协调各种社会关系，包括处理雇员之间的矛盾、协调企业与社区的关系等。良好的社会关系有助于企业的发展，也有利于社会的和谐稳定。

综上所述，雇主在雇佣关系中扮演着至关重要的角色，其内涵涉及多个方面，这些方面共同构成了雇主这一概念的完整内涵。

第二节 雇主组织的形式和特征

一、雇主组织的形式

雇主组织通常被称为雇主协会、雇主联合会或雇主团体，是指由雇主(企业主或企业代表)依法自愿组成的团体性组织。其目的是维护雇主在劳动关系及社会经济等诸多领域中的共同利益。这些组织可以是行业性的、地区性的，或者是全国性乃至国际性的。它们通过不同的形式和特征，为成员提供支持和服务，在劳动力市场、劳动法规制定与实施、企业经营环境塑造等方面发挥着重要作用。

(一) 行业协会

行业协会由同一行业的雇主组成，旨在维护本行业雇主的共同利益，协调本行业雇主与雇员、工会以及政府之间的关系。例如，汽车行业协会，其成员均为汽车制造、销售等相关领域的雇主，会就汽车行业的劳动标准、工资水平、行业规范等问题进行协商和制定，以促进整个行业的稳定发展。

(二) 地区雇主协会

地区雇主协会以一定地理区域内的雇主为成员，不论所属行业。该协会主要关注本地区内雇主共同面临的问题，如地区性的劳动法规执行、劳动力市场状况、地方税收政策等，并代表本地区雇主与地方政府、工会等进行沟通和协商。例如，某城市的雇主协会会针对该城市的就业政策、基础设施建设对企业的影响等问题与市政府进行交流，争取有利于本地雇主的政策和资源。

(三) 国家级雇主协会

国家级雇主协会由全国范围内不同行业、地区的雇主组织或大型企业雇主组成，是雇主组织的最高层级。其在国家层面上代表雇主的整体利益，参与国家劳动立法、政策制定，与全国性的工会组织进行集体谈判，以及在国际上代表本国雇主与其他国家的雇主组织或国际组织进行交流与合作。例如，中国企业联合会就是我国的国家级雇主组织之一，在国家经济社会发展中发挥着重要作用，维护企业和企业家的合法权益，推动企业的改革与发展。

(四) 国际雇主组织

国际雇主组织(IOE)是一个在全球范围内代表雇主利益的非营利性国际组织。它成立于1920年，总部设在瑞士日内瓦，截至2025年，共有126个成员。这些成员组织涵盖了各个国家的众多企业雇主，使得国际雇主组织能够在全球雇主事务中发挥广泛的代表性作用。

二、雇主组织的特征

雇主组织作为代表雇主利益的重要团体，在劳动关系中发挥着举足轻重的作用。它通过提供专业服务、参与政策制定和集体谈判等方式，积极推动劳动关系的和谐稳定和社会经济的繁荣发展。它们具有如下所示的鲜明组织特征。

(一) 代表性

雇主组织代表了其成员(雇主)的共同利益。代表性是雇主组织的核心特征。它通过各种方式，如参与谈判、制定政策等，将雇主的意愿和诉求传达给政府、工会及其他相关方，努力维护雇主在劳动关系和经济活动中的利益。例如，在与工会进行工资集体谈判时，雇主组织会收集成员企业对于工资增长幅度、福利调整等方面的意见，综合考虑企业的经济承受能力和市场竞争状况，形成统一的谈判立场，以确保在谈判中维护雇主群体的整体利益。

(二) 独立性

雇主组织在组织形式和运作上具有相对独立性。它独立于政府和工会之外，有自己的章程、组织机构、决策程序和活动方式。虽然它会与政府和工会进行协商与合作，但能够自主地代表雇主利益进行活动，并决定组织内部事务和对外立场。例如，雇主组织的人员任命和内部管理由组织内部按照章程进行，不受政府或工会的直接干预等。

(三) 服务性

雇主组织在劳动管理、企业运营、人力资源等方面具有专业的知识和能力。它能够为成员企业提供专业的服务和建议，以及在劳动争议中提供法律援助等，如雇主组织有专业的法律团队，为成员企业解读最新的劳动法规，指导企业如何在合法合规的前提下，优化劳动用工结构，降低用工成本。同时，它还会开展人力资源管理方面的培训，邀请专家讲解人才招聘、员工激励等专业知识，帮助企业制定合理的人力资源管理制度，以此提高雇主的竞争力和市场适应能力。

(四) 协调性

雇主组织可协调雇主之间及雇主与雇员、工会之间的关系。一方面，它促使雇主之间在共同利益问题上达成一致，避免恶性竞争；另一方面，通过与工会进行集体谈判、协商等方式，协调劳动关系，化解劳资矛盾，促进劳动关系的和谐稳定。例如，在应对行业性的原材料价格上涨时，雇主组织会协调成员企业共同与供应商谈判，争取更有利的采购价格；或者在面对共同的市场危机时，组织成员企业联合开展市场推广活动，以维护行业的整体市场地位。

(五) 非营利性

雇主组织通常为非营利性组织，其目的不是追求经济利润，而是为成员雇主提供服务，实现雇主群体的共同目标，如维护雇主权益、促进劳动关系和谐等。经费主要来源于会员会费、政府资助或社会捐赠等。

第三节　雇主组织在劳动关系中的作用

雇主组织在劳动关系中发挥着多方面的作用，这些作用不仅有助于保障雇主的合法权益，还能促进劳动关系的和谐稳定以及经济社会的持续发展。

一、参与集体谈判

(一) 代表雇主利益

雇主组织在集体谈判中充当雇主的代表。它能够将众多雇主的利益诉求整合起来，形成统一的谈判立场。例如，在工资集体谈判中，雇主组织会综合考虑行业的经济效益、企业的支付能力、劳动力市场的供求关系等因素，与工会进行协商，争取达成一个既符合企业经济利益又能在一定程度上满足员工工资期望的工资协议。

(二) 平衡谈判力量

面对工会的集体力量，雇主组织使雇主在谈判中能够以一个相对对等的力量参与。这有助于避免个别雇主在与工会谈判时可能处于弱势地位，使谈判过程更加公平、公正。例如，在一些工会组织强大的行业中，如果没有雇主组织，单个企业可能很难抵御工会提出的一些过高的要求，而雇主组织通过集合行业内雇主的资源和意见，能够在谈判中有效地维护雇主的合理权益。

(三) 促进协商解决

雇主组织鼓励通过协商而非对抗的方式解决劳动争议。在集体谈判过程中，它可以提供专业的谈判技巧和策略，引导双方以理性的方式进行沟通。例如，当谈判出现僵局时，雇主组织可以提出一些建设性的解决方案，如设立一个中立的第三方调解机制，或者提出工资增长分阶段实施等方案，以打破僵局，促进双方达成共识。

二、参与劳动立法和政策制定

(一) 提供雇主视角的意见

雇主组织能够在劳动政策的制定过程中为政府提供雇主一方的观点和建议。这有助于政府在制定政策时充分考虑企业的经营实际和雇主的利益。例如，在制定关于最低工资标准的政策时，雇主组织可以向政府提供行业平均利润水平、企业劳动力成本占比等数据，说明过高的最低工资标准可能对企业造成的负担，从而使政策更加合理。

(二) 参与立法过程

雇主组织积极参与劳动法律、法规的起草和修改。它们通过与政府部门、立法机构的沟通与合作，将雇主关心的问题纳入立法考虑范围。例如，在制定有关劳动安全卫生法规时，雇主组织可以提出企业在执行法规过程中可能遇到的实际困难，如技术改造的成本问题、小微型企业的适应期问题等，促使立法更加具有可操作性。

(三) 监督政策实施

雇主组织还可以监督劳动政策的实施情况，及时反馈政策执行过程中出现的问题。如果发现政策在某些方面对企业造成不合理的负担或者执行过程中有偏差，雇主组织可以向政府提出调整建议。例如，在新的劳动工时制度实施后，雇主组织可以收集企业的反馈，如某些特殊行业企业因生产连续性无法完全按照标准工时执行的情况，向政府提出合理的豁免或调整建议。

三、协调劳动关系

(一) 内部协调雇主之间的关系

雇主组织可以协调雇主之间的利益冲突和矛盾。在同一行业或地区内，企业之间可能存在竞争关系，但在劳动关系等问题上也有共同利益。例如，在应对行业性的罢工威胁时，雇主组织可以协调企业之间的应对策略，避免个别企业单独妥协而破坏整体雇主的利益。同时，对于企业之间在员工招聘、薪酬福利等方面可能出现的恶性竞争，雇主组织也可以进行协调，维护行业内劳动关系的稳定。

(二) 外部促进企业与员工的沟通

雇主组织可以促进企业与员工之间的有效沟通。它可以通过组织论坛、研讨会等方式，搭建企业与员工交流的平台。例如，举办企业人力资源管理经验分享会，邀请企业管理层和员工代表参加，增进双方对彼此需求和关注点的了解。此外，雇主组织还可以在企业和工会之间进行斡旋，帮助双方建立良好的合作关系，共同解决劳动关系中的问题。

四、提供服务和信息支持

(一) 提供劳动关系管理服务

雇主组织可以为企业提供劳动关系管理方面的专业服务，如提供劳动法律、法规的咨询服务，帮助企业解读复杂的法律条文，确保企业的用工行为合法合规；同时，还可以为企业提供人力资源管理培训，包括招聘技巧、员工激励、绩效评估等方面的内容，提升企业的人力资源管理水平。

(二) 提供劳动力市场信息

雇主组织可以收集和分析劳动力市场信息，并将这些信息提供给企业。这些信息包括劳动力供求状况、工资水平变化趋势、劳动力技能结构等。例如，在某一地区出现某种专业技能人才短缺时，雇主组织可以及时通知企业，并提供相应的应对策略建议，如与职业院校合作开展定向培养等，帮助企业更好地应对劳动力市场的变化，从而稳定劳动关系。

资料链接

唐山市陶瓷协会与长沙顺淘公司不正当竞争纠纷案

在唐山市陶瓷协会与长沙顺淘公司不正当竞争纠纷案中，唐山市陶瓷协会系地理标志集体商标"唐山骨质瓷"的注册人，其从天猫网店"亿嘉旗舰店"购买了长沙顺淘公司销售的名称为"碗碟套装亿嘉中式新骨瓷餐具套装简约陶瓷碗筷碗盘家用送礼格林"的陶瓷商品。该商品经检测，显示磷酸三钙含量为0.81%，未达到骨质瓷的标准。

唐山市陶瓷协会向河北省唐山市中级人民法院起诉，请求：①判决长沙顺淘公司立即停止虚假宣传不正当竞争行为，不得在其销售的非骨质瓷商品中使用"骨瓷"字样；②判决长沙顺淘公司赔偿给唐山市陶瓷协会造成的损失及合理支出共计10万元；③判决长沙顺淘公司在其销售区域的媒体上声明，其生产、销售的新骨瓷餐具是陶瓷商品，不是骨质瓷商品；④本案诉讼费用由长沙顺淘公司承担。

分析：

经过一审和二审后，结果并不让人满意，唐山市陶瓷协会上诉至最高人民法院申请再审。再审期间，被申请人长沙顺淘公司注销。

最高人民法院再审认为，一、唐山市陶瓷协会在宣传推广唐山骨质瓷时系从事商品活动的经营者，与长沙顺淘公司具有竞争关系。长沙顺淘公司的被诉宣传行为，可能对唐山市陶瓷协会的合法权益造成损害。唐山市陶瓷协会与本案具有直接利害关系，具备适格的原告主体资格。二、长沙顺淘公司将所销售的陶瓷商品描述为"新骨瓷"，没有相应的事实基础或充分依据。"新骨瓷"字样客观上起到了提示或吸引消费者的作用，易使相关公众对陶瓷商品的材质、质量、种类等发生错误认识，进而做出错误选择，使长沙顺淘公司直接或间接获取额外交易机会，损害了骨质瓷经营者的正当利益，扰乱了市场竞争秩序。虽然长沙顺淘公司的宣传并未提及"唐山"这一特定地区或与"唐山骨质瓷"的联系，唐山市陶瓷协会也未以侵害商标权为由提起诉讼，但唐山地区是我国骨质瓷的主要产地，"唐山骨质瓷"是地理标志集体商标，"新骨瓷"宣传会降低唐山骨质瓷的美誉度，甚至为唐山骨质瓷带来负面评价。涉案行为损害了唐山市陶瓷协会的合法权益。最高人民法院判决：撤销一、二审判决；长沙顺淘公司的股东李某、张某连带赔偿唐山市陶瓷协会经济损失及合理开支共计5万元。

第四节　政府在劳动关系中的角色和职能

一、政府在劳动关系中的角色

英国利物浦大学教授罗恩·比恩在《比较产业关系》一书中指出，政府在劳动关系中主要扮演五种角色。①第三方管理者：为劳资双方提供互动架构与一般性规范，确保劳动关系在一定的框架和规则内运行，促进劳资双方的有序互动和合作。②法律制定者：通过立法规定工资、工时、安全和卫生的最低标准等，明确劳动关系双方的权利和义务，为劳动关系的稳定和劳动者权益的保障提供法律基础。③调解仲裁者：当出现劳动争议时，政府提供调解和仲裁服务，作为中立的第三方，帮助劳资双方解决矛盾和纠纷，维护劳动关系的和谐稳定。④收入调节者：政府通过税收、福利等政策手段，对社会收入进行再分配，调节劳动者和雇主之间的收入差距，促进社会公平和经济的稳定发展。⑤公共部门雇主：政府作为公共部门的雇主，在招聘、薪酬、劳动条件等方面制定政策和措施，为公共部门的员工提供就业机会和劳动保障，同时也树立了良好的雇主典范。

(一) 劳动者基本权利的保护者

政府通过立法明确劳动者的基本权利，确保劳动者在市场交易中不会因为雇主的过度逐利行为而被支付过低的工资。政府还规定了劳动者每周的最长工作时间，以保障劳动者的休息权利。在劳动安全卫生方面，政府强制要求雇主为劳动者提供安全的工作环境和必要的劳动保护设备。例如，在建筑行业，雇主必须为建筑工人提供安全帽、安全绳等防护装备，并确保施工现场符合安全标准，如搭建稳固的脚手架等。

(二) 集体谈判与雇员参与的促进者

政府鼓励和促进集体谈判的开展。在英国，政府通过制定相关政策为工会和雇主组织之间的谈判创造有利环境。例如，政府提供谈判场所和必要的信息支持，帮助双方了解行业的工资水平、劳动生产率等情况，以便更有效地进行谈判。政府还积极推动雇员通过多种方式参与企业管理，如鼓励企业建立职工代表大会或工作委员会等机构，让员工能够参与到企业的决策过程中，尤其是与员工自身利益密切相关的事务，如工作环境改善、福利计划制订等。

(三) 劳动争议的调停者

政府的第三个角色是劳动争议的调停者。当劳动争议发生时，政府作为中立的第三方进行调停。英国设有专门的劳动争议调解机构，这些机构的工作人员由政府培训并管理。他们会听取双方的诉求，运用专业的调解技巧，帮助双方寻找共同点和解决方案。政府还通过制定调解规则和程序，确保调解过程的公正和透明。例如，规定调解必须在一定时间内完成，并且双方都有平等的陈述机会。

(四) 就业保障与人力资源的规划者

政府在就业保障方面发挥着关键作用。英国政府通过实施宏观经济政策来稳定就业，如在经济衰退时期采取财政刺激措施，加大对基础设施建设等领域的投资，创造大量的就业机会。在人力资源规划方面，政府根据产业发展的需求，对劳动力的教育和培训进行规划。例如，预测到未来新能源产业的发展，政府提前规划在相关职业教育和高等教育中增加新能源技术相关专业，培养适应产业发展的人才。

(五) 公共部门的雇主

政府本身是公共部门的雇主，在公共部门劳动关系中发挥主导作用。英国政府对公共部门员工的招聘、工资待遇、工作条件等进行统一管理。例如，在国民保健系统(NHS)中，政府规定医护人员的工资等级和晋升标准，同时保障医护人员享有合理的工作时间和培训机会。政府作为公共部门雇主，还需要在提高公共服务效率和保障员工权益之间寻找平衡。例如，通过合理安排工作任务和人员配置，既保证公共服务的高质量提供，又避免员工过度劳累。

二、政府在劳动关系中的职能

政府在劳动关系中的职能是多元化的，这些职能旨在维护劳动关系的和谐稳定，保障劳动者的合法权益，以及促进经济的健康发展。

(一) 规制职能

1. 劳动法律、法规的制定

政府通过立法来规范劳动关系。这包括制定全面的劳动法典，如我国的《劳动法》和《劳动合同法》。这些法律详细规定了劳动关系的各个方面，从劳动合同的订立、内容、履行到解除，都有明确的法律规则。例如，法律规定劳动合同应当具备劳动报酬、工作时间、休息休假等基本条款，为劳动关系双方提供了明确的行为准则。

2. 劳动标准的设定

政府还负责确定劳动条件和劳动保护的基本标准。这涵盖工作时间标准，像法定的每日工作时间和每周工作时长，以及加班工资的计算规则；工资保障标准，包括最低工资制度，确保劳动者的工资不低于法定最低水平；劳动安全与健康标准，要求企业为劳动者提供安全的工作场所和必要的劳动保护用品。例如，在矿山、建筑等危险行业，政府规定企业必须为劳动者配备符合国家标准的安全帽、安全绳等防护设备。

(二) 监督职能

1. 劳动监察执法

政府劳动行政部门设有劳动监察机构，负责对用人单位遵守劳动法律、法规的情况进行监督检查。监察人员通过现场检查、查阅文件等方式，查看企业是否依法签订劳动合同、是否按时足额支付工资、是否依法缴纳社会保险、工作场所的安全卫生条件是否符合标准等。例如，劳动监察大队可以到企业检查考勤记录和工资发放记录，核实企业是否存在拖欠工资或违反最低工资标准的情况。

2. 违法行为查处

对于违反劳动法律、法规的企业，政府有责任进行处罚。处罚措施包括责令改正、警告、罚款、吊销营业执照等。例如，如果企业未按照规定为劳动者缴纳社会保险，劳动行政部门可以责令其限期补缴，并加收滞纳金；如果企业存在严重的强迫劳动等违法行为，可能会被吊销营业执照。

(三) 协调职能

1. 促进三方协商机制

政府在劳动关系三方(政府、雇主组织、工会)协商机制中起到核心的协调作用。政府组织雇主组织和工会代表进行定期或不定期的协商会议，就劳动政策、工资增长、劳动条件改善等重大劳动关系问题进行沟通和协商。例如，在制定行业工资指导线时，政府召集雇主和工会代表，根据经济发展水平、物价指数、企业利润等因素，共同商讨合理的工资增长幅度。

2. 劳动争议调解仲裁

政府设立专门的劳动争议调解和仲裁机构。劳动争议调解机构通过说服、劝导等方式帮助双方当事人达成和解协议。如果调解不成，劳动仲裁机构则根据法律规定和双方提供的证据进行仲裁。仲裁裁决具有一定的法律约束力，当事人如果不履行仲裁裁决，另一方可以向法院申请强制执行。例如，在劳动者与企业因解除劳动合同产生争议时，仲裁机构可以根据劳动合同的约定和相关法律规定，判定企业是否应当支付经济补偿金。

(四) 服务职能

1. 就业服务提供

政府建立公共就业服务体系，为劳动者提供就业信息、职业介绍、就业指导等服务。公共就业服务机构通过收集和发布企业的招聘信息，举办招聘会等方式，帮助劳动者与用人单位实现就业对接。例如，各地的人才市场就是公共就业服务机构的一种形式，它定期发布企业的招聘职位和要求，为求职者提供求职登记、简历推荐等服务。

2. 职业培训组织

政府还会组织开展职业技能培训。根据市场需求和产业发展方向，开设各种职业技能培训课程，如计算机编程、电工、厨师等。这些培训课程可以提高劳动者的就业能力和职业素质，帮助他们更好地适应市场变化和企业的岗位需求。例如，政府针对新兴的电商行业，开展网店运营、电商客服等相关培训，促进劳动者在新兴产业领域就业。

资料链接

谢某实拖欠农民工工资案

2021年5月，谢某实从某建筑劳务公司处承包安徽省临泉县某工地的建筑安装工程，之后谢某实组织农民工施工，该项目完工以后，部分农民工工资未发放。2023年1月19日，谢某实与劳务公司决算确定工程款为245万余元，劳务公司已全部支付完毕，谢某实书面承诺将拖欠的农民工工资全部发放。2023年2月，经临泉县人社局核实，谢某实共拖欠23名农民工工资共计45万余元。该局向谢某实下达了《劳动保障监察限期整改指令书》，责令谢某实足额支付拖欠的农民工工资。谢某实未在指定期限内支付，且存在逃匿情形。

2023年3月28日，谢某实被公安机关抓获，经临泉县人民检察院批准被执行逮捕。2023年7月13日，临泉县人民检察院对谢某实拒不支付劳动报酬一案提起公诉，建议判处其有期徒刑1年3个月，并处罚金1万元。临泉县人民法院采纳检察机关量刑建议，谢某实未提出上诉。

分析：

高质效办理好依法惩治恶意欠薪案件，要求检察机关在依法惩治恶意欠薪犯罪的同时，还要将更多的精力放在追缴欠薪、追赃挽损工作中，切实帮助农民工追回被拖欠的工资，把"检护民生"的要求落到实处，实现案件办理"三个效果"的统一。实践中建筑工程领域违法分包给个人包工头的现象多发，为切实保护农民工合法权益，相关规定明确指出由工程总承包企业承担清偿被拖欠的农民工的工资责任。本案中，检察机关将依法维护劳动者合法权益作为首要任务，积极促成总承包方垫付全部欠薪，优先保障被拖欠的农民工工资的发放，保障民生民利、维护社会和谐稳定；同时依法履行批捕起诉职责，本案中劳务公司已将全部工程款向谢某实支付完毕，谢某实经临泉县人社局责令支付后仍不支付且存在逃匿情形，检察机关依法以拒不支付劳动报酬罪追究其刑事责任，有效发挥刑罚的惩治和震慑作用。

第五节　中国政府在劳动关系转型中的作用和任务

一、政府在劳动关系转型中的作用

(一) 在劳动力市场政策制定中的作用

我国的立法多采取的是"政策—行政规章—法律"的渐进模型。这意味着立法并非一蹴而就，而是先通过政策进行引导和探索，随着实践经验的积累和问题的逐步清晰，制定行政规章来进一步规范，最后在条件成熟时上升为法律。

(1) 劳动政策方面。政府通过多种渠道识别劳动力市场的关键问题，根据问题的紧迫性、严重性和社会影响程度对这些问题进行排序以此确定政策议题的优先级。例如，当发现某些地区或行业存在拖欠农民工工资的现象较为严重时，就会将保障农民工工资支付问题提上政策议程。在劳动政策的制定过程中，政府需要平衡劳动者、企业、政府和社会组织等各方利益，通过广泛调研、充分沟通和协商，政府制定出既符合经济社会发展需求，又能保障劳动者合法权益的劳动政策。

(2) 劳动行政规定方面。政府制定和颁布一系列劳动行政法规、规章等，形成完整的劳动行政规定体系。例如，《劳动保障监察条例》明确了劳动保障监察的对象、内容、方式、程序以及法律责任等，为劳动保障监察工作提供了具体的法律依据；《工伤保险条例》对工伤保险的参保范围、工伤认定、劳动能力鉴定、工伤保险待遇等方面做出详细规定，保障了职工在遭受工伤时的合法权益。

(3) 劳动立法方面。政府制定和完善《劳动法》《劳动合同法》《就业促进法》《劳动争议调解仲裁法》等一系列劳动法律、法规，明确劳动关系双方的权利和义务，规范用人单位的用工行为和劳动力市场秩序，建立劳动监察执法队伍，加强对用人单位遵守劳动法律、法规情况的监督检查，加大对违法行为的查处力度，如拖欠工资、非法用工、不签订劳动合同等，维护劳动力市场的正常秩序，保障劳动者的合法权益，为劳动力市场的健康发展提供法律保障。

(二) 在促进就业方面的作用

(1) 职业培训。制定职业技能培训的政策和规划，大力开展职业技能培训，鼓励和支持各类职业培训机构开展职业技能培训，构建贯穿劳动者学习工作终身、覆盖职业生涯全程的技能培训制度。例如，对参加职业技能培训并取得相应证书的劳动者给予培训补贴，提高劳动者参加培训的积极性；推动企业建立职工培训制度，规定企业应按照一定比例提取和使用职工教育经费，用于职工的职业技能培训。

(2) 就业服务。加强覆盖城乡的公共就业服务体系建设，为劳动者提供职业培训政策信息咨询、职业指导和职业介绍等服务，定期公布人力资源市场供求信息，引导劳动者根据市场需求选择适合的职业培训项目。同时，公共职业介绍机构要为特定人群，如下岗职工、失业人员等提供免费服务，并逐步扩大免费服务对象范围。

(3) 就业保障。政府通过税收优惠政策鼓励企业吸纳劳动力。实施乡村振兴战略，发展现代农业，提高农业劳动生产率，增强农业就业吸引力。对于高校毕业生就业，政府也实施了一系列政策措施。例如，鼓励高校毕业生到基层就业的政策，包括"三支一扶"(支教、支农、支医和扶贫)计划,为毕业生提供基层工作岗位,并给予一定的政策优惠,如在服务期满后在公务员招录、事业单位招聘等方面享受加分等优惠待遇。

(4) 劳动条件的管理。出台一系列劳动安全卫生方面的行政规定,要求用人单位为劳动者提供符合国家规定的劳动安全卫生条件和必要的劳动防护用品,对从事有职业危害作业的劳动者定期组织健康检查;对矿山、建筑施工、危险化学品等高危行业,制定更加严格的安全标准和管理措施,加强对企业安全生产的监督检查,防止和减少生产安全事故,保障劳动者的生命安全和身体健康。

(5) 劳动条件的监督。劳动保障监察机构依法对用人单位遵守劳动法律、法规和行政规定的情况定期开展劳动保障专项执法检查,如农民工工资支付专项检查、用人单位遵守劳动用工和社会保险法律、法规情况专项检查等,对发现的违法行为依法予以查处,责令用人单位限期改正,对拒不改正的给予行政处罚;接受劳动者的举报和投诉,及时处理劳动纠纷,维护劳动者的合法权益。

(6) 提供就业援助。对就业困难群体,尤其是大龄、残疾、较长时间失业人群制定促进就业的相关行政规定,完善及时发现、优先服务、精准帮扶、动态管理的就业援助制度。例如,针对残疾人就业,政府出台了按比例安排残疾人就业制度,要求用人单位按照一定比例安排残疾人就业,未达到比例的要缴纳残疾人就业保障金;对吸纳就业困难人员的企业,给予税收优惠、社会保险补贴、岗位补贴等优惠政策;对自主创业人员提供创业培训、创业担保贷款及贴息等支持。

(三) 管辖本行政区域内发生的劳动争议

在我国,劳动争议的管辖主要遵循"地域管辖为主、级别管辖为辅"的原则,各级劳动争议仲裁机构和人民法院在管辖本行政区域内劳动争议方面发挥重要作用。

(1) 设立调解组织。在本行政区域内的企业、事业单位、乡镇(街道)、社区等设立劳动争议调解委员会。这些调解委员会一般由职工代表、用人单位代表和工会代表组成,能够就近、及时地处理劳动争议。例如,在一些大型企业内部,劳动争议调解委员会可以发挥第一道防线的作用。

(2) 组建仲裁机构。设立劳动争议仲裁委员会,负责处理本行政区域内较复杂或调解不成的劳动争议案件。仲裁委员会通常由劳动行政部门代表、工会代表和企业方面代表组成,按照法定程序和仲裁规则进行仲裁。例如,当劳动者和用人单位就劳动合同的解除是否合法、经济补偿的计算等问题无法通过调解解决时,就会提交给劳动争议仲裁委员会进行仲裁。

(四) 在三方机制中的作用

劳动关系三方机制是指政府(通常是劳动行政部门代表政府)、雇主组织和工会组织三方代表,按照一定的制度、规则和程序,就有关劳动关系事务进行沟通协商、谈判和合作,共同处理劳动关系的机制。政府参与三方机制,负责制定和执行劳动政策,在保障劳动者的权益,维护劳动市场的稳定和公平方面发挥着主导和协调作用。

(1) 制定法律,保护劳动者权益。政府通过制定如《劳动法》《劳动合同法》等综合性法律,为劳动者权益保护构建了坚实的法律基础。这些法律详细规定了劳动者的各项基本权利,如获得劳动报酬的权利、休息休假的权利、享受劳动安全卫生保护的权利等。除综合性法律外,政府还根据实际需要制定专项法律来进一步完善劳动者权益保护体系。比如，我国为了加强对女职工的特殊劳动保护，制定了《女职工劳动保护特别规定》，规定用人单位不得因女职工怀孕、生育、哺乳降低其工资、予以辞退、与其解除劳动或者聘用合同等内容；针对职业病防治，出台了《中华人民共和国职业病防治法》(以下简称《职业病防治法》)，要求用人单位采取有效的职业病防护措施，保障劳动者获得职业卫生保护的权利。

(2) 建立机构，监督劳动法律、法规的实施。政府建立劳动监察机构，专门负责监督劳动法律、法规的实施；同时，构建多部门协同的监督机制，劳动监察机构与其他相关部门(如税务部门、工商部门等)合作，形成监督合力。这些机构的职责涵盖对用人单位遵守劳动法律、法规情况的全面检查，包括劳动合同签订、工资支付、工作时间和休息休假、社会保险缴纳、劳动安全卫生等多个方面。

(3) 宏观调控，促进劳资集体谈判。政府通过产业政策在第三方机制中发挥宏观调控作用。一方面，政府通过立法为劳资集体谈判提供坚实的制度保障。例如，制定和完善劳动法律、法规，明确工会的地位和职责，赋予劳动者集体谈判的权利。这些法律规定了集体谈判的程序、内容和双方的权利义务，使集体谈判有法可依，谈判过程规范有序。另一方面，政府还制定了具体的谈判规则，促进谈判的公平、公正进行。例如，规定谈判双方应在平等、自愿、诚信的基础上进行协商，不得采取威胁、强迫等不正当手段。

(4) 中立仲裁，调解劳动争议。政府主导建立劳动争议仲裁委员会和劳动争议调解组织。劳动争议仲裁委员会成员包括劳动行政部门代表、工会代表和企业方面代表，这种多元构成的方式保证了仲裁机构的中立性。例如，劳动行政部门凭借其专业知识和监管职责提供法律和政策方面的指导；工会代表能够充分表达劳动者的诉求；企业代表则从用人单位角度出发，权衡合理性与可行性，三方共同确保仲裁过程和结果的公正性。同时，政府通过宣传教育等方式，鼓励争议双方选择调解方式解决纠纷，调解人员根据法律、法规和实际情况，提出公平合理的调解方案。

资料链接

人力资源和社会保障部在劳动关系管理方面的职责

2008年3月，根据第十一届全国人民代表大会第一次会议批准的《国务院机构改革方案》和《国务院关于机构设置的通知》，原人事部与原劳动和社会保障部整合为人力资源和社会保障部。这一改革旨在优化政府机构设置，提高行政效率，更好地统筹和协调人力资源管理与社会保障工作。

人力资源和社会保障部在劳动关系管理方面的职责主要包括以下内容。

(1) 拟定政策法规。统筹拟订劳动人事争议调解仲裁制度和劳动关系政策，完善劳动关系协商协调机制；组织拟订消除非法使用童工政策和女工、未成年工的特殊劳动保护政策。

(2) 规范用工管理。组织实施劳动保障监察，依法查处和纠正违反劳动保障法律、法规或规章的行为；指导各地劳动行政部门的工作，管理部属企事业单位，指导相关学会、协会等社会团体的工作。

(3) 健全工作体系。统筹推进覆盖城乡的多层次社会保障体系，包括拟订养老、失业、工伤等社会保险及其补充保险政策和标准；组织拟订全国统一的社会保险公共服务平台建设规划并组织实施，推动建立统一规范的人力资源市场。

(4) 促进就业创业。负责促进就业工作，拟订统筹城乡的就业发展规划和政策，完善公共就业服务体系；统筹建立面向城乡劳动者的职业技能培训制度，拟订就业援助制度，牵头拟订高校毕业生就业政策。

(5) 维护和谐稳定。负责就业、失业和相关社会保险基金预测预警和信息引导，拟订应对预案，实施预防、调节和控制，保持就业形势稳定和相关社会保险基金总体收支平衡。

(6) 加强人才建设。牵头推进深化职称制度改革，拟订专业技术人员管理、继续教育和博士后管理等政策，负责高层次专业技术人才选拔和培养工作；拟订技能人才培养、评价、使用和激励制度，完善职业资格制度，健全职业技能多元化评价政策。

总之，这些职责旨在构建和谐稳定的劳动关系，促进经济社会持续健康发展。

二、政府在劳动关系转型中的任务

我国政府在劳动关系转型中承担着多方面的重要任务，包括完善法律法规与制度建设、促进就业与再就业、保障劳动者权益及促进劳动关系协调等。这些任务旨在构建更加和谐稳定的劳动关系，适应经济社会发展的新要求，保障劳动者的合法权益，促进经济社会的持续健康发展。

(一) 完善法律、法规与制度建设

1. 修订劳动法律、法规

政府根据经济、社会发展的新形势和新问题，及时修订和完善《劳动法》《劳动合同法》等相关法律、法规，如针对灵活用工、新业态用工等新情况，明确劳动者的权益保障范围和标准，填补法律空白，使劳动关系的调整有更完善的法律依据。

2. 加强劳动监察执法制度建设

建立健全劳动监察执法的长效机制，明确劳动监察机构的职责、权限和执法程序，加强对企业用工行为的监督检查，加大对违法违规行为的处罚力度，确保劳动法律、法规的有效实施。

(二) 保障劳动者的合法权益

维护广大劳动者的权益是社会主义制度的本质要求，是保障社会公平正义、促进社会和谐稳定的重要基础，也是调动劳动者积极性、主动性和创造性，推动经济社会发展的必然要求。

(1) 保障劳动报酬权益。政府要加强对工资支付的监管，打击拖欠工资行为。例如，建立工资保证金制度，要求企业在开工前缴纳一定比例的保证金，用于在企业拖欠工资时及时支付劳动者工资。同时，保障劳动者获得合理的工资增长机制，通过推动企业开展工资集体协商等方式，使劳动者的工资能够随着企业经济效益的增长和物价指数的上涨而合理调整。

(2) 加强劳动保护与安全生产监管。制定和实施严格的劳动安全卫生标准和监管制度，加强对企业生产环境的监督检查，督促企业改善劳动条件，预防和减少职业危害和工伤事故的发生，保障劳动者的生命健康权。要求企业提供安全的工作场所和必要的劳动防护用

品。例如，在建筑行业，规定施工现场必须设置安全防护网、安全帽等基本防护设备，对不符合安全标准的企业责令整改，情节严重的予以关停。

(3) 推进社会保障体系建设。完善养老保险、医疗保险、失业保险、工伤保险和生育保险等社会保险制度，扩大社会保障覆盖范围，提高社会保障水平，确保劳动者在养老、医疗、失业、工伤和生育等方面的合法权益得到有效保障。

(4) 维护劳动者的休息休假权利。政府通过法律、法规明确劳动者的法定节假日、带薪年假等休息权利。加强对企业执行工作时间和休息休假制度的监督检查，依法查处违法延长工作时间、不安排年休假等行为，保障劳动者的休息权和休假权，使劳动者有足够的时间恢复体力和精力，平衡工作和生活。

资料链接

刘某双重身份诉公司支付劳动报酬案

2017年10月26日，刘某参与某公司的设立并持股25%。刘某从事办公室的内勤工作。该公司自2017年11月起向刘某支付部分工资报酬、过节福利，并自2019年1月缴纳社会保险费等至2021年。后刘某申请劳动仲裁，要求公司支付其2020年4月至离职前的工资差额、年休假工资等。后诉至法院。

裁判结果：宿城区人民法院经审理认为，刘某是该公司股东，但也长期、稳定从事办公室内勤工作，此时刘某系作为普通劳动者身份提供劳动，公司也向刘某固定发放工资、缴纳社会保险费，符合劳动关系的认定标准。法院遂判决该公司向刘某支付工资差额、年休假工资等89 344元。

分析：

《劳动合同法》等法律、法规适用于企业等组织和与其建立劳动关系的劳动者。作为公司股东，法律并未限制或剥夺股东作为劳动者的权利和资格，拥有股东身份并不必然导致禁止与公司建立劳动关系。是否存在劳动关系的关键在于用人单位与股东之间是否存在管理与被管理、支配与被支配的关系。本案中，刘某拥有公司股东和劳动者双重身份，刘某作为劳动者的合法权益应受法律保护。本案提醒用人单位，如果公司股东作为劳动者向公司提供劳动，用人单位应当保障其作为劳动者的各项待遇，政府通过法律、法规来保障劳动者的合法权益。

(三) 促进就业与再就业

1. 推动经济发展，创造就业机会

通过制定和实施产业政策、区域发展政策等，促进经济结构调整和转型升级，创造更多的就业岗位。鼓励发展新兴产业、服务业和中小企业，扩大就业规模，提高就业质量。

2. 加强职业培训与技能提升

加大对职业技能培训的投入，建立政府引导、社会参与的职业培训体系。例如，在中等职业教育方面，加强与企业的合作，开设符合市场需求的专业课程，如数控技术、汽车维修等专业，使学生在学校就能掌握实用的职业技能。在高等职业教育中，开展产学研合作，鼓励企业参与学校的人才培养方案制定，共同建设实训基地，培养高技能应用型人

才。根据市场需求和产业发展方向，开展针对性的职业技能培训，提高劳动者的技能水平和就业能力，缓解就业结构性矛盾。

3. 做好失业人员再就业工作

完善公共就业服务体系，为失业人员提供就业信息、职业指导、职业介绍等服务。对就业困难人员提供就业援助，开发公益性岗位，帮助其实现再就业。

(四) 发挥工会在劳动关系管理中的积极作用

工会是党联系职工群众的桥梁和纽带，是党治国理政的一项经常性、基础性工作。其基本职责是维护职工合法权益，要把竭诚为职工群众服务作为一切工作的出发点和落脚点，帮助职工群众通过正常途径依法表达利益诉求，把党和政府的关怀送到广大劳动群众心坎上。

工会是劳动者利益的代表者和维护者。在集体协商中，工会代表劳动者与企业进行工资、工作条件等方面的谈判。例如，工会收集劳动者对工资增长的期望、对工作环境改善的建议等诉求，与企业管理层进行平等协商，争取达成双方都能接受的集体合同。在协商过程中，工会要充分考虑企业的经营状况和承受能力，同时也要坚定地维护劳动者的合法权益。

思考题

1. 简述雇主的基本概念与内涵。
2. 雇主组织通常有哪些形式？
3. 简述雇主组织在劳动关系中的作用。
4. 政府在劳动关系中主要充当哪些角色？
5. 我国政府在劳动关系转型中主要起什么作用？
6. 我国政府在劳动关系转型中要完成哪些任务？

案例讨论题

"提振经济的好做法" 不用申请也能享优惠

"什么？还没申请，奖补资金就到账了？"最近，一条"免申即享"惠企政策兑现的好消息传来，让健进制药战略发展总监王娟直呼"简直不敢相信自己的眼睛"！

那天，进出口贸易数据刚刚发布，健进制药就收到通知：企业进出口规模和增长速度达到奖补要求，不用申报，即可享受成都高新区支持生物医药企业稳定和扩大进出口规模的惠企政策。

待健进制药确认基本信息后，资金很快划入企业账户。

"这笔资金到账，相当于我们的物流成本一下子降低了8%！"王娟难掩兴奋。

健进制药是一家主要面向欧美市场出口无菌注射剂的生物制药企业，落户成都高新区十多年，也曾享受过不少惠企政策。怎么这一次，让王娟尤为高兴呢？

"以前是企业找政策，现在是政策找企业！"最让王娟高兴的是"免申即享"惠企政策，"只要企业符合政策条件，就可以免申请，不用自证，没有等待，奖补直接到账，这给我们企业省下了很多隐性成本，我们可以集中精力发展核心业务。"

企业那么多，怎么知道哪些企业符合免申条件呢？

"这就是我们多年耕耘形成的优势——人工智能和大数据！"四川成都高新区发展改革局企业服务中心副主任王瑞告诉记者，"这些年，我们下大力气推进政府部门的信息化建设和数据共享，依托大数据对政策和企业'双画像'，可以快速精准筛选出符合政策条件的企业。"

数据显示，自2020年启动试点以来，成都高新区不断扩大"免申即享"工作覆盖面，拨付资金超3亿元，惠及企业6000多家。

讨论与思考：

1. 我国政府在上述案例中的政策对企业发展产生了哪些积极影响？

2. 从该案例中可以看出，我国政府在推动社会经济发展中还需要在哪些方面进一步加强工作？

第五章

劳动合同管理

学习目标

1. 了解劳动合同的概念。
2. 学会劳动合同的订立与续订。
3. 掌握劳动合同的履行与变更。
4. 学会劳动合同的解除与终止。
5. 理解劳动合同的特殊规定。

扫码看详图

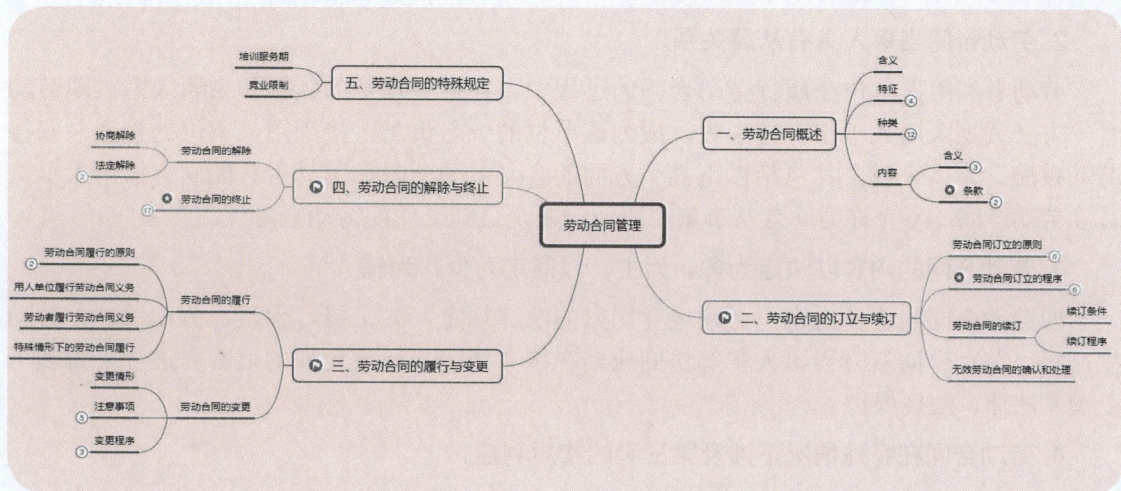

劳动合同是企业进行劳动关系管理和人力资源管理的重要手段与工具，也是处理劳动争议的法律依据。建立劳动合同有利于保护用人单位和劳动者的合法权益，促进劳动力的有序流动及合理使用。准确把握劳动合同的概念，正确认识劳动合同的订立，全面掌握劳动合同的履行与变更、解除与终止，对于用人单位进行劳动合同管理具有重要意义。

第一节 劳动合同的概述

一、劳动合同的概念

(一) 劳动合同的含义

劳动合同又称"劳动契约"或"劳动协议"，是劳动者与用人单位之间，为明确相互之间的权利和义务而达成的关于劳动关系的书面协议。员工进入企业工作，企业应根据《劳动法》《劳动合同法》等劳动法律、法规，依法订立劳动合同，从而对员工和企业双方当事人产生约束力。如果发生劳动争议，劳动合同是员工关系管理者处理劳动争议的直接证据和依据。除合同文本外，企业和员工双方还可以协商制定劳动合同的附件，进一步明确双方的权利、义务等具体内容，附件和合同文本具有同样的法律效力。

劳动合同是合同的一种，它具有合同的一般特征。只有双方当事人在平等自愿、协商一致的基础上达成一致时，合同才成立。合同一经订立，就具有法律约束力。

(二) 劳动合同的特征

1. 劳动合同的主体是特定的

主体一方必须是具有法人资格的用人单位或能够独立承担民事责任的经济组织和个人，即雇主；另一方是具有劳动权利能力和劳动行为能力的劳动者，即员工。

2. 劳动合同当事人具有从属关系

劳动者和用人单位在履行劳动合同的过程中，存在管理中的依从和隶属关系，即劳动者一方必须加入用人单位一方中去，成为该单位的一名员工，接受用人单位的管理并取得劳动报酬。具体来说，其包括以下几个方面的含义：同一时期劳动者只能同一家用人单位订立劳动合同；不允许劳动者从事第二职业，非全日制工作的劳动者除外。

3. 劳动合同的内容以法定为多、为主，以商定为少、为辅

即劳动合同的许多内容，必须遵守国家的法律规定，如工资，保险，劳动保护，劳动生产等，劳动合同双方当事人平等协商应当在国家法律、法规允许的范围内进行，否则不受国家法律、法规保护。

4. 劳动合同在特殊情况下涉及第三者的物质利益

即劳动合同内容享受的物质帮助权，如劳动者死亡后遗属待遇等。

二、劳动合同的种类

劳动合同根据不同的划分方式，可以分为以下几种类型。

(一) 按照劳动合同产生的方式划分

按照劳动合同产生的方式划分，可分为录用合同、聘用合同、借调合同和劳务派遣合同。

1. 录用合同

录用合同是指用人单位通过面向社会公开招收、择优录用的方式所签订的劳动合同。录用合同一般适用于在劳动力市场上公开招聘劳动者。

2. 聘用合同

聘用合同是指用人单位与被聘用劳动者之间签订明确双方责、权、利的劳动合同，聘用合同一般适用于聘请专家、顾问、管理人员和其他专业人才。比如，我国事业单位招聘工作人员就是使用聘用合同。

3. 借调合同

借调合同是指借调单位、被借调单位与借调人员之间确定借调关系、明确相互间权利和义务的劳动合同。借调合同是用人单位间调剂余缺、相互协作而签订的劳动合同，适用于工作岗位配置不协调、人力资源缺乏的单位，也适用于工作岗位配置合理、人力资源较丰富的用人单位。

4. 劳务派遣合同

劳务派遣合同是指劳务派遣单位按照用工单位的要求招收劳动者并与之订立的劳动合同。在这种特殊的用工形式下，劳务派遣单位与被派遣劳动者建立劳动关系，但是被派遣劳动者的劳动过程通常由用工单位管理，被派遣劳动者的工资和各项社会保险费待遇由用工单位提供给劳务派遣单位，劳务派遣单位支付被派遣劳动者工资并为被派遣劳动者办理参加社会保险、登记、缴费等方面的事务。劳务派遣的最大特点是劳动力雇佣与劳动力使用相分离，被派遣劳动者不是与用工单位订立劳动合同和建立劳动关系的，而是与派遣单位建立劳动关系形成有关系、没劳动，有劳动、没关系的特殊形态。劳务派遣具有用工灵活、转移风险等特点，一般在临时性、辅助性或者替代性的工作岗位实施。

(二) 按照劳动合同的期限划分

按照劳动合同的期限划分，可分为固定期限劳动合同、无固定期限劳动合同和以完成一定工作任务为期限的劳动合同。

1. 固定期限劳动合同

固定期限劳动合同，是指用人单位与劳动者约定合同终止时期的劳动合同，具体是指劳动合同双方当事人在劳动合同中明确规定了合同效力的起始和终止时期，劳动合同期限届满，劳动关系即告终止。如果双方协商意思表示一致，可以继续订立劳动合同，延长期限。固定期限劳动合同可以是长期劳动合同(5~10年)、中期劳动合同(1~5年)或短期劳动合同(1年或者几个月)。然而不管时间长短，劳动合同的起始和终止日期都是固定的，具体期限由当事人双方根据工作需要和实际情况确定。

2. 无固定期限劳动合同

无固定期限劳动合同，是指用人单位与劳动者约定无确定终止时间的劳动合同。无确定终止时间是指劳动合同没有一个确切的终止时间，劳动合同的期限长短不能确定，但并不是没有终止日时间。只要没有出现法律规定的条件或者双方约定的条件，双方当事人就要继续履行劳动合同规定的义务，一旦出现了法律规定的情形，无固定期限劳动合同同样能够解除，这种合同通常适用于工作保密性强、技术复杂、需要保持人员稳定的岗位。

3. 以完成一定工作任务为期限的劳动合同

以完成一定工作为期限的劳动合同，是指以完成某项工作或者某项工程的日期作为劳动合同终止日期的劳动合同。该项工作或者工程开始的时间就是劳动合同履行的起始时间，该项工作或者工程一旦完成，劳动合同随即终止。这种劳动合同实际上是一种特殊的固定期限劳动合同。该合同通常适用于建筑业、交通和水利工程等项目。

(三) 按照用工形式划分

按照用工形式划分，劳动合同可分为全日制劳动合同和非全日制劳动合同。

1. 全日制劳动合同

全日制劳动合同，是指劳动者按照国家法定劳动时间的规定，从事全时工作的劳动合同。我国《劳动法》和《国务院关于修改<国务院关于工作时间的规定>的决定》规定，实行每日8小时、每周40小时的工作制。

2. 非全日制劳动合同

非全日制劳动合同，是指劳动者按照国家法定劳动时间的规定，从事部分工作时间的劳动合同。非全日制劳动合同是劳动合同的一种特殊形式。非全日制劳动合同约定以小时计酬为主，劳动者在同一用人单位一般平均日工作时间不超过4小时，周工作时间累计不超过24小时。

三、劳动合同的内容

(一) 劳动合同内容的含义

劳动合同的内容，是指运用劳动合同确定的劳动关系当事人的权利和义务。其内容体现了劳动关系当事人的各项要求。依据劳动合同，劳动者一方面向用人单位提供劳动；另一方面从用人单位取得维持劳动力再生产的劳动报酬。用人单位一方面安排劳动者从事劳动活动；另一方面依据劳动者提供劳动的数量和质量支付劳动报酬。

1. 劳动合同的内容必须以书面的形式确定

劳动合同必须采用书面形式订立，书面劳动合同为劳动关系当事人提供了得到法律、法规认可的依据。我国《劳动合同法》规定，用人单位与劳动者未订立书面劳动合同，但已建立劳动关系事实的，应当自开始用工之日起一个月内与劳动者订立书面劳动合同；用人单位自用工之日起超过一个月但未满一年没有与劳动者订立书面劳动合同的，应当自劳动合同订立之日起每月向劳动者支付两倍的工资。

2. 劳动合同的内容具有特定性

劳动合同的内容是依据劳动任务程序和目标订立的，劳动合同的内容规定了劳动关系双方当事人的权利和义务，劳动合同的内容具有特定性。

3. 劳动合同的内容具有具体性

劳动合同约定的权利和义务必须是具体的、明确的，是双方当事人行为的准则和依据，即劳动合同的内容具有具体性。

(二) 劳动合同的条款

劳动合同的内容具体表现为劳动合同的条款。劳动合同的条款可分为法定条款和约定条款。

1. 法定条款

劳动合同的法定条款，是指法律规定的劳动合同必须具备的内容。如果劳动合同缺少法律规定的必备条款，劳动合同则不能成立。《劳动合同法》规定的法定条款包括以下内容。①用人单位的名称、住所和法定代表人或者主要负责人。②劳动者的姓名、住址和居民身份证或者其他有效身份证件号码。③劳动合同期限。劳动合同当事人签订的劳动合同可选择固定期限、无固定期限或以完成一定工作为期限的劳动合同。④工作内容和工作地点。工作内容包括劳动者从事劳动的岗位、工作性质、工作范围，以及劳动生产任务所要达到的效果、质量指标等。工作地点是指用人单位安排劳动者在何处从事工作。⑤工作时间和休息休假。其内容包括：工作制度、计件工作时间、周休日、法定节假日、一般情况和特殊情况下的加班加点、用人单位加班加点的禁止、加班加点的工资支付和年休假制度。⑥劳动报酬。其包括工资标准、支付日期、地点和方式，奖金、津贴的获得条件及标准。⑦社会保险。我国社会保险项目主要有养老保险、失业保险、工伤保险、医疗保险和生育保险。⑧劳动保护、劳动条件和职业危害防护。劳动保护包括用人单位必须提供的生产、工作条件和劳动安全卫生保护措施，以保证劳动者在完成劳动任务过程中的安全健康。劳动条件包括必要的劳动工具、工作场所和设备、劳动防护用品等。职业危害防护是指对劳动者因从业过程中存在的各种有害的化学、物理、生物及其他因素，而使其可能患职业病的各种危害进行防护。⑨法律、法规规定应当纳入劳动合同的其他事项。

2. 约定条款

劳动合同的约定条款，是指对于某些事项法律不做强制性规定，可由当事人根据意愿选择是否在合同中约定的条款。约定条款的有无不影响其效力。某些关系到劳动者切身利益的重要内容，并不是在每个劳动合同中都应当具备，因此法律不能将其设定为法定条款，而只能予以特别提示。劳动合同除规定的法定条款外，用人单位与劳动者可以协商约定如下条款：试用期、培训、保守商业秘密、补充保险和福利待遇等相关事项。

(1) 试用期。试用期是指对新录用的劳动者进行试用的期限。用人单位与劳动者可以在劳动合同中就试用期的期限和试用期期间的工资待遇等事项做出约定，但不得违反法律有关试用期的规定。《中华人民共和国劳动合同法》第十九条规定，劳动合同期限三个月以上不满一年的，试用期不得超过一个月；劳动合同期限一年以上不满三年的，试用期不得超过二个月；三年以上固定期限和无固定期限的劳动合同，试用期不得超过六个月。试用期包含在劳动合同期限内。非全日制劳动合同，不得约定试用期，以完成一定工作任务为期限的劳动合同或者合同期限不满三个月的，不得约定试用期限。而且，同一用人单位与同一劳动者只能约定一次试用期。试用期包含在整个劳动合同期限之内，不允许单独约定试用期。

(2) 培训。培训是按照职业或工作岗位对劳动者提出的要求，以开发和提高劳动者的职业技能为目的的教育和训练过程。企业应建立健全职工培训的规章制度，根据本单位的实际对职工进行在岗、转岗、晋升、转业培训，对新录用人员进行岗前培训，并保证培训经费和其他培训条件。职工应按照国家规定和用人单位安排参加培训，自觉遵守培训的各项规章制度，并履行培训合同规定的各项义务，服从用人单位工作安排，做好本职工作。

(3) 保守商业秘密。商业秘密是不为大众所知的，能为权利人带来经济利益，具有实用性，并经权利人采取保密措施的技术信息和经营信息。劳动者因工作需要了解或掌握了所在用人单位的技术信息或经营信息等资料，用人单位可以在合同中就保守商业秘密的具体内容、方式、时间等，与劳动者约定，防止自身的商业秘密被侵占或泄露。在合同中可以具体订立保守商业秘密的条款和竞业限制的条款。

(4) 补充保险。补充保险是指除国家基本保险外，用人单位根据自己的实际情况为劳动者投保的一种保险，包括补充医疗保险、补充养老保险等。用人单位必须在参加基本保险并按时足额缴纳基本保险费的前提下，才能实行补充保险。补充保险的投保依用人单位的经济承受能力而定，由用人单位自愿实行，国家不做强制的统一规定。

(5) 福利待遇。福利待遇包括住房补贴、通信补贴、交通补贴、子女教育等。不同的用人单位福利待遇有所不同。

资料链接

张某未签劳动合同诉求双倍劳动报酬案

张某于2014年1月2日进入上海某公司工作，双方签订期限为2014年1月2日至2015年1月1日的劳动合同，该劳动合同约定：本合同期满日30天之前，双方的任何一方若没有书面通知对方终止本合同，则本合同自动延续1年(以下简称"争议条款")。

该公司于2016年9月13日向张某发出《劳动合同签署通知》，该通知载明：请于2016年9月14日至2016年9月23日到人力资源部门续签劳动合同。

张某称按照双方签订的期限为2014年1月2日至2015年1月1日的劳动合同约定的"争议条款"，双方劳动合同延续至2016年1月1日。2016年1月1日之后，公司未与其重新签订劳动合同。2016年9月14日，张某在桌上发现公司的《劳动合同签署通知》通知其于2016年9月23日之前去人事部续签劳动合同，张某因一直翻班忘记续签；公司于2016年11月通知与张某签订新版劳动合同，虽然新版劳动合同在张某的工作岗位、工作地点、工作时间和工资待遇方面没有发生变化，但是发薪日，还有一些福利政策发生了变化，故张某未同意与该公司签订新版劳动合同。

张某向上海市劳动人事争议仲裁委员会申请仲裁，要求公司支付2016年2月1日至2016年12月31日未签订书面劳动合同双倍工资差额70 027.47元。上海市劳动人事争议仲裁委员会认为未有充分有效的证据显示用人单位存在不签订书面劳动合同的主观恶意，对张某的请求不予支持。

张某不服劳动仲裁裁决而提起诉讼，请求被告支付2016年2月21日至2016年9月12日期间未签订书面劳动合同的双倍工资差额25 260元。法院判决被告支付未签订劳动合同双倍工资差额25 133.10元。

第二节　劳动合同的订立与续订

一、劳动合同订立的原则

劳动合同的订立，强调的是当事人订立劳动合同的行为或过程。合同的成立所体现的是合同订立的活动过程，它表明当事人就合同的主要内容已达成合意，即意思表示一致。《劳动合同法》第三条规定："订立劳动合同，应当遵循合法、公平、平等自愿、协商一致、诚实信用的原则。"

(一) 合法原则

合法是劳动合同有效的前提条件。所谓合法，就是劳动合同的形式和内容必须符合现行法律、法规的规定。首先，劳动合同的形式要合法。除一些非全日制用工外，劳动合同必须以书面形式订立，如果当事人通过口头形式订立合同，当双方发生争议时法律不承认其效力，用人单位要承担不订立书面合同的法律后果。其次，劳动合同的内容要合法。如果劳动合同的内容违法，劳动合同不仅不受法律保护，当事人还要承担相应的法律责任。

(二) 公平原则

公平原则是指劳动合同的内容应当公平、合理，在符合法律规定的前提下，劳动合同双方公正、合理地确立双方的权利和义务。劳动法律、法规规定的往往是一个最低标准，在此基础上双方自愿达成协议就是合法的；但有时合法的未必公平合理，应该注意的是用人单位不能滥用优势地位，迫使劳动者订立不公平的合同或者接受霸王条款。

(三) 平等原则

平等原则是指劳动者和用人单位订立劳动合同时，在法律地位上是平等的，没有高低、从属之分，不存在命令和服从、管理和被管理的关系。只有地位平等，双方才能自由表达真实的意思。值得注意的是，这里讲的平等仅仅是法律上的平等或形式上的平等，而在某些情况下劳动者和用人单位的地位很难做到平等，如当劳动力供大于求时，这就要求用人单位要坚持依法和自律的原则，订立劳动合同时不附加外来的不平等条件。

(四) 自愿原则

自愿原则是指订立的劳动合同完全是出于劳动者和用人单位双方的真实意志，是双方协商一致达成的，任何一方不得把自己的意志强加给另一方。自愿原则包括是否订立合同、与谁订立合同，以及合同的内容都要本着双方自愿的原则，任何单位和个人均不得强迫劳动者订立劳动合同。

(五) 协商一致原则

协商一致原则就是用人单位和劳动者要对合同的内容达成一致意见，一方不能凌驾于另一方之上，不得把自己的意志强加给对方，也不能强令、胁迫对方订立劳动合同。在订立劳动合同前，用人单位和劳动者都要仔细研究合同的每项内容，进行充分的沟通和协商，解决分歧，达成一致意见。

(六) 诚实信用原则

诚实信用原则是指在订立劳动合同时，双方均不得隐瞒各自真实情况，更不容许有任何欺诈行为。用人单位在招用劳动者时，应当如实告知劳动者有关工作内容、工作条件、工作地点、职业病危害、安全生产状况、劳动报酬和劳动者要求了解的其他情况；劳动者对于用人单位有权了解的关于劳动者与劳动合同直接相关的基本情况也负有如实说明的义务。

二、劳动合同订立的程序

邀约和承诺是合同订立的两个阶段。劳动合同订立程序和其他合同订立程序的主要区别在于：劳动合同的被邀约方在开始时是不确定的，需要首先确定被邀约方，即确定与用人单位签订劳动合同的劳动者才能完成邀约承诺的全过程。确定邀约人是用人单位人力资源招聘甄选录用程序的连续环节之一。劳动合同的订立程序，如图5-1所示。

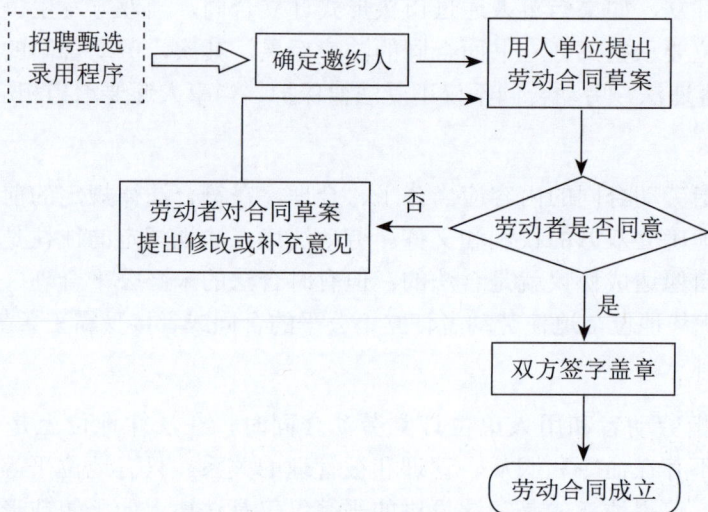

图 5-1　劳动合同订立程序图

三、劳动合同的续订

我国现行《劳动合同法》对劳动合同的续订有如下规定。

(一) 续订条件

劳动合同期满，如果双方协商一致，可以续订劳动合同。续订劳动合同双方可以就劳动合同的具体内容和条款重新进行协商，也可以在不变更原劳动合同内容的情况下进行续订，续订劳动合同不得约定试用期。

(二) 续订程序

通常情况下，一般的劳动合同续订需要经历以下几个程序。

1. 用人单位发出续订意向

用人单位根据考核情况，在劳动合同到期前做出续订合同与否的决定。如果续订合同，应该在合同到期前30~60天内向劳动者发出劳动合同续订意向书；对于关键重要岗位员工的续订，应该在合同到期前更长一段时间内提前发出续订意向书。

2. 员工做出续订决定

员工在收到企业或用人单位的续订意向书后，决定是否与企业续订劳动合同。如果同意续订，则在"劳动合同续订意向书"的回执上签署"同意续签"的意见后反馈给人力资源部门；如果不同意续订，则应该在规定的时间期限范围内做出不续订的书面答复，并于合同到期前7日内办理离职相关手续。

3. 双方协商一致签续订合同

劳动者与用人单位双方重新对合同的内容、条款进行考虑或协商，达成一致意见后，双方签字盖章，合同成立，续订程序结束。

四、无效劳动合同的确认和处理

(一) 无效劳动合同的确认

无效劳动合同是指所订立的劳动合同不符合法定条件，不能发生当事人预期的法律后果的劳动合同。这类合同从订立时起就没有法律约束力，任何一方当事人不得根据无效的劳动合同要求另一方履行或承担违约责任。

1. 违法订立

劳动合同因违反国家法律、行政法规的强制性规定而无效。无效的劳动合同主要包括以下几个方面。

(1) 用人单位和劳动者中的一方或者双方不具备订立劳动合同的法定资格。

(2) 劳动合同的内容直接违反法律、法规的规定。

(3) 劳动合同因损害国家利益和社会公共利益而无效。无效主要指与国家制定的关于劳动者最基本劳动条件的法律、法规，包括最低工资法、工作时间法、劳动安全与职业卫生法等相违背。

2. 欺诈和胁迫订立

因采取欺诈、胁迫等手段而订立的劳动合同无效。欺诈是指当事人一方故意制造假象或隐瞒事实真相，欺骗对方，诱使对方形成错误认识而与之订立劳动合同。欺诈的种类很多，主要包括以下几个方面。

(1) 在没有履行能力的情况下签订合同。如根据《劳动法》的规定，从事特种作业的劳动者必须经过专门培训并取得特种作业资格。如果应聘者没有这种资格，提供了假的资格证书，就构成了欺诈。

(2) 行为人负有义务向他方如实告知某种真实情况而故意不告知。采取欺诈手段订立的劳动合同是无效的。

胁迫是指当事人以将要发生的损害或者以直接实施损害相威胁，一方迫使另一方处于恐怖或者其他被威胁的状态而订立劳动合同。

3. 霸王条款式合同

霸王条款式合同，又称不平等格式合同，指一些经营者单方面制定的，旨在逃避法定义务、减免自身责任，违反公平原则，不合理地免除提供方的责任，同时加重对方的责任或限制对方主要权利的不平等格式合同等。如规定"用人单位有权根据生产经营变化及劳动者的工作情况调整其工作岗位，劳动者必须服从单位的安排""劳动者生老病死与用人单位无关"等均属于霸王条款。

劳动合同是否有效，由劳动争议仲裁机构或者人民法院确认，其他任何部门或者个人都无权认定劳动合同无效。

(二) 无效劳动合同的处理

无效劳动合同从订立起就没有法律效力。确认劳动合同部分无效的，如果不影响其余部分的效力，其余部分仍然有效。劳动合同双方当事人，对劳动合同法律效力发生争议时，应由劳动争议仲裁委员会或人民法院确认。劳动合同被认定为无效后，应及时处理。

1. 确认全部无效还是部分无效

对于全部无效的劳动合同，制作无效劳动合同确认书，终止仲裁审理程序；对于部分无效的劳动合同，以裁定方式终止仲裁程序，有效部分按仲裁程序审理。

2. 分清造成无效的责任

对无效劳动合同造成的损失，应分清责任轻重，分别采取返还财产、赔偿损失的责任处理方式。劳动合同被确认为无效后，劳动者已经履行劳动合同的，用人单位应当支付相应的劳动报酬，提供相应的待遇。劳动报酬的数额参考用人单位同类岗位劳动者的劳动报酬确定，用人单位无同类岗位的，按照本单位员工平均工资确定。

因用人单位的过错导致劳动合同无效的，不仅要求用人单位支付劳动报酬、社会保险、经济补偿及其他劳动者应享受的待遇，同时还要对其给予相应的制裁。在合同被确认无效后，如果因为劳动者的过错导致劳动合同的无效而给用人单位造成损失的，劳动者应当赔偿用人单位的财产损失。

3. 重建有效合同

在法律允许和当事人愿意的情况下，双方可以重新建立合法有效的劳动合同关系。

资料链接

李某合同代签案

张某与妻子李某同在某纺织公司上班。2015年12月31日，李某与公司的劳动合同期满，公司向李某提出再续签3年期限的劳动合同，并要求她次日办理相关手续，李某同意。次日，张某来到人事部，称李某生病住院，已经向车间领导请过假，自己可以代为签字。考虑到他与李某的关系，公司与张某办理了续签手续，张某将其中一份合同文本带回，交由李某保管。2017年1月，公司因李某连续旷工5日，严重违反公司的规章制度，单方解除了双方的劳动关系。随后，李某提起仲裁申请，以公司没有与其续签书面劳动合同为由，要求公司支付2倍工资差额。

分析：

《劳动合同法》第三条规定，订立劳动合同，应当遵循合法、公平、平等自愿、协商一致、诚实信用的原则。因此，在征得劳动者同意的情况下，由被委托人代签的劳动合同，只要遵循上述劳动合同订立的原则，应当视为劳动者本人的意思表示。原《中华人民共和国民法通则》第六十六条规定，本人知道他人以本人名义实施民事行为而不作否认表示的，视为同意。本案中，虽然签字的不是李某本人，但她事先表示过同意续订，因此续签合同应视为她的真实意思表示。李某告知并要求同在公司上班的丈夫张某代为签字，双方即形成了委托与受委托的法律关系。劳动合同续订成功后，张某将其中一份合同文本带回，交由李某保管。这些都表明李某知晓张某以自己的名义实施了代签的行为，也知悉代签劳动合同文本的内容，但未作否认表示，视为同意。之后在公司工作的一年时间里，她也未就合同提出过任何异议，应视为以实际行动确认了劳动合同。

综上，应当认定张某代为续签的劳动合同具备法律效力。

第三节 劳动合同的履行与变更

一、劳动合同的履行

劳动合同履行，是指劳动合同的双方当事人按照生效后的劳动合同约定，履行各自的义务、享受各自权利的行为。《劳动合同法》第二十九条规定，用人单位与劳动者应当按照劳动合同的约定，全面履行各自的义务。

(一) 劳动合同履行的原则

劳动合同履行应遵循以下原则。

1. 全面履行原则

全面履行原则，指劳动合同双方当事人必须按照合同约定的时间、期限、地点，用约定的方式，按质、按量全部履行自己承担的义务。双方当事人既不能只履行部分义务而将其他义务置之不顾，也不得擅自变更合同，更不能任意不履行合同或者解除合同。全面履行原则有助于维护劳动合同的严肃性和稳定性，保障双方当事人的合法权益，确保劳动关系的和谐稳定发展。

2. 合法原则

合法原则，指的是劳动合同双方当事人在履行劳动合同过程中，必须遵守法律、法规，不得有违法行为。

(1) 主体合法。劳动者和用人单位都应当具备相应的法律资格。对于劳动者而言，应当达到法定的就业年龄，通常是16周岁以上，并且具备劳动能力，能够履行劳动合同约定的劳动义务；对于用人单位而言，必须是依法成立，而且应当在其登记注册的经营范围和经营期限内从事经营活动。

(2) 内容合法。劳动合同的条款内容必须符合法律、法规的规定。

(3) 程序合法。劳动合同的履行、解除和终止在程序上都要合法。

需要注意的是，劳动合同履行地与用人单位注册地不一致的，有关劳动者的最低工资标准、劳动保护、劳动条件、职业危害防护和本地区上年度职工月平均工资标准等事项，执行劳动合同履行地的有关规定；用人单位注册地的有关标准高于劳动合同履行地的有关标准，且用人单位与劳动者约定按照用人单位注册地的有关规定执行的，从其约定。

(二) 用人单位与劳动者履行劳动合同的义务

1. 用人单位的义务

用人单位应当按照劳动合同约定和国家规定向劳动者及时足额支付劳动报酬。如果用人单位拖欠或者未足额支付劳动报酬，劳动者可以依法向当地人民法院申请支付令，人民法院应当依法发出支付令；用人单位应当严格执行劳动定额标准，不得强迫或者变相强迫劳动者加班。用人单位安排加班的，应当按照国家有关规定向劳动者支付加班费用；用人单位应当保护劳动者的生命安全和身体健康。劳动者拒绝用人单位管理人员违章指挥、强令冒险作业的，不视为违反劳动合同，劳动者对危害生命安全和身体健康的劳动条件，有权对用人单位提出批评、检举和控告。

2. 劳动者的义务

劳动者在履行劳动合同过程中，除要执行《劳动法》《劳动合同法》相关规定外，还应当承担以下义务：遵守国家法律、法规，遵守用人单位的规章制度；完成劳动合同约定的工作内容，如果从事兼职，不能影响本单位的工作任务；遵守劳动合同中约定的特定事项的义务。特定事项主要包括约定服务期、约定保守用人单位的商业秘密及与知识产权相关的保密事项。

(三) 特殊情形下的劳动合同履行

(1) 《劳动合同法》第三十三条规定，用人单位变更名称、法定代表人、主要负责人或者投资人等事项，不影响劳动合同的履行。相关事项依法进行变更登记后，劳动合同继续有效，双方当事人应当按照劳动合同的约定继续履行，不需要重新签订劳动合同。

(2) 《劳动合同法》第三十四条规定，用人单位发生合并或者分立等情况，原劳动合同继续有效，劳动合同由承继其权利和义务的用人单位继续履行。根据《中华人民共和国民法典》第六十七条规定，法人分立的，其权利和义务由分立后的法人享有连带债权，承担连带债务，但是债权人和债务人另有约定的除外。

二、劳动合同的变更

劳动合同变更，是指劳动合同双方对已生效的劳动合同条款达成修改或补充协议的行为。《劳动合同法》规定，用人单位与劳动者协商一致，可以变更劳动合同约定的内容。变更劳动合同，应当采用书面形式。变更后的劳动合同文本由用人单位和劳动者各执一份。劳动合同变更时，如在协商过程中无法达成一致，发生争议，任何一方都可以向劳动人事争议仲裁委员会申请仲裁。

(一) 变更的情形

变更劳动合同的情形，一般包括以下几个方面。

(1) 双方当事人经协商，达成一致变更劳动合同。一般情况下，用人单位与劳动者协商一致便可就劳动合同约定的内容进行变更。在变更劳动合同时，用人单位和劳动者之间应当采取自愿协商的方式，不允许合同的一方当事人未经协商单方面变更劳动合同。如果在协商过程中任何一方当事人不同意所要变更的内容，则该部分内容的合同变更不能成立，原有的合同依然具有法律效力。需要注意的是，在劳动合同变更过程中依然需要遵循合法、公平、平等自愿、协商一致和诚实信用的原则。

(2) 订立劳动合同时，所依据的法律、法规已经修改或废止，导致劳动合同中的部分条款内容与之相悖或失去依据而必须修改。

(3) 用人单位受有关产业政策影响或根据市场变化决定转产或调整生产任务等经济因素影响，导致劳动合同需要变更。

(4) 劳动合同订立时所依据的客观情况发生重大变化，致使劳动合同无法履行，导致劳动合同需要变更。所谓劳动合同订立时所依据的客观情况发生重大变化，主要是指由于不可抗力的发生，原来合同的履行成为不可能或者失去意义；由于物价大幅上涨等客观经济情况变化，劳动合同的履行会花费太大代价而失去经济上的价值等。这些客观原因的出现，使当事人原来的劳动合同中约定的权利义务的履行成为不必要或者不可能。

(5) 劳动者的身体健康状况发生变化，如劳动者患病或者非因工负伤，在规定的医疗期满后不能从事原工作，由用人单位另行安排工作，需要变更劳动合同。

(6) 劳动者所在岗位与其职业技能不相适应而不能胜任工作或者劳动者职业技能提高了一定等级，如果继续履行原合同规定的义务对劳动者存在明显不公平而被调整了工作岗位，需要变更劳动合同。

此外，《最高人民法院关于审理劳动争议案件适用法律若干问题的解释(四)》第十一条规定，变更劳动合同未采用书面形式，但已经实际履行了口头变更的劳动合同超过一个月，且变更后的劳动合同内容不违反法律、行政法规、国家政策以及公序良俗，当事人以未采用书面形式为由主张劳动合同变更无效的，人民法院不予支持。

(二) 变更时应注意的问题

变更劳动合同应注意以下问题。

1. 有效时间

变更劳动合同必须在劳动合同依法订立之后，在合同没有履行或者尚未履行完毕之前的有效时间内进行，即劳动合同双方当事人已经存在劳动合同关系。如果劳动合同尚未订立或者已经履行完毕则不存在劳动合同变更的问题。

2. 双方变更

劳动合同允许变更，但不允许单方面变更，必须是劳动合同双方当事人经协商一致后变更才能生效，任何单方面变更劳动合同的行为均视为无效。

3. 合法合规

劳动合同变更并不是随意的，用人单位和劳动者约定的变更内容必须符合国家法律、法规的相关规定。

4. 书面形式

变更劳动合同必须采用书面形式，劳资双方当事人经协商后对劳动合同中约定内容的变更达成一致意见时，必须形成变更劳动合同的书面协议，任何以口头形式达成的变更协议都是无效的。劳动合同变更的书面协议应当指明对劳动合同的哪些条款做了变更，并应明确劳动合同变更协议的生效日期，书面协议经用人单位和劳动者双方当事人签字盖章后生效。

5. 及时变更

劳动合同的变更要及时进行。提出变更劳动合同的主体可以是用人单位，也可以是劳动者，但无论是哪一方要求变更劳动合同，都应及时向另一方提出变更劳动合同的要求，并说明变更劳动合同的理由、内容和条件等。如果理应变更的劳动合同内容没有及时变更则容易引起不必要的争议。

(三) 劳动合同变更的程序

劳动合同当事人一方要求变更劳动合同相关内容的，应当将变更要求以书面形式送达另一方。另一方得知对方有变更劳动合同的要求后，应在对方规定的合理期限内及时予以答复，逾期不答复的，视为不同意变更劳动合同。劳动合同变更的程序，主要包括以下几点。

(1) 一方以书面形式提出申请。劳动合同的一方以书面形式提出变更劳动合同的要求，另一方在得知对方要求后，在规定的时间期限范围内予以答复。

(2) 双方签订变更协议。劳动合同双方对于变更内容协商一致的情况下签订变更协议后，变更后的劳动合同方能生效。

(3) 合同文本保存。变更后的劳动合同文本经双方签字盖章后，由用人单位和劳动者各执一份。

资料链接

曾某与某运输公司劳动争议案

2022年4月，曾某入职某运输公司，约定工作地点为重庆市主城九区及江津区。2023年3月，该运输公司因经营困难实行员工待岗措施，并告知待岗人员接到返岗通知后应立即返岗，逾期按旷工处理；旷工超过3个工作日的，按严重违反公司规章制度自动离职处理。曾某在待岗之前上班的地点是北碚区。

2023年5月，该运输公司先后三次通知曾某返岗，返岗工作地点为江津珞璜工业园，工作内容及薪资待遇不变，并告知若仍不返岗将按制度处理。曾某认为，其经常居住地点是南坪，将其安排到江津珞璜工业园，距离之前多年上班的地方远达40公里，属公司单方变更劳动合同，便拒绝返岗报到。该运输公司遂以曾某拒绝返岗上班构成旷工，严重违反公司制度为由解除双方劳动关系。

曾某遂起诉要求支付赔偿金。

分析：

法院认为，该运输公司因经营困难，实行员工待岗措施，曾某知晓并同意待岗。待岗期限届满，该运输公司通知曾某返岗，返岗地点江津区符合双方劳动合同书中工作地点的约定；且调岗地点与其居住地之间的距离约为40公里，调整后的工作地点和其居住地的距离与调整前大体相当，故运输公司的调岗行为具有合理性。运输公司对曾某调整后的工作内容与薪资待遇均未发生改变，也不存在降低劳动报酬等情形。

曾某接到返岗通知后未按规定返岗，且经多次催告后仍拒绝到指定岗位报到，已构成旷工，属于严重违反公司规章制度的情形。某运输公司以此为由解除双方劳动关系，不属于违法解除。

第四节 劳动合同的解除与终止

一、劳动合同的解除

劳动合同解除是指劳动合同签订以后，没有履行完毕之前，由于某种因素导致双方提前终止合同效力的法律行为。劳动合同解除一般包括协商解除和法定解除两种情况。

(一) 协商解除劳动合同

协商解除是指合同双方当事人因某种原因在完全自愿的情况下，互相协商，在彼此达成一致的基础上提前解除劳动合同的情形。《劳动合同法》第三十六条规定，用人单位与劳动者协商一致，可以解除劳动合同，即在劳动合同履行的过程中未发生特殊情况，但双方认为继续履行劳动合同已经没有必要时，双方在对解除劳动合同达成一致意见后，可以协商解除劳动合同。协商解除具有以下几个特点。

(1) 平等解除的请求权。双方当事人具有平等解除合同的请求权，即员工和企业都可主动向对方提出解除劳动合同的请求。

(2) 协商一致后解除。必须经双方当事人平等自愿协商一致达成协议才能解除合同，任何一方不能将自己的意志强加给对方。

(3) 不受非法条件约束。双方当事人在劳动合同协商解除时，不应受任何非法条件的约束，只要不违反法律、法规的规定，不损害他人利益即可。协商解除只要达成协议，即可及时解除，无须提前通知。

(4) 企业提出需支付补偿金。关于协商解除劳动合同，如果由企业提出解除劳动合同，需依法向员工支付经济补偿金；由员工提出解除劳动合同的，则企业无须支付经济补偿金。

(二) 法定解除劳动合同

法定解除是指出现了法律、法规规定的可以解除劳动合同的情况，不需要双方当事人一致同意，劳动合同可以被单方面解除的情形。法定解除一般包括用人单位单方面解除劳动合同和劳动者单方面解除劳动合同两种情况。

1. 用人单位单方面解除劳动合同

《劳动合同法》第三十九条、第四十条、第四十一条规定了用人单位解除劳动合同的情形。

(1) 过失性解除，用人单位因劳动者过失可以随时解除劳动合同。《劳动合同法》第三十九条规定，劳动者有以下情形之一的，用人单位可以解除劳动合同：在试用期间被证明不符合录用条件的；严重违反用人单位的规章制度的；严重失职、营私舞弊，给用人单位造成重大损害的；劳动者同时与其他用人单位建立劳动关系，对完成本单位的工作任务造成严重影响，或者经用人单位提出，拒不改正的；因劳动者以欺诈、胁迫的手段或者乘人之危，使用人单位在违背真实意思的情况下订立或者变更劳动合同致使劳动合同无效的；被依法追究刑事责任的。

(2) 无过失性解除，有以下情形之一的，用人单位提前30日以书面形式通知劳动者本人或者额外支付劳动者一个月工资后，可以解除劳动合同：劳动者患病或者非因工负伤，在规定的医疗期满后不能从事原工作，也不能从事由用人单位另行安排的工作的；劳动者不能胜任工作，经过培训或者调整工作岗位，仍不能胜任工作的；劳动合同订立时所依据的客观情况发生重大变化，致使劳动合同无法履行，经用人单位与劳动者协商，未能就变更劳动合同内容达成协议的。需要注意的是，选择额外支付劳动者一个月工资解除劳动合同的，其额外支付的工资应当按照该劳动者上个月的工资标准确定。

(3) 经济性裁员，用人单位因实施裁员解除劳动合同。《劳动合同法》第四十一条规定，有以下情形之一，需要裁减人员20人以上或者裁减不足20人但占企业职工总数10%以上的，用人单位提前30日向工会或者全体职工说明情况，听取工会或者职工的意见后，裁减人员方案经向劳动行政部门报告，可以裁减人员：依照企业破产法规定进行重整的；生产经营发生严重困难的；企业转产、重大技术革新或者经营方式调整，经变更劳动合同后，仍需裁减人员的；其他因劳动合同订立时所依据的客观经济情况发生重大变化，致使劳动合同无法履行的。

用人单位裁减人员时，应当优先留用以下人员：与本单位订立较长期限的固定期限劳动合同的；与本单位订立无固定期限劳动合同的；家庭无其他就业人员，有需要抚养的老人或者未成年人的。用人单位依照《劳动合同法》第四十一条第一款规定裁减人员，在6个月内重新招用人员的，应当通知被裁减的人员，并在同等条件下优先招用被裁减的人员。

(4) 用人单位不得单方面解除劳动合同的情形。劳动者有以下情形之一的，用人单位不得依照《劳动合同法》第四十条、第四十一条的规定解除劳动合同：从事接触职业病危害作业的劳动者未进行离岗前职业健康检查，或者疑似职业病病人在诊断或者医学观察期间的；在本单位患职业病或者因工负伤并被确认丧失或者部分丧失劳动能力的；患病或者非因工负伤，在规定的医疗期内的；女职工在孕期、产期、哺乳期的；在本单位连续工作满15年，且距法定退休年龄不足5年的；法律、行政法规规定的其他情形。

《中华人民共和国妇女权益保障法》(以下简称《妇女权益保障法》)规定，用人单位不得因结婚、怀孕、产假、哺乳等情形，降低女职工的工资和福利待遇，辞退女职工，单方解除劳动(聘用)合同或者服务协议。但是，女职工依法要求解除、终止劳动(聘用)合同或者服务协议的除外。

2. 劳动者单方面解除劳动合同

《劳动合同法》第三十七条规定，劳动者提前30日以书面形式通知用人单位，可以解除劳动合同；劳动者在试用期内提前3日通知用人单位，可以解除劳动合同。《劳动合同法》第三十八条规定，用人单位有以下情形之一的，劳动者可以解除劳动合同，且无须提前通知用人单位：未按照劳动合同约定提供劳动保护或者劳动条件的；未及时足额支付劳动报酬的；未依法为劳动者缴纳社会保险费的；用人单位的规章制度违反法律、法规的规定，损害劳动者权益的；因用人单位以欺诈、胁迫的手段或者乘人之危，使劳动者在违背真实意思的情况下订立或者变更劳动合同致使劳动合同无效的；法律、行政法规规定劳动者可以解除劳动合同的其他情形。

用人单位以暴力、威胁或者非法限制人身自由的手段强迫劳动者劳动的，或者用人单位违章指挥、强令冒险作业危及劳动者人身安全的，劳动者可以立即解除劳动合同，无须事先告知用人单位。

资料链接

劳动合同被违法解除，劳动者为何未能恢复劳动关系

刘某于2022年8月入职某技术咨询公司，双方签订了为期3年的劳动合同。合同约定，在劳动合同存续期内，刘某被派驻至项目方现场提供软件测试工作。其后，刘某在项目方进行驻场服务。2023年5月底，项目方告知公司，刘某所在的驻场服务项目结束日提前至2023年6月底。公司随即通知双方需要商议变更劳动合同，同时表达了与刘某就劳动合同解除的补偿金额进行协商等意愿，但截至项目结束日，受限于客观情况，双方未能达成变更合同的合意。2023年7月3日，公司向刘某发送了电子邮件解除双方劳动关系。7月底，公司依据法律规定向刘某支付了经济赔偿金。

同年7月12日，刘某向仲裁委员会申请恢复劳动关系，继续履行劳动合同。其后仲裁委员会做出裁决，恢复公司与刘某解除的劳动关系，继续履行劳动合同。公司不服，起诉至法院，要求确认与刘某的劳动关系已正式解除。

公司认为，系因客观情况发生变化导致劳动关系解除，且公司与刘某进行过协商，在未达成变更合同合意的情况下，已向刘某支付了足额的经济赔偿金。刘某则认为，自己在职期间并未违反任何法律规定及公司规章制度，公司系违法解除，应继续履行劳动关系。

庭审中，公司提交了一组刘某已经入职新单位的证据。经法庭询问，刘某认可其于2024年1月入职了新公司，并签订了劳动合同。但刘某表示可以随时终止新合同，回到原公司工作。

分析：

东城法院经审理认为，虽然公司主张因刘某所在项目结束，而使劳动合同签订时依据的客观情况发生了重大变化，故解除劳动合同。但"客观情况发生重大变化"是指劳动合同订立后发生了用人单位和劳动者订立合同时无法预见的变化，一般是指地震、火灾等自然灾害形成的不可抗力，或受法律、法规、政策变化导致用人单位迁移、资产转移或者停产、转产、转(改)制等。

此外，双方亦未在劳动合同中对该项目为刘某劳动合同履行的必要条件进行约定。不论刘某之前参与的项目是否结束，均不是公司解除劳动合同的合理理由，故公司解除劳动合同的行为违法。公司应向刘某支付经济赔偿金，双方均认可刘某已收到公司支付的赔偿金，公司已实际履行义务。

但刘某现已入职新公司，在此情况下，双方之间的劳动合同已经不具备继续履行的条件。

最终，东城法院判决确认公司与刘某之间的劳动关系已于2023年7月3日解除。该案判决后，刘某不服一审判决，提起上诉，二审驳回刘某上诉，维持原判。该案判决现已生效。

二、劳动合同的终止

劳动合同终止是指劳动合同双方当事人在劳动合同中约定的合同期限届满或达到其他法定终止条件的情形。

(一) 终止条件

《劳动合同法》第四十四条规定，有下列情形之一的，劳动合同终止：

(1) 劳动合同期满的；

(2) 劳动者开始依法享受基本养老保险待遇的；

(3) 劳动者死亡，或者被人民法院宣告死亡或者宣告失踪的；

(4) 用人单位被依法宣告破产的；

(5) 用人单位被吊销营业执照、责令关闭、撤销或者用人单位决定提前解散的；

(6) 法律、行政法规规定的其他情形。

对上述第(2)项规定的情形，《中华人民共和国劳动合同法实施条例》(以下简称《劳动合同法实施条例》)又补充规定，劳动者达到法定退休年龄的，劳动合同终止。《劳动合同法》第四十五条规定，劳动合同期满，且有《劳动合同法》第四十二条规定情形之一的，劳动合同应当续延至相应的情形消失时终止。

(二) 终止程序

(1) 提前预告。劳动合同期满前，如果企业一方没有意愿与员工续订劳动合同，应当提前按照相关的法律规定，将"终止劳动合同意向书"送达员工；如果企业愿意续签而员工一方不再愿意与企业续订劳动合同，则员工应在人力资源部门出具的"续订劳动合同意向书"的回执联上签署"不同意续订，到期终止"并反馈给人力资源部门，以便员工和企业为后续相关事宜做准备工作。

(2) 出具书面通知书。法定的劳动合同终止的情形出现，或者劳动合同终止的约定条件出现，则人力资源部门向员工出具"终止劳动合同通知书"。

(3) 规定期限内办理手续。企业与员工应该在终止劳动合同7日内办理离职相关手续。如果是企业一方不愿意续订而终止劳动合同，或者是由于用人单位出现被依法宣告破产、用人单位被吊销营业执照、责令关闭、撤销或者用人单位决定提前解散等情况而终止劳动合同，企业需要向员工支付经济补偿金。

(4) 出具终止合同证明。在离职相关手续办理完毕后，企业人力资源部门为员工出具"终止劳动合同证明"。

(三) 用人单位不得终止劳动合同的情形

符合下列条件之一的人员，即使劳动合同期满，用人单位也不得终止劳动合同。

(1) 基层工会任职者。基层工会专职主席、副主席或者委员自任职之日起劳动合同期限自动延长，延长期限相当于其任职期间；非专职主席、副主席或委员自任职之日起，尚未履行的劳动合同期限短于任期的，劳动合同期限自动延长至任期期满(任职期间个人严重过失或达到法定退休年龄的除外)。

(2) 职工协商代表。参与集体协商签订集体合同的职工协商代表在任期内，劳动合同期满的，企业原则上应当与其续订劳动合同至任期届满。职工代表的任期与当期集体合同的期限相同。

(3) 医疗期和孕产期及哺乳期员工。员工在医疗期、孕期、产期、哺乳期内劳动合同期限届满时，企业不得终止劳动合同。劳动合同的期限应自动延续至医疗期、孕期、产期、哺乳期期满为止。

(4) 特定工伤及职业病相关人员。《工伤保险条例》规定，用人单位不得终止伤残程度为1~6级的工伤职工的劳动合同。《职业病防治法》规定，对于未进行离岗前职业健康检查的员工不得终止劳动合同，用人单位在员工进行疑似职业病病人诊断或者医学观察期间，不得终止劳动合同。

资料链接

双方之间的劳动合同是否需要继续履行

当事人于2023年12月8日向A公司告知其已怀孕的事实，在双方未协商一致的情况下，2023年12月12日A公司单方通过邮件向当事人发出《劳动合同解除通知书》，做出出于2023年12月13日起与当事人解除劳动关系的意思表示。

分析：

女职工在孕期、产期、哺乳期的，用人单位不得以医疗期满、不能胜任工作、情势变更等事实解除与劳动者的劳动合同关系，亦不得以裁员为由解除与劳动者的劳动关系。在A公司明知当事人怀孕的情况下，若认为"劳动者在工作中的表现无法满足公司的现阶段的基本要求"，即不能胜任目前的工作，也应当先对当事人采取调整岗位等措施，而不是直接解除劳动合同。当事人在孕期，A公司单方解除劳动合同的行为属于违法解除。

三、解除与终止劳动合同的经济补偿

(一) 经济补偿的范围

有下列情形之一的，用人单位应当给予劳动者经济补偿：劳动者依照《劳动合同法》第三十八条规定解除劳动合同的；用人单位向劳动者提出解除劳动合同并与劳动者协商一致解除劳动合同的；用人单位依照《劳动合同法》第四十条规定解除劳动合同的；用人单位依照《劳动合同法》实施裁减人员而解除劳动合同的；除用人单位维持或者提高劳动合同约定条件续订劳动合同，劳动者不同意续订的情形外，因劳动合同期满而终止固定期限劳动合同的；用人单位被依法宣告破产或用人单位被吊销营业执照、责令关闭、撤销或者用人单位决定提前解散而终止劳动合同的；以完成一定工作任务为期限的劳动合同因任务完成而终止的。

《最高人民法院关于审理劳动争议案件适用法律若干问题的解释(四)》规定，《劳动合同法》实施后，因用人单位经营期限届满不再继续经营导致劳动合同不能继续履行，劳动者请求用人单位支付经济补偿的，人民法院应予支持。此外，用人单位依法终止工伤职工的劳动合同的，除依法支付经济补偿外，还应当依照国家有关工伤保险的规定支付一次性工伤医疗补助金和伤残就业补助金。

(二) 经济补偿的特殊情形

(1) 劳动者非因本人原因从原用人单位被安排到新用人单位工作的，劳动者在原用人单位的工作年限合并计算为新用人单位的工作年限。原用人单位已经向劳动者支付经济补偿的，新用人单位在依法解除、终止劳动合同计算支付经济补偿的工作年限时，不再计算劳动者在原用人单位的工作年限。

(2)《最高人民法院关于审理劳动争议案件适用法律若干问题的解释(四)》规定，劳动者非因本人原因从原用人单位被安排到新用人单位工作，原用人单位未支付经济补偿，劳动者依照《劳动合同法》第三十八条规定，与新用人单位解除劳动合同，或者新用人单位向劳动者提出解除、终止劳动合同，在计算支付经济补偿或补偿金的工作年限时，劳动者请求把在原用人单位的工作年限合并计算为新用人单位工作年限的，人民法院应予支持。

用人单位符合下列情形之一的，应当认定属于"劳动者非因本人原因从原用人单位被安排到新用人单位工作"：①劳动者仍在原工作场所、工作岗位工作，劳动合同主体由原用人单位变更为新用人单位；②用人单位以组织委派或任命形式对劳动者进行工作调动；③因用人单位合并、分立等原因导致劳动者工作调动；④用人单位及其关联企业与劳动者轮流订立劳动合同；⑤其他合理情形。

(3) 地方各级人民政府及县级以上地方人民政府有关部门为安置就业困难人员提供的给予岗位补贴和社会保险补贴的公益性岗位，其劳动合同不适用《劳动合同法》有关无固定期限劳动合同的规定以及支付经济补偿的规定。

(三) 经济补偿的计算标准

经济补偿按劳动者在本单位工作的年限，每满1年向劳动者支付1个月工资的经济补偿(6个月以上不满1年的，按1年计算)；不满6个月的，向劳动者支付半个月工资的经济补偿。劳动者在劳动合同解除或者终止前12个月的平均工资，高于用人单位所在直辖市、设区的市级人民政府公布的本地区上年度职工月平均工资3倍的，向其支付经济补偿的标准按职工月平均工资3倍的数额支付，向其支付经济补偿的年限最高不超过12年。经济补偿的月工资按照劳动者应得工资计算，包括计时工资或者计件工资以及奖金、津贴和补贴等货币性收入。劳动者在劳动合同解除或者终止前12个月的平均工资低于当地最低工资标准的，按照当地最低工资标准计算。劳动者工作不满12个月的，按照实际工作的月数计算平均工资。

(四) 经济补偿的支付

《劳动合同法》第五十条第二款规定，用人单位依照本法有关规定应当向劳动者支付经济补偿的，在办结工作交接时支付。此外，按照《劳动合同法》第八十五条的规定，用人单位解除或者终止劳动合同，未依照本法规定向劳动者经济补偿的，由劳动行政部门责令限期全额支付经济补偿；逾期不支付的，责令用人单位按应付金额50%以上100%以下的标准向劳动者加付补偿金。劳动者应当按照双方的约定，办理工作交接。

资料链接

用人单位违法解除劳动合同补偿案

2015年7月31日，贾某、于某等与用人单位沧州某公司签订了聘用合同，经过续签，劳动合同持续到2023年，2022年10月，公司经营的娱乐项目因疫情原因停业，贾某、于某等人在家待业，告知上班时间另行等通知。2023年1月29日，公司管理人员发布通知解除了贾某、于某等人的劳动合同，告知其社会保险需要自行缴纳，并将贾某、于某等人移出工作微信群，多次交涉无果后，贾某、于某等5人委托律师向沧州市劳动人事争议仲裁委员会申请劳动仲裁。被申请人沧州某公司在接到沧州市劳动人事争议仲裁委员会的开庭通知后，陆续联系贾某等人，告知其可以返岗上班，遭到申请人贾某、于某等拒绝。2023年5月，经过沧州市劳动人事争议仲裁委员会调解、终局裁决，贾某、于某等人获得24053.82元经济补偿金。

分析：

1. 劳动关系存续期间，劳动者作为弱势一方，应当注意留存证明劳动关系存续的证据。例如，劳动合同的原件或复印件，或照片；社保缴纳、工资发放、考勤打卡的证据。

2. 发生劳动争议后，及时与用人单位取得联系，通过积极沟通妥善解决，即便沟通不能达到维护自己权益的目的，也可以留存相关证据，如被用人单位无故辞退、开除的证据。

3. 与用人单位沟通无果后，可以寻求多渠道的帮助。例如，委托律师提供专业的咨询、代理；向劳动行政部门举报、投诉；向劳动争议仲裁委员会申请劳动仲裁、向法院提起诉讼等。

(五) 经济补偿的纳税

根据财政部、国家税务总局的规定，个人因与用人单位解除劳动关系而取得的一次性补偿收入征免个人所得税的政策如下：个人因与用人单位解除劳动关系而取得的一次性补偿收入(包括用人单位发放的经济补偿金、生活补助费和其他补助费用)，其收入在当地上一年职工平均工资3倍数额以内的部分，免征个人所得税；超过部分按照有关规定，计算征收个人所得税。个人领取一次性补偿收入时按照国家和地方政府规定的比例实际缴纳的住房公积金、医疗保险费、基本养老保险费、失业保险费，可以在计征其一次性补偿收入的个人所得税时予以扣除。企业依照国家有关法律规定宣告破产，企业职工从该破产企业取得的一次性安置费收入，免征个人所得税。

综上所述，将劳动合同解除和终止及经济补偿金支付情况汇总如表5-1所示。

表 5-1　劳动合同解除和终止及经济补偿金支付情况一览表

解除和终止		条件	期限	经济补偿金
协商解除	单位提出	不论何种类型的劳动合同，也不需要任何条件，都可以协商解除	无要求	需支付√
	员工提出		无要求	无须支付×
单位解除的情形	即时通知解除劳动合同(过失性解除劳动合同)	试用期内不符合录用条件	随时	无须支付×
		严重违纪	随时	无须支付×
		造成重大损害	随时	无须支付×
		兼职，对本职工作有严重影响或经提出拒不改正的	随时	无须支付×
		以欺诈、胁迫手段或者趁人之危订立劳动合同	随时	无须支付×
		被追究刑事责任	随时	无须支付×
	预告通知解除(非过失性解除劳动合同)	患病或非因工负伤医疗期满不能从事原工作，也不能从事另行安排的工作	提前30天或支付一个月工资	需支付√
		不能胜任工作，经培训或调岗后仍无法胜任的	提前30天或支付一个月工资	需支付√
		劳动合同无法履行且无法达成变更劳动合同协议的	提前30天或支付一个月工资	需支付√
	裁员解除	破产；经营困难；转产、重大技术革新或者经营方式调整；客观情况发生重大变化	履行法定程序后可以裁员	需支付√

（续表）

解除和终止		条件	期限	经济补偿金
员工解除的情形	提前30天通知解除	不论何种类型的劳动合同，也不需要任何条件，劳动者都可以提前30天通知解除劳动合同	提前30天通知	无须支付×
	提前3天通知解除	在试用期内	提前3天通知	无须支付×
	随时通知解除	未提供约定的劳动保护和条件	随时通知	需支付√
		未按时足额支付劳动报酬	随时通知	需支付√
		未依法缴纳社会保险费	随时通知	需支付√
		规章制度违法损害劳动者利益	随时通知	需支付√
		以欺诈、胁迫的手段或者趁人之危订立劳动合同的	随时通知	需支付√
		法律、法规规定的其他情况	随时通知	需支付√
	无需通知立即解除	以暴力、威胁或者非法限制人身自由的手段强迫劳动者劳动的	立即解除，无须通知	需支付
		违规违章强令冒险作业	立即解除，无须通知	需支付√
劳动合同终止	劳动合同期满的	用人单位不同意续订的		需支付√
		用人单位降低劳动条件续订劳动合同，劳动者不同意续订的		需支付√
		用人单位维持或者提高劳动条件续订劳动合同，劳动者不同意续订的		无须支付×
	劳动者开始享受基本养老保险待遇的			无须支付×
	劳动者死亡，或者被法院宣告死亡或失踪的			无须支付×
	单位被宣告破产			需支付√
	被吊销营业执照、责令关闭、撤销或者用人单位决定提前解散的			需支付√
	法律、行政法规规定的其他情形			无须支付×
不得解除或需逾期终止的情形	从事接触职业病危害作业的劳动者未进行离岗前职业健康检查，或者疑似职业病病人在诊断或者医学观察期间			
	患职业病或者因工负伤并被确认丧失或者部分丧失劳动能力的			
	患病或者负伤，在规定的医疗期内的			
	女职工在孕期、产期、哺乳期内的			
	在单位连续工作满15年，且距法定退休年龄不足5年			
	法律、行政法规规定的其他情形			

第五节　劳动合同的特殊规定

一、培训服务期

　　用人单位为劳动者提供专项培训费用，对其进行专业技术培训的，可以与该劳动者订立协议，约定服务期。劳动者违反服务期约定，应当按照约定向用人单位支付违约金。违约金数额不得超过用人单位提供的培训费用。用人单位要求劳动者支付的违约金不得超过服务期尚未履行部分所应分摊的培训费用。培训费用包括：用人单位对劳动者进行专业技术培训而支付的有凭证的培训费用、培训期间的差旅费用，以及因培训产生的用于该劳动者的其他直接费用。

用人单位与劳动者约定服务期的，不影响按照正常的工资调整机制提高劳动者在服务期期间的劳动报酬。劳动合同期满，但约定的服务期尚未到期的，劳动合同应当续延至服务期满；双方另有约定的，从其约定。

资料链接

吕某某违反培训协议案

吕某某于2010年7月至某医院从事中医针灸、推拿工作，入职时与医院签订聘用合同，约定工作期限为10年。2015年起至2017年，双方先后三次签订进修协议。2019年9月6日，双方签订协议书并约定：某医院全额报销吕某某的学习费用并一次性奖励吕某某30万元，吕某某在获得奖励后应为医院服务不少于10年，否则应全额退还30万元奖金及报销费用。2019年8月14日，吕某某一次性领取30万元博士学位补贴并从医院报销读博费用8万余元。合同到期后双方没有再次签订劳动合同。2020年12月25日，吕某某擅自离职。该医院起诉吕某某，要求其返还领取的奖金和报销费用。

分析：

《劳动合同法》第二十二条规定，用人单位为劳动者提供专项培训费用，对其进行专业技术培训的，可以与该劳动者订立协议，约定服务期。劳动者违反服务期约定的，应当按照约定向用人单位支付违约金。本案中，吕某某与某医院于2019年9月6日签订的协议书明确约定吕某某获得奖励后为医院服务不少于10年，若服务不满10年而离院的，应全额退还30万元奖金及医院为其读博支出的报销费用。吕某某在获得医院给付的读博奖励和报销读博费用后，于2020年12月25日擅自离职，违反协议约定的服务期限，给医院造成损失，应当向某医院退还其获得的读博奖励和报销费用。法院最终判决吕某某退还某医院奖励及报销等费用合计32万余元。

二、竞业限制

用人单位与劳动者可以在劳动合同中约定保守用人单位的商业秘密和与知识产权相关的保密事项。对负有保密义务的劳动者，用人单位可以在劳动合同或者保密协议中与劳动者约定竞业限制条款，并约定在解除或者终止劳动合同后，在竞业限制期限内按月给予劳动者经济补偿。劳动者违反竞业限制约定的，应当按照约定向用人单位支付违约金。

竞业限制的人员限于用人单位的高级管理人员、高级技术人员和其他负有保密义务的人员。竞业限制的范围、地域、期限由用人单位与劳动者约定，竞业限制的约定不得违反法律、法规的规定。在解除或者终止劳动合同后，约定竞业限制的人员到与本单位生产或者经营同类产品、从事同类业务的有竞争关系的其他用人单位，或者自己开业生产或者经营同类产品、从事同类业务的竞业限制期限不得超过2年。除约定培训服务期和约定竞业限制的情形外，用人单位不得与劳动者约定由劳动者承担违约金。

《最高人民法院关于审理劳动争议案件适用法律若干问题的解释(四)》关于竞业限制有以下规定。①当事人在劳动合同或者保密协议中约定了竞业限制，但未约定解除或者终止劳动合同后给予劳动者经济补偿，劳动者履行了竞业限制义务，要求用人单位按照劳动者在劳动合同解除或者终止前12个月平均工资的30%按月支付经济补偿的，人民法院应予支持。如月平均工资的30%低于劳动合同履行地最低工资标准的，按照劳动合同履行地最低工资标准支付。②当事人在劳动合同或者保密协议中约定了竞业限制和经济补偿，当事人解除劳动合同时，除另有约定外，用人单位要求劳动者履行竞业限制义务，或者劳动者履行了竞业限制义务后要求用人单位支付经济补偿的，人民法院应予支持。③当事人在劳动合同或者保密协议中约定了竞业限制和经济补偿，劳动合同解除或者终止后，因用人单位的原因导致3个月未支付经济补偿，劳动者请求解除竞业限制约定的，人民法院应予支持。④在竞业限制期限内，用人单位请求解除竞业限制协议时，人民法院应予支持。在解除竞业限制协议时，劳动者请求用人单位额外支付劳动者3个月的竞业限制经济补偿的，人民法院应予支持。⑤劳动者违反竞业限制约定，向用人单位支付违约金后，用人单位要求劳动者按照约定继续履行竞业限制义务的，人民法院应予支持。

思考题

1. 劳动合同有哪些种类？
2. 劳动合同订立需要经历哪些程序？
3. 哪些合同属于无效劳动合同？
4. 劳动者在劳动合同存续期间，应履行哪些义务？
5. 劳动合同终止应具备哪些条件？
6. 什么情况下，用人单位不得终止劳动合同？
7. 解除劳动合同的经济补偿如何计算？
8. 竞业限制指的是什么？

案例讨论题

用人单位借调整员工岗位之名变相辞退员工案例

程某于2020年6月入职某电源公司从事驾驶员工作。双方签订的劳动合同约定，根据电源公司工作需要，程某同意从事管理类＋生产类＋辅助生产类工作；在合同有效期内，有下列条件之一的，程某同意电源公司调整其工作岗位且同时相应调整薪酬待遇：A.电源公司根据生产经营管理需要；B.根据程某的工作表现和绩效考核结果；C.程某因医疗期、产期导致岗位被其他员工取代的；D.其他原因确实需要调整程某工作岗位的。电源公司为程某调整工作岗位，应充分考虑程某的专业和特长。2021年9月18日，电源公司发出公告，为优化人力资源配置，平稳有序推进新形势下的定编定岗工作，决定将相关部门重组、合并。后电源公司向程某发送《员工岗位调整入职通知单》，将程某调至品管科工作，要求程某于2021年9月25日前(含当日)到该岗位报到。程某按时到公司，但未到品管科报到。2021年9月27日，电源公司经工会同意后向程某发送《解除劳动合同通知书》，以程某违反劳动合同及公司规定为由，决定自2021年9月27日解除与程某的劳动合同。程某申请仲裁，请求裁决电源公司支付赔偿金25244.22元。仲裁裁决支持程某的请求。电源公司不服裁决诉至法院。

讨论与思考：

1. 该公司的岗位调整是否合理？
2. 该公司解除劳动合同的理由是否充分？
3. 合理解除劳动合同的条件有哪些？

第六章

企业用工管理

扫码看详图

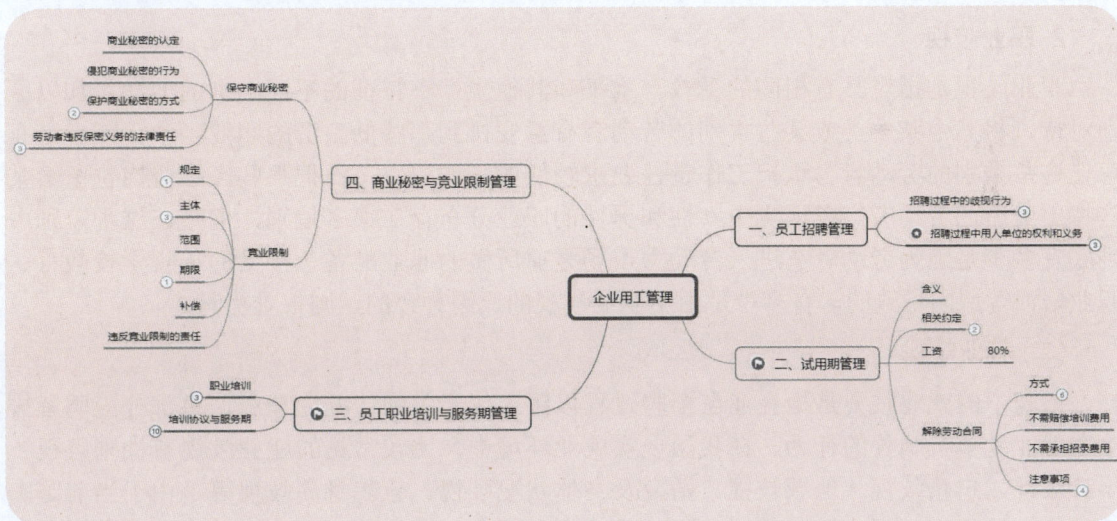

　　全球经济一体化进程加速，企业为了在竞争中谋求生存与发展，必须不断优化内部运营管理，用工管理是企业运营的关键环节之一。随着数字技术和人工智能的快速迭代，企业的生产方式和业务模式正经历数智化转型，对掌握数智技术、能够操控和维护智能设备的高技能人才，以及从事研发创新工作的专业人才需求急剧增加。政府为了保障劳动者的权益，制定了一系列详尽的劳动法律、法规，企业必须严格遵守这些法律、法规，否则将面临高额罚款、法律诉讼等风险。在劳动合同管理上，明确约定双方的权利义务、合同期限、解除条件等。这就要求企业建立健全的用工管理制度，规范用工流程，加强对劳动法律、法规的学习与培训，确保在合法合规的框架内进行用工管理。

第一节　员工招聘管理

一、招聘过程中的歧视行为

(一) 劳动力市场歧视

劳动力市场歧视是指具有相同生产率特征的劳动者因所属的人口群体的不同而受到区别对待。换言之，不同人口群体之间的平均工资性报酬差距主要来自两个方面：一是每一种人口群体在进入劳动力市场时就存在的生产率特征差异，称为前劳动力市场差别；二是不同的人口群体受到劳动力市场中的其他参与者的不同对待。这种不同人口群体的劳动者在劳动力市场中受到的对待存在差别的现象，便是劳动力市场歧视。

劳动力市场歧视可以分为工资歧视和职业歧视两种类型。

1. 工资歧视

工资歧视是指雇主针对既定的生产率特征支付的价格因劳动者所属的人口群体不同而呈现系统性的差别。例如，雇主支付给女性员工的工资要低于在相同条件下工作，且从事同种职业、具有相同工作经验的男性员工的工资，这就是对不同性别的劳动者实施的工资歧视。

2. 职业歧视

职业歧视是指对具有相同的受教育水平和其他生产率特征的不同类型的劳动者加以区别对待，将其中某一类或某些类别的劳动者有意安排到那些低工资的职业当中，或者是有意让这些类别的劳动者去承担工作责任要求较低的工作岗位，而把那些高工资岗位留给某些特定类型的劳动者。在现实中女性和男性的职业分布存在很多差别，但是在这种差别中到底有多少是因为劳动者在进入劳动力市场之前所做的职业准备、接受的正规学校教育、职业培训等原因导致的，有多少是由于职业歧视的原因导致的，则很难衡量。

(二) 就业歧视

招聘中的就业歧视是指企业在招聘过程以跟工作无关的情况为理由，将部分应聘者排除在就业竞争机制外的行为。在我国现实就业环境中，比较常见的就业歧视有性别歧视、年龄歧视、户籍歧视、地域歧视、婚育及身体状况歧视、容貌身高歧视等。由于当前国家反歧视立法相对滞后，就业歧视范围的界定存在局限，被明文纳入就业歧视禁止范围的仅有以下几种。

1. 性别歧视

《宪法》《劳动法》《妇女权益保障法》《女职工劳动保护特别规定》《劳动力市场管理规定》《就业促进法》中都给予了明文禁止。例如，《劳动法》第十三条规定："妇女享有与男子平等的就业权利。在录用职工时，除国家规定的不适合妇女的工种或者岗位外，不得以性别为由拒绝录用妇女或者提高对妇女的录用标准。"《就业促进法》第二十七条规定："用人单位招用人员，除国家规定的不适合妇女的工种或者岗位外，不得以性别为由拒绝录用妇女或者提高对妇女的录用标准。用人单位录用女职工，不得在劳动合同中规定限制女职工结婚、生育的内容。"

2. 民族、种族、宗教信仰歧视

《劳动法》第十二条明确规定："劳动者就业，不因民族、种族、性别、宗教信仰不同而受歧视。"《就业促进法》第三条也强调："劳动者依法享有平等就业和自主择业的权利。劳动者就业，不因民族、种族、性别、宗教信仰等不同而受歧视。"第二十八条规定："各民族劳动者享有平等的劳动权利。用人单位招用人员，应当依法对少数民族劳动者给予适当照顾。"

3. 残疾歧视

《就业促进法》第三条规定，劳动者依法享有平等就业和自主择业的权利。劳动者不因身体残疾等因素而受歧视，保障了残疾人在就业市场中与其他劳动者拥有同等的机会。第二十六条规定，用人单位招用人员、职业中介机构从事职业中介活动，应当向劳动者提供平等的就业机会和公平的就业条件，不得实施就业歧视。这明确要求用人单位和职业中介机构在招聘及中介活动中不得歧视残疾人。第二十九条规定，国家保障残疾人的劳动权利。各级人民政府应当对残疾人就业统筹规划，为残疾人创造就业条件。用人单位招用人员，不得歧视残疾人。通过政策扶持等措施帮助残疾人实现就业。

4. 对传染病病原携带者的歧视

《就业促进法》第三十条明确规定："用人单位招用人员，不得以是传染病病原携带者为由拒绝录用。但是，经医学鉴定传染病病原携带者在治愈前或者排除传染嫌疑前，不得从事法律、行政法规和国务院卫生行政部门规定禁止从事的易使传染病扩散的工作。"而对于乙肝表面抗原携带者的就业权利，原劳动和社会保障部于2007年5月专门颁发了《关于维护乙肝表面抗原携带者就业权利的意见》，意见指出，除国家法律、行政法规和卫生部规定禁止从事的易使乙肝扩散的工作外，用人单位不得以劳动者携带乙肝表面抗原为理由拒绝招用或者辞退乙肝表面抗原携带者。用人单位在招、用工过程中，可以根据实际需要将肝功能检查项目作为体检标准，但不得强行将乙肝病毒血清学指标作为体检标准。各级各类医疗机构在对劳动者开展体检过程中要注意保护乙肝表面抗原携带者的隐私权。

5. 对劳动者的户籍歧视

《就业促进法》第三十一条规定："农村劳动者进城就业享有与城镇劳动者平等的劳动权利，不得对农村劳动者进城就业设置歧视性限制。"

6. 对劳动者的年龄歧视

《中华人民共和国劳动法》等虽未明确禁止年龄歧视，但《国务院关于工人退休、退职的暂行办法》等对劳动者的法定退休年龄等做了规定，在此范围外以年龄为由限制就业等可视为年龄歧视。此外，一些地方性法规也在探索对年龄歧视进行规范，如上海等地出台相关政策，禁止用人单位在招聘等环节设置不合理的年龄限制。

此外，还有诸多歧视行为并没有列入法律规定之中，如身高、相貌、婚育状况等。因此，企业在招聘实践过程中往往以法律并未禁止的事由将部分应聘者排除在就业竞争机制外，这便导致部分行为虽是就业歧视，但严格意义上并不违法。

资料链接

试用期无薪水、不上社会保险

应届高校毕业生去非正规单位、小型私营企业就业，双方在签订劳动合同时，单位常以毕业生没有工作经验为由，提出"试用期一年、试用期内无薪水、不上社会保险"这样的歧视条款。毕业生为保住工作常选择忍气吞声，从而使自己的劳动得不到相应的补偿。

分析：

《劳动法》规定，试用期最长不得超过6个月。对于试用期的具体期限确定，国家法律、法规规定：合同期限在6个月以下的，试用期不得超过15日；合同期限在6个月以上一年以下的，试用期不得超过30日；合同期限在一年以上两年以下的，试用期不得超过60日。且试用期内不能无薪，单位必须为员工购买养老、医疗等社会保险。此外，试用期期间，职工可随时与单位解除劳动关系。因此，该歧视条款如果写入了劳动合同即属无效。招聘时单位提出此要求的，劳动者应该据理力争。

(三) 正确界定就业歧视与合理甄选

招聘中的就业歧视是指用人单位在招聘过程中，基于与工作能力或岗位职责无关的因素，对求职者进行不公平的区别对待。这些无关因素包括但不限于种族、民族、性别、宗教信仰、残疾状况、年龄、户籍、婚姻生育状况、性取向等。

招聘中的合理甄选是指用人单位基于岗位需求，通过公平、公正、客观的方式挑选最适合该岗位的求职者。合理甄选主要包括基于工作相关的资格和能力，如教育背景、工作经验、专业技能等。

二者的主要区别有以下几点。①目的不同。就业歧视是在没有正当理由的情况下，对特定群体进行不公平的排斥或差别对待，目的是不合理地剥夺某些人群的就业机会。合理甄选是企业为了找到最适合岗位要求的人才，基于工作相关的因素，如知识、技能、工作经验、能力等来挑选员工，目的是确保招聘到的人员能够有效地完成工作任务。②标准不同。就业歧视使用的标准往往和工作本身没有实质性关联。例如，拒绝录用女性求职者仅仅因为性别，或者不录用少数民族求职者只是基于种族偏见，这些标准带有主观性和片面性。合理甄选标准与工作要求紧密相连。例如，招聘一名软件工程师，要求具备相关编程语言的知识、一定年限的编程经验、能够独立完成项目开发等，这些标准都是基于岗位的实际需求设定的。③表现形式不同。 就业歧视在招聘信息中明确规定，如"仅限男性应聘""不招收少数民族"等带有歧视性的表述；面试过程中对残疾求职者有偏见，即使对方完全能够胜任工作，也不给予录用机会；在工作待遇方面给相同工作内容的男性和女性员工不同的工资等。合理甄选主要体现在对求职者的资格审查、笔试、面试等环节。例如，通过专业知识测试筛选出具备岗位所需知识的人员；通过面试了解求职者的沟通能力、团队合作能力等是否符合岗位要求；在职业发展方面，根据员工的工作表现、业绩和能力来决定晋升，而非无关因素。

二、招聘过程中用人单位的权利和义务

(一) 用人单位的告知义务和知情权

《劳动合同法》第八条规定，用人单位的告知义务是指在招用劳动者时，应当如实告知劳动者工作内容、工作条件、工作地点、职业危害、安全生产状况、劳动报酬，以及劳动者要求了解的其他情况，如用人单位的规章制度等；用人单位的知情权是指其有权了解劳动者与劳动合同直接相关的基本情况，劳动者应当如实说明，比如劳动者的姓名、性别、年龄、学历、健康状况、职业技能和职业准入资格、社会保险记录、劳动技能、工作经验等。

1. 告知义务

告知义务对于劳动者与用人单位之间友好履行劳动合同、建立和谐稳定的劳动关系是十分必要的。它能保证劳动者在就业时，充分了解用人单位情况；保证劳动者在与用人单位签订劳动合同时，真正享受平等、自愿、协商一致的待遇。

(1) 告知内容的范围是与缔结劳动合同有关的信息，如劳动者的工作内容、工作条件、工作地点、职业危害、安全生产状况、劳动报酬，以及劳动者要求了解的其他情况，但是用人单位的商业秘密不属于告知范围。需要注意的是，即使劳动者不提出要求也得主动告知，同时，还应积极采取书面方式保存告知行为的证据。

(2) 用人单位对其提供的信息，负有保证信息真实性的义务，否则可能构成欺诈。根据《劳动合同法》第二十六条的规定，隐瞒真实情况，诱使对方做出错误的判断而签订劳动合同，可以认定为欺诈，因欺诈手段使对方在违背真实意思的情况下而订立的劳动合同视为无效劳动合同。对劳动者知情权的轻视，还可能给用人单位带来很大的法律风险，甚至需要承担严重的法律责任。例如，不向劳动者告知职业危害，《中华人民共和国职业病防治法》规定要对用人单位处以2万～5万元的罚款。

2. 知情权

用人单位有权了解劳动者与劳动合同直接相关的基本情况，劳动者应当如实说明。用人单位在行使知情权时应注意下列问题。

(1) 用人单位行使知情权的范围，是与缔结劳动合同有关的信息。一般来说，用人单位可以了解劳动者的健康状况、学历、以前的工作经历、专业知识和工作技能等与从事具体工作有关的情况。但求职者的个人隐私，不属于知情权的范围。

(2) 《劳动合同法》只规定了用人单位有权了解，而劳动者并没有主动告知的义务，如果用人单位没有主动向劳动者了解的情况下，劳动者不必主动向用人单位说明。因此，用人单位应在订立劳动合同前对劳动者的关键信息予以充分了解。

(3) 劳动者有如实说明的义务。如果劳动者没有如实说明或者提供虚假信息，劳动者即构成欺诈，用人单位有权解除劳动合同，但前提是该信息应与劳动合同直接相关。

(二) 禁止设定担保和收取抵押金

《中华人民共和国劳动合同法》第九条规定，用人单位招用劳动者，不得要求劳动者提供担保或者以其他名义向劳动者收取财物。原劳动部1995年《关于贯彻执行〈中华人民

共和国劳动法〉若干问题的意见》第二十四条也明确规定用人单位在与劳动者订立劳动合同时，不得以任何形式向劳动者收取定金、保证金(物)或抵押金(物)。

用人单位违反《劳动合同法》规定，扣押劳动者居民身份证等证件的，由劳动行政部门责令限期退还劳动者本人，并依照有关法律规定给予处罚。用人单位违反《劳动合同法》规定，以担保或者其他名义向劳动者收取财物的，或者劳动者依法解除或者终止劳动合同而用人单位扣押劳动者档案或者其他物品的，由劳动行政部门责令限期退还劳动者本人，并以每人500元以上2000元以下的标准处以罚款；给劳动者造成损害的，应当承担赔偿责任。

为避免用工风险，用人单位在招聘过程中要做好以下几个方面的工作。

(1) 正式录用前进行背景调查。用人单位在对劳动者经过层层筛选后，对入围人选不必急于录用，应根据其简历和面试时的介绍通过以下5种渠道对其进行调查：①从公安部门、街道办事处、居民委员会等机构查询求职者身份信息；②从教育部门、学校查询求职者的学历信息；③通过求职者以往的工作单位了解求职者的工作表现、离职原因等相关信息；④通过医疗机构进行职前体检，以了解求职者的身体健康状况；⑤对于关键岗位的招录，必要时可以委托专业调查机构予以调查。

(2) 入职时进行个人基本信息登记。用人单位在新员工入职时应要求登记个人基本信息，在不涉及个人隐私的情况下，信息内容可以包含与工作有关的、企业想了解的各个方面。信息登记表应当要求员工本人亲自填写，且要注明登记虚假信息的后果，一旦双方发生纠纷，可以作为证据使用。

(3) 注重单位诚信建设。《劳动合同法》规定用人单位在招聘期间有主动告知义务，因此，用人单位在招聘过程中应设计告知程序，将法律规定用人单位应主动告知的内容告知于劳动者。比如，设计专门的文件，列明关于单位和招聘岗位的基本情况，要求劳动者在阅读后签字确认，以此证明用人单位履行了告知义务，减少现实中不必要的纠纷。

(4) 设计担保和缴纳押金的良性替代机制保护自身权益。用人单位要求员工提供担保人或缴纳押金的初衷是为了避免减少单位财产损失或限制员工提前离职，然而，此类手段却是国家法律所不允许的。为更好地保障自身权益，用人单位可以做到以下几点。①按照法律规定建立留人机制，减少员工提前离职。例如，《劳动合同法》第二十二条规定，允许用人单位通过为劳动者提供专项培训费用来协议约定服务期和违约金。②用人单位应当完善风险管控机制，减少由于员工个人原因给单位造成的损失。③谨慎对待关键重要岗位的招聘，一方面要对劳动者进行充分的个人能力测试和评估，另一方面要对劳动者的道德品质进行背景调查。同时，对风险性较大的岗位加强业务管理和监督。④建立损失补偿机制。例如，投保。

资料链接

某中介违法招聘案

2023年5月26日，市民陈先生通过江苏政务热线反映自己在求职过程中被一家没有资质的"黑中介"收取600元后，对方并没有给自己介绍工作。接到举报后，栖霞区人社局随即立案开展调查，根据陈先生提供的信息，调查人员对位于栖霞区燕子矶街道的江苏某物业管理有限公司进行了调查，发现该公司在未办理职业中介许可的情况下，违规从事职业中介活动，并向包括陈先生在内的7名求职者每人收取"中介费"，共计金额4200元。

分析：

依据《人力资源市场暂行条例》相关规定，经营性人力资源服务机构从事职业中介活动的，应当依法向人力资源社会保障行政部门申请行政许可，取得人力资源服务许可证后方可开展职业中介活动。本案中，该公司的负责人在调查之初并未认识到自身未经许可擅自从事职业中介活动的行为已经触犯法律，曾自述"只是为别人提供岗位信息"。但事实上，该公司为劳动者介绍用人单位行为属于典型的职业中介服务，应当取得行政许可，未经许可擅自从事职业中介活动的属于违法行为。

第二节　试用期管理

一、试用期的含义

试用期是指用人单位与新员工建立劳动关系后，为相互了解、选择而约定的特定期限的考察期，其实质是用人单位与劳动者进行双向考察和熟悉的时间缓冲期。由于劳动者的劳动技能不具有直接的外在表现形式，用人单位需要通过考察新员工的实际工作能力来判断其是否适合岗位的要求。与此同时，劳动者也需要借助试用期的契机来对工作环境、工作内容等进行全面评估，并就是否愿意留在该单位工作做出抉择。

《关于贯彻执行〈中华人民共和国劳动法〉若干问题的意见》第十八条规定："劳动者被用人单位录用后，双方可以在劳动合同中约定试用期"，即试用期是劳动合同的约定条款，当事人可以约定试用期，也可以不约定试用期。需要注意的是，用人单位与劳动者不能在不签订劳动合同的情况下约定试用期。《劳动合同法》第十九条第四款规定："试用期包含在劳动合同期限内。劳动合同仅约定试用期的，试用期不成立，该期限为劳动合同期限。"

需要明确的是，一方面，试用期是劳动合同期限的一部分，试用期的约定以劳动合同的订立为前提。现实生活中用人单位在招聘劳动者时，为了避免招聘失误，与劳动者口头约定试用期而不签订劳动合同，或仅签订独立的试用期协议，待试用合格后双方再签订正式劳动合同的行为属于违法，在发生劳动争议时往往会对用人单位自身不利。另一方面，试用期作为用人单位与新员工彼此增进了解的考察期，具备一定的特殊性。劳动法赋予了劳动合同双方在试用期内特殊的权利和义务。用人单位应详细把握相关规定，做好试用期管理，充分发挥试用期内考察新员工是否适合岗位要求的作用。

二、试用期的相关约定

《中华人民共和国劳动法》第二十一条规定："劳动合同可以约定试用期。试用期最长不得超过六个月。"这一条款明确了劳动合同中可以包含试用期，并对试用期的最长时间做了限制。

(一) 劳动合同期限与试用期对应

《劳动合同法》第十九条第一款规定："劳动合同期限三个月以上不满一年的，试用期不得超过一个月；劳动合同期限一年以上不满三年的，试用期不得超过二个月；三年以上固定期限和无固定期限的劳动合同，试用期不得超过六个月。"另外，《劳动合同法》还规定特殊情况下不得约定试用期。

(1) 以完成一定工作任务为期限的劳动合同，不得约定试用期。

(2) 劳动合同期限不满三个月的，不得约定试用期。

(3) 非全日制用工双方当事人不得约定试用期。

在实际工作中，企业应根据每位新员工的条件、职位或岗位的差异，灵活设定试用期。例如，对于技术研发岗位的新员工，可能需要较长时间来测试其是否能熟练运用复杂的技术工具解决实际问题，试用期可以适当延长；而对于一些简单的行政辅助岗位，工作内容和要求相对明确，新员工可能在较短时间内就能适应工作，试用期可以相应缩短。这样灵活设置试用期，有助于企业更好地评估员工是否符合岗位要求。

(二) 同一用人单位与同一劳动者只能约定一次试用期

《劳动合同法》第十九条第二款做了明确规定，同一用人单位与同一劳动者只能约定一次试用期。需要注意的是，同一用人单位与同一劳动者，无论合同期限长短、双方建立过多少次劳动关系，包括劳动关系是否连续，或劳动关系是否发生中断及中断几次，都不影响试用期次数，即其试用期仅能约定一次。此外，《劳动合同法》第八十三条规定，用人单位违反本法规定与劳动者约定试用期的，由劳动行政部门责令改正；违法约定的试用期已经履行的，由用人单位以劳动者试用期满月工资为标准，按已经履行的超过法定试用期的期间向劳动者支付赔偿金。

三、试用期工资

《劳动合同法》第二十条及《劳动合同法实施条例》第十五条均对劳动者在试用期的工资标准做了相关规定。《劳动合同法》规定，劳动者在试用期的工资不得低于本单位相同岗位最低档工资或者劳动合同约定工资的80%，并不得低于用人单位所在地的最低工资标准。《劳动合同法实施条例》则规定，劳动者在试用期的工资不得低于本单位相同岗位最低档工资的80%或者不得低于劳动合同约定工资的80%，并不得低于用人单位所在地的最低工资标准。

前者包含以下要点。①双重标准参照：一方面，试用期工资要与本单位相同岗位的最低档工资做比较，不能低于该岗位最低档工资水平，保障了劳动者在试用期内的工资待遇不低于同岗位已有的最低标准，防止用人单位故意压低试用期员工工资；另一方面，试用期工资要达到劳动合同约定工资的80%，若劳动合同中约定了正式工资，那么试用期工资至少应为约定工资的80%；②最低工资保底：即使满足了前两个标准中的较高者，试用期工资也不能低于用人单位所在地的最低工资标准，确保劳动者在试用期内能够获得基本生活保障，避免因工资过低影响正常生活。

后者明确了试用期工资的下限，包含三层含义：一是80%既指劳动合同约定工资的

80%，也指本单位相同岗位最低档工资的80%；二是试用期工资只要不低于两者中的一个标准即可；三是无论选用哪个标准，都不能低于用人单位所在地的最低工资标准。

特别强调，试用期间用人单位需依法为劳动者参加社会保险，并及时缴纳社会保险费用。若用人单位未依法为试用期员工缴纳社会保险，劳动者可随时解除劳动合同，并要求用人单位支付经济补偿金。此外，一旦劳动者在试用期间发生工伤等意外情况，用人单位需自行承担相应费用，这将给企业带来巨大的经济风险。

四、试用期解除劳动合同

试用期是用人单位和劳动者建立劳动关系后，为相互了解、选择而约定的不超过6个月的考察期和缓冲区。试用期的特殊性主要体现在劳动法赋予用人单位和劳动者在试用期内解除劳动合同的特殊规定上。

(一) 试用期解除劳动合同的方式

1. 劳动者解除劳动合同

(1) 提前通知：根据《中华人民共和国劳动合同法》第三十七条规定，劳动者在试用期内提前三日通知用人单位，可以解除劳动合同。这意味着，劳动者只需提前三天以书面或口头形式(或按公司规定的方式)通知用人单位，即可解除劳动合同。

(2) 协商一致：劳动者与用人单位也可以协商一致解除劳动合同。这种方式需要双方就劳动合同的解除达成一致意见，并签订书面的协商解除协议。

2. 用人单位解除劳动合同

(1) 过失性辞退：根据《中华人民共和国劳动合同法》第三十九条规定，如果劳动者在试用期间被证明不符合录用条件，用人单位提供有效证明可以单方面解除劳动合同。此外，如果劳动者严重违反用人单位的规章制度、严重失职、营私舞弊，给用人单位造成重大损害等，用人单位也可以单方面解除劳动合同。

(2) 无过失性辞退：在某些情况下，即使劳动者没有过失，用人单位也可能需要提前30日以书面形式通知劳动者本人或者额外支付劳动者一个月工资后，解除劳动合同。但这种情况在试用期内相对少见，因为试用期通常较短，且主要用于评估劳动者是否符合录用条件。

(二) 试用期内劳动者解除劳动合同，不需赔偿用人单位培训费用

一般情况下，试用期内劳动者解除劳动合同，不需要赔偿用人单位的培训费用。《劳动部办公厅关于试用期内解除劳动合同处理依据问题的复函》规定，用人单位出资对职工进行各类技术培训，职工在试用期内提出解除劳动关系的，用人单位不得要求劳动者支付该项培训费用。即使劳动合同中有约定，也属于无效。需要注意的是，如果用人单位与劳动者在签订劳动合同时，约定了服务期，且劳动者违反了服务期约定，那么用人单位可要求劳动者支付相关培训费用。

为了防止劳动者在试用期内获得用人单位的专业技术培训后离职，用人单位可灵活采取应对措施：①尽量不在试用期内支付专项培训费用对劳动者进行专业技术培训；②如急需对劳动者进行专业技术培训，且劳动者仍处于试用期的，可协商变更劳动合同缩短试用期。

(三) 试用期内劳动者解除劳动合同，不需承担用人单位的招录费用

试用期内劳动者解除劳动合同，用人单位一般不可要求其赔偿招录费用。《劳动合同法》规定，劳动者在试用期内提前三日通知用人单位，可以解除劳动合同，且用人单位不得要求劳动者支付违约金等费用。试用期是劳动者和用人单位互相了解、双向选择的时期，赋予了双方一定的"选择权"，劳动者因对工作不满意等合理原因解除合同属于行使自身权利，招录费用是用人单位的经营成本，不应由劳动者承担。

(四) 试用期解除劳动合同的注意事项

(1) 提前通知期限：劳动者在试用期内解除劳动合同，应提前三日通知用人单位；用人单位在过失性辞退情况下，也应及时通知劳动者。

(2) 书面通知：用人单位在试用期解除劳动合同的，应当向劳动者说明理由，且解除劳动合同的决定必须在试用期内，即在试用期结束当天的正常下班时间之前送达劳动者本人。若超过试用期，则用人单位不能以试用期内不符合录用条件为由解除劳动合同。无论是劳动者还是用人单位，解除劳动合同都应尽量采用书面形式，以确保双方权益得到保障。

(3) 经济补偿：如果劳动者主动提出解除劳动合同，且用人单位没有过错，用人单位通常不需要支付经济补偿金。但如果用人单位存在过错(如未按照合同约定支付劳动报酬等)，迫使劳动者提出解除劳动合同的，用人单位应当支付劳动者的劳动报酬和经济补偿，并可支付赔偿金。

(4) 离职手续：劳动者在离职前应办理好交接手续，确保工作能够顺利过渡。同时，用人单位也应为劳动者出具离职证明等相关文件。

总之，试用期解除劳动合同应遵循一定的法律程序和规定。用人单位和劳动者在解除劳动合同之前都应充分了解相关法律、法规和注意事项，以确保双方权益得到保障。

资料链接

某钢铁公司违法设定试用期案

2022年11月，赵某入职某钢铁公司工作，约定试用期为2个月。试用期满后，钢铁公司对赵某延长试用期1个月。2023年2月，钢铁公司以赵某实习期考核不合格，且达不到公司岗位的技能要求标准为由对其进行辞退处理。双方因解除劳动合同发生劳动争议，赵某到劳动人事争议仲裁委员会提起仲裁。该仲裁委裁决：钢铁公司支付给赵某违法设定试用期的赔偿金3000元、赔偿金2666.67元。钢铁公司不服仲裁裁定向苍梧法院提起诉讼请求。

分析：

根据劳动合同法"同一用人单位与同一劳动者只能约定一次试用期"的规定，钢铁公司未能提供证据证明其延长试用期1个月符合相关法律规定，属无效约定，赵某已经履行了钢铁公司违法约定的试用期1个月，根据劳动合同法相关规定，钢铁公司应向赵某支付违法设定试用期的赔偿金。钢铁公司在没有证据证明赵某存在过错的情况下，辞退了赵某，属于违法解除劳动合同行为，根据劳动合同法的规定，应向赵某支付赔偿金。

第三节 员工职业培训与服务期管理

一、职业培训

职业培训，是指以提高劳动者直接从事各种职业所需要的专业技术、业务知识和操作技能为目的而开展的一种教育培训活动。《劳动法》第六十七条规定，各级人民政府应当把发展职业培训纳入社会经济发展的规划，鼓励和支持有条件的企业、事业组织、社会团体和个人进行各种形式的职业培训。

(一) 劳动者有参与职业培训的权利

所谓职业培训权，是劳动者的基本权利之一，是指劳动者获得职业技能训练和教育的权利。《劳动法》第三条明确规定，劳动者享有接受职业技能培训的权利。《中华人民共和国职业教育法》也规定，国家建立健全职业教育体系，保障公民接受职业教育的权利，鼓励和支持开展职业培训。职业培训权主要涵盖以下内容。

(1) 劳动者依法享有获得参加各种职业培训资格的权利，用工单位不得拒绝。

(2) 在职工培训中，劳动者有权获得规定的学习时间，用人单位应积极安排。

(3) 职业培训中按规定由用人单位负担的费用，用人单位应当支付，若劳动者代付，用人单位需依法返还。

(4) 从事特种作业的劳动者，有要求进行专门培训的权利。

(5) 劳动者有权获得职业培训证书或资格证书。我国的职业培训中心环节就是建立统一的资格证书制度。通过国家确定职业分类，制定职业技能标准，建立起职业技能培训网络、职业资格证书制度和职业技能鉴定网络，逐步建立和完善职业技能开发体系，保障劳动者的职业培训权得以实现。

(二) 用人单位有提供职业培训的义务

《劳动法》第六十八条规定："用人单位应当建立职业培训制度，按照国家规定提取和使用职业培训经费，根据本单位实际，有计划地对劳动者进行职业培训。从事技术工种的劳动者，上岗前必须经过培训。"这是用人单位必须履行的法定责任，目的是使劳动者具备胜任工作岗位所需的技能和知识。

用人单位要根据自身的行业特点、工作岗位的要求来制订合适的培训计划。例如，对于一家软件开发公司，就需要对新入职的程序员进行公司内部使用的编程规范、特定软件系统架构等方面的培训；对于制造业企业，要对操作工人进行生产设备操作流程、安全生产规范等内容的培训。

特种作业一般具有较高的危险性和专业性，电工、高空作业等特种劳动者，只有经过专门培训并取得特种作业资格才能从事相关工作，因此，用人单位还需要针对特种作业群体提供专门培训，若让未经过专门培训的劳动者从事特种作业，属于违法行为。

(三) 职业培训的种类

职业培训是针对特定职业或岗位需求，通过系统的教育和训练活动，提升个人职业技能和素质的过程。职业培训一般可以分为两类：第一类是用人单位按照国家规定提取的职工培训费用进行的职业培训；第二类是用人单位在国家规定提取的职工培训费用以外提供用专项培训费用对劳动者进行的专业技术培训。

第一类培训是用人单位基于法律规定应履行的基本培训义务，其费用来自用人单位按照国家规定提取的职工培训经费，培训内容包括通用技能培训和安全生产培训，以此提升劳动者的整体素质及保障安全生产，使其达到适应工作岗位基本要求的目的。例如，对于新入职员工的入职培训，包括公司文化、规章制度、基本操作流程等内容的培训，让员工能够快速融入工作环境并胜任基本工作任务。

第二类培训与企业的核心业务、高端技术或者特殊项目有关，是用人单位在国家规定提取的职工培训费用以外专门提供的专项培训，培训内容是专业技术知识，因此具有较强的专业性和针对性。例如，一家软件开发公司为了让员工掌握新的编程语言或者新的软件开发框架，提供专项培训，目的是提升员工的专业技术水平，增强企业在市场中的竞争力。在这种情况下，用人单位和劳动者往往会签订培训协议，约定服务期等相关事项，以保障用人单位的投入能够得到相应的回报。

二、培训协议与服务期

《劳动合同法》第二十二条规定："用人单位为劳动者提供专项培训费用，对其进行专业技术培训的，可以与该劳动者订立协议，约定服务期。"当用人单位为劳动者提供专项培训费用，进行专业技术培训后，为了收回成本、保证劳动者能将所学用于工作等目的，会与劳动者约定一个服务期限。例如，公司送一名程序员去参加一个为期3个月、花费5万元的新技术高级培训课程，会与该程序员签订为期2年的服务期。

(一) 约定培训服务期的条件

培训服务期是劳动者接受用人单位付费安排的专项培训，双方通过协商约定的形式，规定劳动者必须为用人单位服务的期限。培训发生于劳动合同履行过程中，用人单位决定为某个特定的员工提供专业技术培训时，可以单独与其签订培训协议，也可以对劳动合同进行变更，增加培训服务期条款。其条件主要包括以下两个方面。

(1) 用人单位方面，必须为劳动者提供专项的培训费用，这是约定培训服务期的前提条件。这些费用通常包括学费、报名费、教材费、场地费、认证费用等直接费用，以及吃住行等间接费用。需要注意的是，用人单位内部的常规培训、消防培训、安全培训等，以及从工资总额中提取的职工教育经费进行的培训，不属于专项培训资金范畴，不能作为约定培训服务期的条件。除提供专项培训资金外，用人单位还必须对劳动者进行专业技术培训，通常包括专业技术职称或晋级培训、劳动技能培训等，旨在提高劳动者的特定技能，使其能够更好地胜任工作。

(2) 劳动者方面，在接受用人单位提供的专项培训资金、获得专业技术培训后，需要与用人单位签订培训服务期协议，协议应明确双方的权利和义务，包括服务期限、违约责任等。只有签订了培训服务期协议，才能产生法律约束力。培训服务期协议一旦签订，劳动者就必须严格遵守服务期限的约定。在服务期限内，劳动者不得随意离职或违反协议规定的其他义务。若劳动者违反协议规定，就需要按照协议的约定向用人单位支付赔偿金。

综上所述，培训服务期的条件主要包括用人单位提供专项培训资金并实施专业技术培训，以及劳动者签订培训服务期协议并遵守服务期限约定。这些条件共同构成了培训服务期的法律基础，保障了用人单位和劳动者的双边合法权益。

(二) 培训服务期的年限

关于培训服务期的年限，相关法规没有明确规定，通常是由用人单位和劳动者双方根据培训的性质、费用、内容等因素协商确定。用人单位在与劳动者协商确定服务期年限时要注意体现公平合理的原则。例如，一个比较简单的短期专业技能培训，服务期可能是一年或者更短；若是涉及复杂的、高成本的技术培训，像飞行员的专业飞行培训，培训周期长、费用高，服务期可能是5~10年。不能因为用人单位提供了少量的培训费用，就要求劳动者签订过长的服务期协议。按照《劳动合同法》的规定，用人单位与劳动者约定的服务期较长的，用人单位应当按照工资调整机制提高劳动者在服务期间的劳动报酬。

需要注意的是，当培训服务期长于劳动合同期限时，按照《劳动合同法实施条例》第十七条规定："劳动合同期满，但是用人单位与劳动者依照劳动合同法第二十二条的规定约定的服务期尚未到期的，劳动合同应当续延至服务期满；双方另有约定的，从其约定。"

(三) 违反培训服务期约定的违约金

《劳动合同法》第二十二条第二款规定："劳动者违反服务期约定的，应当按照约定向用人单位支付违约金。"在服务期内，劳动者要按照约定为用人单位工作，如果劳动者违反服务期约定提前离职，需要向用人单位支付违约金。

1. 违约金数额有限制

《劳动合同法》第二十二条第二款规定："违约金的数额不得超过用人单位提供的培训费用。用人单位要求劳动者支付的违约金不得超过服务期尚未履行部分所应分摊的培训费用。"例如，单位为劳动者提供了5万元的专项培训费用，约定服务期为5年，劳动者工作3年后离职。此时服务期尚未履行部分为2年，分摊到这2年的培训费用为2万元(假设按年平均分摊)，那么劳动者支付的违约金最高限额就是2万元。此外，约定服务期不能影响正常的工资调整，服务期内劳动者的报酬可以根据工资调整机制合理提高。

2. 违约金的支付方法

《劳动部办公厅关于试用期内解除劳动合同处理依据问题的复函》(劳办发〔1995〕264号)规定："约定服务期的，按服务期等分出资金额，以职工已履行的服务期限递减支付；没约定服务期的，按劳动合同期等分出资金额，以职工已履行的合同期限递减支付；没有约定合同期的，按5年服务期等分出资金额，以职工已履行的服务期限递减支付；双方对递减计算方式已有约定的，从其约定。"如果劳动者和用人单位协商一致，也可以采用其他合理的支付方式。

3. 违约金的支付情形

《劳动合同法实施条例》第二十六条对用人单位不得要求劳动者支付违约金的情形，以及劳动者应向用人单位支付违约金的情形进行了规定。

(1) 用人单位不得要求劳动者支付违约金的情形：根据《劳动合同法实施条例》第二十六条，用人单位与劳动者约定了服务期，劳动者依照《劳动合同法》第三十八条的规定解除劳动合同的，不属于违反服务期的约定，用人单位不得要求劳动者支付违约金。即在用人单位存在严重过错的前提下，劳动者立即解除劳动合同的，无须支付服务期违约金。

(2) 劳动者应向用人单位支付违约金的情形：①劳动者在服务期届满前主动辞职。比如，用人单位为员工甲提供了专业技术培训，并约定了3年服务期，甲在工作两年后，因个人原因(如想更换工作环境、找到薪资更高的工作等)主动提出离职，这种情况下甲就需要支付违约金。②劳动者因自身过错被用人单位解除劳动合同。例如，员工乙在服务期内严重违反用人单位的规章制度，或者严重失职、营私舞弊，给用人单位造成重大损害，用人单位依法解除劳动合同，则乙需要向用人单位支付违约金。

资料链接

黄某违法服务期协议案

黄某于2014年3月1日入职某科技公司，从事工程师工作，双方订立了为期5年的劳动合同。2015年6月1日，科技公司与黄某订立服务期协议，约定将黄某送到国外进行专业技术培训3个月，培训费用为15万元(含黄某培训期间的3个月工资6万元)，黄某回国后须为科技公司服务满5年，否则应承担违约责任。黄某培训回国后工作满2年即提出辞职。双方因违约金发生争议，科技公司提出仲裁申请，要求黄某支付违约金10万元。仲裁委审理后认为，科技公司将黄某在培训期间获得的工资列入培训费用是没有法律依据的，故只支持扣除6万元后服务期尚未履行部分所应分摊的培训费用。

分析：

《劳动合同法》第二十二条第二款规定："劳动者违反服务期约定的，应当按照约定向用人单位支付违约金。违约金的数额不得超过用人单位提供的培训费用。用人单位要求劳动者支付的违约金不得超过服务期尚未履行部分所应分摊的培训费用。"《劳动合同法实施条例》第十六条规定："劳动合同法第二十二条第二款规定的培训费用，包括用人单位为了对劳动者进行专业技术培训而支付的有凭证的培训费用、培训期间的差旅费用以及因培训产生的用于该劳动者的其他直接费用。"从上述规定来看，法律并未将培训期间的工资列入培训费用。

第四节　商业秘密与竞业限制管理

商业秘密是企业参与市场竞争的制胜武器，用人单位如何让员工保守企业的商业秘密不被他人侵犯或利用，是一个值得深思的问题。目前我国有关商业秘密保护的法律规定散见于《中华人民共和国反不正当竞争法》(以下简称《反不正当竞争法》)、《公司法》《民法典》《中华人民共和国刑法》(以下简称《刑法》)以及劳动法规中。《反不正当竞争法》第十条规定，经营者不得违反保密义务或者违反权利人有关保守商业秘密的要求，披露、使用或者允许他人使用其所掌握的商业秘密。《劳动合同法》第二十三条第一款规定："用人单位与劳动者可以在劳动合同中约定保守用人单位的商业秘密和与知识产权相关的保密事项。"

一、保守商业秘密

(一) 商业秘密的认定

商业秘密是指不为公众所知悉、具有商业价值并经权利人采取相应保密措施的技术信息和经营信息。商业秘密从构成要件上看具有以下特性。①秘密性：不为公众所知悉是其首要条件。例如，某公司独特的产品配方，该配方是公司通过内部研发的，外界一般无法轻易获取这种细节内容。②价值性：具有商业价值，能为权利人带来经济利益或者竞争优势。例如，企业的客户名单，这些客户名单可以帮助企业获得更多的商业机会和订单。③保密性：权利人采取了保密措施。这些措施包括和员工签订保密协议、限制访问保密信息的人员范围、对保密信息进行加密存储等。例如，一家科技公司对于核心技术资料设置专门的保密系统，只有特定授权人员才可以访问。

商业秘密包括两大类：一是技术秘密，是指从生产实践或技艺中得到的、具有实用性的知识，如产品配方、技术诀窍、生产工艺和流程等；二是经营秘密，是指一切与企业经营活动有关的、具有秘密性质的经营管理方法和与其相关的信息和情报，如客户名单和信息、产销渠道和策略、财务资料等。

(二) 侵犯商业秘密的行为

根据《反不正当竞争法》和原国家工商行政管理局《关于禁止侵犯商业秘密行为的若干规定》，劳动者侵犯用人单位商业秘密的行为主要有以下几种表现形式。

(1) 以盗窃、利诱、胁迫或者其他不正当手段获取用人单位的商业秘密。例如，员工通过私自复制含有商业秘密的文件(如产品配方、客户名单等)来盗窃商业秘密，或者受竞争对手金钱、职位等利益诱惑甚至胁迫，将本单位的商业秘密提供给对方。

(2) 披露、使用或者允许他人使用以前项手段获取的用人单位的商业秘密。比如，离职员工将在原单位以不正当手段获取的尚未公开的营销战略，发布在行业论坛上。在使用方面，劳动者可能会利用非法获取的商业秘密来开展自己的业务，像利用原公司的独特生产工艺生产相同产品并销售。而允许他人使用则可能是将商业秘密提供给其他企业，以换取经济利益或其他好处。

(3) 与用人单位有业务关系的单位和个人违反合同约定或者违反用人单位保守商业秘密的要求，披露、使用或者允许他人使用其所掌握的用人单位的商业秘密。例如，合作企业的员工在合作过程中接触到商业秘密，违反合作合同中的保密条款，将商业秘密披露给第三方；或者供应商的工作人员，违反了采购企业关于保守商业秘密的要求，把产品设计细节等商业秘密用于其他用途或告知他人。

(4) 用人单位的职工违反合同约定或者违反用人单位保守商业秘密的要求，披露、使用或者允许他人使用其所掌握的用人单位的商业秘密。比如，企业的技术人员违反保密协议，在离职后到竞争对手公司工作，并将原单位的核心技术信息用于新公司的产品研发；或者销售人员将原公司的客户名单用于自己新的业务拓展，包括向这些客户推销竞争对手的产品。

(三) 保护商业秘密的方式

商业秘密是企业的重要资产，保护商业秘密对于维护企业的竞争优势和经济利益至关重要。用人单位保护商业秘密有以下3种方式。①物理隔离。对存放商业秘密的区域进行严格的门禁管理，只有特定授权人员才能够进入。例如，高科技企业的芯片研发资料室，通过指纹识别或者刷卡等方式限制人员进出。②电子防护。利用技术手段，对存储商业秘密的计算机系统和网络进行保护，包括安装防火墙、加密软件等。比如，金融公司对客户的财务信息存储系统加密，防止外部黑客攻击和内部人员非法复制。③约定保密，双方签订保密协议。在协议里确定商业秘密的范围，并根据商业秘密的性质和实际需要，设定合理的保密期限，明确劳动者违反保密协议后需要承担的法律责任。

1. 保密制度

保密制度是用人单位单方面的法律行为，是一种防范劳动者侵权的手段，是企业管理自主权的体现。在保密制度设计上，制度内容应尽可能细化。用人单位应当建立企业档案资料及重要会议与会人资格的内部管理制度，确定商业秘密保护管理机构和专职、兼职的管理人员，建立秘密资料的交接、使用方法，明确商业秘密的存放、使用、转移等环节的管理制度，同时明确泄露秘密的处罚办法。需要注意的是，保密制度作为用人单位规章制度的一部分，应当遵循制定规章制度的法定程序，否则可能导致保密制度无效。

2. 保密协议

保密协议是用人单位和劳动者的双方行为，是通过合同约定劳动者保密义务的手段。违反保密协议需要承担违约责任。用人单位应当充分利用保密协议保护自身利益。保密协议可以分为两种类型：一类为仅约定劳动者的保密义务，在签约对象上应当为涉密人员，通常包括高级研究开发人员、技术人员、经营管理人员、一般技术支持人员和关键岗位的技术工人、市场计划和销售人员、财会人员、秘书人员、保安人员等；另一类为同时约定保密义务和竞业限制义务。但竞业限制对员工择业有一定影响，且用人单位需要为之付出一定成本，故不宜普遍采用，其签订对象应是重要涉密岗位。

保密协议的一项重要内容是违约责任的约定，违约责任的形式包括违约金和损失赔偿两种。

(1) 违约金是指当事人通过约定而预先确定的、在违约后生效的独立于履行行为之外的给付。其主要起到一种威慑作用，让员工或相关方在想要违反保密协议时，考虑到需要支付高额违约金而有所顾虑。在保密协议中，双方可以预先设定一个金额或者按照一定的计算方式来确定违约金数额。例如，一家科技公司和核心研发人员签订保密协议，约定如果违反保密协议，需要支付相当于其年薪3倍的违约金。

(2) 损失赔偿是指违约方因不履行或不完全履行合同义务而给对方造成损失，依法和依据合同的规定应承担的赔偿损失的责任。在保密协议中，损失赔偿的范围比较广泛。损失主要包括：①直接损失，如因为商业秘密泄露导致的订单减少、利润下降等可以直接计算出来的经济损失；②间接损失，如企业为了重新建立竞争优势而花费的额外研发费用、市场推广费用，以及为了维权所支出的律师费、诉讼费等合理费用。例如，某企业的客户名单被泄露后，不仅要计算丢失客户订单带来的直接利润损失，还要考虑重新开发客户市场的成本等间接损失。

根据《劳动合同法》规定，保密协议只能就竞业限制约定违约金，而一般的保密协议在违约责任上应当主要为约定赔偿计算方法。需要说明的是，原劳动部《关于企业职工流动若干问题的通知》(劳部发〔1996〕355号)赋予了用人单位与劳动者约定脱密期来保护商业秘密的权利。

脱密期是指用人单位可以约定掌握商业秘密的人员在离职之前必须提前通知用人单位，并为用人单位再工作一定期限，该期限一般不超过6个月，用人单位可以采取调整工作岗位、变更劳动合同等脱密措施，防止员工离职后立刻使用或泄露商业秘密，给用人单位的竞争优势和经济利益带来损害。例如，在科技公司中，掌握核心算法的员工离职时，利用脱密期让公司有时间采取措施防止算法泄露，如调整工作内容使员工远离关键信息。在脱密期内，员工仍有获得劳动报酬的权利，但也要履行保密义务。

(四) 劳动者违反保密义务的法律责任

保密义务是指劳动者在与用人单位建立劳动关系时，对其接触或者可能接触到的用人单位的商业秘密负有保密义务。特别指出，不论是否在劳动合同期限内，员工都有法定义务保守企业的商业秘密。《劳动合同法》第九十条规定："劳动者违反本法规定解除劳动合同，或者违反劳动合同中约定的保密义务或者竞业限制，给用人单位造成损失的，应当承担赔偿责任。"

1. 民事责任

劳动者违反法定的保密义务构成侵权的，应当承担侵权的民事责任。侵权赔偿责任适用《反不正当竞争法》第二十二条第一款规定："经营者违反本法规定，给他人造成损害的，应当依法承担民事责任。"被侵害的经营者的损失难以计算的，赔偿额为侵权人在侵权期间因侵权所获得的利润；并应当承担被侵害的经营者因调查该经营者侵害其合法权益的不正当行为所支付的合理费用。

2. 行政责任

在一些情况下，劳动者的泄密行为可能违反行政管理法规。例如，侵犯商业秘密的行为可能会受到市场监管部门的处罚。市场监管部门有权责令停止违法行为，可以根据情节处以罚款等措施。

3. 刑事责任

如果劳动者泄露商业秘密的行为情节严重，给用人单位造成直接经济损失数额在50万元以上构成犯罪的，会被追究刑事责任。根据《刑法》第二百一十九条规定，有侵犯商业秘密行为之一，情节严重的，处3年以下有期徒刑，并处或者单处罚金；情节特别严重的，处3年以上10年以下有期徒刑，并处罚金。

此外，鉴于众多侵犯商业秘密的案件表现为其他单位恶意挖人或内部员工与其他单位相互勾结、侵害原用人单位的权益，《劳动合同法》第九十一条规定："用人单位招用与其他用人单位尚未解除或者终止劳动合同的劳动者，给其他用人单位造成损失的，应当承担连带赔偿责任。"对于用人单位而言，关键问题是如何保证劳动者在解除或终止劳动关系后不泄露商业秘密。除对劳动者进行必要的法治宣传外，与劳动者签订竞业限制协议也是强有力的保护措施之一。

资料链接

宋某、陈某违反保密协议案

宋某、陈某离职前，分别担任甲公司常务副总裁、副总裁。宋某、陈某在职期间，甲公司与湖南某公司签订合作协议一份，该协议约定由甲公司研发某药品并对药品质量要求等做了具体约定；宋某、陈某对该合同内容均知悉。后宋某、陈某相继离职，宋某自行成立经营业务范围与甲公司相同的乙公司，且该公司拟与甘肃某公司签订合作协议，合作协议内容与甲公司同湖南某公司签订的合作协议内容基本一致，陈某帮助修改并添加了药品及质量要求等内容。甲公司主张宋某、陈某违反保密协议的约定，构成违约；宋某、陈某辩称甘肃某公司并未在合同上盖章，未泄露商业秘密，不构成违约。

分析：

法院经审理认为，双方签订保密协议明确约定宋某、陈某对甲公司依照法律规定及有关协议的约定对外承担保密义务的事项也具有保密义务，而甲公司与湖南某公司的合作协议明确约定甲公司应对知悉的合同内容进行保密，宋某、陈某以乙公司名义拟与甘肃某公司签订的合作协议内容与甲公司同湖南某公司签订的合作协议内容基本一致，可以认定宋某、陈某违反了保密协议的约定，构成违约。该案判决既维护了企业的经营，也对离职高管的不诚信行为做出否定评价，具有积极的引导意义。

二、竞业限制

竞业限制是指用人单位和知悉本单位商业秘密或者其他对本单位经营有重大影响的劳动者，在劳动合同或者保密协议中约定，劳动者在终止或解除劳动合同后的一定期限内，不得在生产同类产品、经营同类业务或有其他竞争关系的单位兼职或任职，也不得自己生产与原单位有竞争关系的同类产品或经营同类业务。竞业限制的立法目的在于保护商业秘密和知识产权，维护公平的市场竞争秩序。

(一) 竞业限制的规定

《劳动合同法》第二十三条第二款规定："对负有保密义务的劳动者，用人单位可以在劳动合同或者保密协议中与劳动者约定竞业限制条款，并约定在解除或者终止劳动合同后，在竞业限制期限内按月给予劳动者经济补偿。劳动者违反竞业限制约定的，应当按照约定向用人单位支付违约金。"

(二) 竞业限制的主体

《劳动合同法》第二十四条第一款规定："竞业限制的人员限于用人单位的高级管理人员、高级技术人员和其他负有保密义务的人员。"因此，用人单位并没有必要与公司的每一位员工签订竞业限制协议。一方面，与并不知悉公司商业秘密的人员签订竞业限制协议没有实际意义；另一方面，用人单位需向每一位签订了竞业限制协议的员工支付经济补偿。所以，用人单位只需要有选择性地与负有保密义务的人员签订竞业限制协议即可。

(三) 竞业限制范围

《劳动合同法》第二十四条第一款规定："竞业限制的范围、地域、期限由用人单位与劳动者约定"。用人单位应当根据自身情况，详细约定离职员工不得与原用人单位竞争的合理领域，如区域性限制或行业性限制。由于竞业限制限制了劳动者的劳动权利，原则上，竞业限制的范围应当以能够与用人单位形成实际竞争关系的区域和行业为限，而不应扩至其他领域。如果企业任意扩大竞业限制的范围，不但可能被认定为无效，而且可能涉嫌构成对劳动者择业自主权的侵犯。

(四) 竞业限制期限

《劳动合同法》第二十四条第二款规定，在解除或者终止劳动合同后，受竞业限制约束的劳动者到与本单位生产或者经营同类产品、从事同类业务的有竞争关系的其他用人单位，或者自己开业生产或者经营同类产品、从事同类业务的竞业期限，不得超过两年。在实践中，竞业限制的期限不一定都约定为两年，可根据该商业秘密在市场竞争中所具有的竞争优势持续的时间和员工掌握该商业秘密的程度、技术水平的高低，在最长为两年的期限内约定具体的竞业限制期限。

(五) 竞业限制补偿

《最高人民法院关于审理劳动争议案件适用法律若干问题的解释(四)》关于竞业限制做了如下规定。①当事人在劳动合同或者保密协议中约定了竞业限制，但未约定解除或者终止劳动合同后给予劳动者经济补偿，劳动者履行了竞业限制义务，要求用人单位按照劳动者在劳动合同解除或者终止前12个月平均工资的30%按月支付经济补偿的，人民法院应予支持。前款规定的月平均工资的30%低于劳动合同履行的最低工资标准的，按照劳动合同履行地最低工资标准支付。②当事人在劳动合同或者保密协议中约定了竞业限制和经济补偿，当事人解除劳动合同时，除另有约定外，用人单位要求劳动者履行竞业限制义务，或者劳动者履行了竞业限制义务后要求用人单位支付经济补偿的，人民法院应予支持。③当事人在劳动合同或者保密协议中约定了竞业限制和经济补偿，劳动合同解除或者终止后，因用人单位的原因导致3个月未支付经济补偿，劳动者请求解除竞业限制约定的，人民法院应予支持。④在竞业限制期限内，用人单位请求解除竞业限制协议时，人民法院应予支持。在解除竞业限制协议时，劳动者请求用人单位额外支付劳动者3个月的竞业限制经济补偿的，人民法院应予支持。

(六) 违反竞业限制的责任

《劳动合同法》对劳动者违反竞业限制规定了3种违约责任。第一种为违约金。劳动者违反竞业限制约定，需按照竞业限制协议中的约定向用人单位支付违约金，违约金的数额依据协议确定，但如果约定过高，仲裁或法院有权调整。第二种违约责任为赔偿责任。《劳动合同法》第九十条规定："劳动者违反本法规定解除劳动合同，或者违反劳动合同中约定的保密义务或者竞业限制，给用人单位造成损失的，应当承担赔偿责任。"损失赔偿范围包括用人单位已支付的竞业限制补偿金，以及调查违约行为所支付的合理费用。第三种违约责任为刑事责任。如果劳动者违反竞业限制约定，给用人单位造成重大损失或者特别严重后果的，可能构成侵犯商业秘密罪，会被处3年以下有期徒刑或者拘役，并处或者单处罚金；造成特别严重后果的，处3年以上7年以下有期徒刑，并处罚金。

资料链接

用人单位抗辩劳动者不属于竞业限制适格主体不应采信

杨某于2022年1月入职某机器人公司，双方签订员工保密及竞业限制协议，约定了杨某离职后的竞业限制义务及100万元违约金。2022年7月，双方解除劳动关系。后杨某申请劳动仲裁，要求机器人公司支付2022年7月至2023年3月的竞业限制经济补偿。仲裁裁决后，机器人公司起诉至常熟市人民法院，主张该公司无须支付竞业限制经济补偿。

分析：

常熟市人民法院经审理认为，机器人公司在杨某入职时基于杨某工作过程中可能接触该公司商业秘密与其约定了竞业限制条款，杨某离职后也未通知其无须履行竞业限制义务，诉讼中又以杨某不属于法律规定的竞业限制主体为由主张约定无效，违反诚信原则。杨某离职后履行了竞业限制义务，故常熟市人民法院判决机器人公司向杨某支付竞业限制经济补偿。机器人公司不服一审判决，提起上诉。苏州市中级人民法院二审驳回上诉，维持原判。

思考题

1. 招聘过程中常见的歧视行为有哪些？
2. 如何正确区分就业歧视与合理甄选？
3. 试用期应遵循哪些规定？
4. 试用期解除劳动合同有哪几种方式？
5. 职业培训的作用有哪些？
6. 简述培训服务期的相关内容。

案例讨论题

员工提供虚假就业信息违反竞业限制的案例

李某于2010年7月入职某科技公司，双方订立过两次固定期限劳动合同，第二份劳动合同的到期日为2020年8月31日。2020年6月4日，该科技公司与李某签订《竞业限制协议书》，其中约定如下。①李某的竞业限制期限为1年，自李某离职之日起开始计算，科技公司每月向李某支付竞业限制经济补偿6360元(税前)。②在竞业限制期内，李某非经科技公司同意，不在与科技公司生产或经营同类产品、从事同类业务的有竞争关系的单位工作，其中包括但不限于深圳某技术公司等。③在竞业限制期内，李某应当每月书面向科技公司汇报自己的就业情况，其中包括社会保险缴纳等情况。④李某违反协议约定应当承担下列违约责任：退还某科技公司已经支付但李某违反竞业限制义务期间的竞业限制经济补偿；违约金为某科技公司已支付竞业限制经济补偿的5倍。2020年6月23日，李某从该科技公司离职，其离职前12个月平均工资为38000元。自2020年7月起，某科技公司按照双方约定的标准向李某支付竞业限制经济补偿，并安排人事部员工姜某负责与李某进行按月对接，了解李某的再就业状况。对接过程中，李某告知姜某，其自离职后一直待业，由朋友开办的某物流公司为其办理社会保险费缴纳，并向姜某提交了其与某物流公司签订的劳动合同。姜某最后一次与李某进行对接的时间为2021年1月28日。2021年2月，某科技公司向劳动人事争议仲裁委员会(以下简称仲裁委员会)提出仲裁申请，要求李某返还竞业限制经济补偿、支付违反竞业限制义务违约金。

讨论与思考：

1. 案例中竞业限制协议的生效日期是哪天？
2. 劳动者在竞业限制中应履行哪些义务？
3. 竞业限制的违约金如何计算？

第七章

集体合同管理

学习目标

1. 了解集体协商的定义。
2. 把握集体合同制度的内容。
3. 理解集体合同与劳动合同的关系。
4. 掌握集体合同争议的处理程序。

扫码看详图

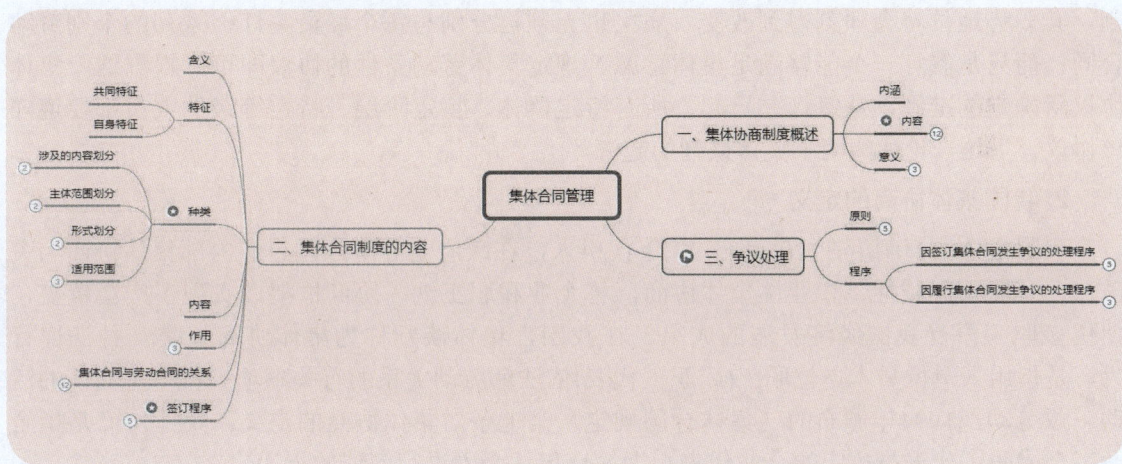

集体合同管理涉及的是企业的集体劳动关系管理，集体合同是集体协商的结果，劳动者团体与雇主之间就劳动条件、劳动标准等问题进行协商谈判，最终签订集体合同，是协调劳动关系的重要环节，因此集体合同的管理对于研究企业集体劳动关系具有重要的意义，本章从集体合同的内容与集体协商的角度对集体劳动关系进行阐述。

第一节 集体协商制度概述

在现代市场经济条件下，劳动关系的市场化特征和民主政治的建设进一步强化，集体协商制度作为协调劳动关系的基本法律制度，在推动现代企业制度建设，实现新型工业化和社会公平的过程中发挥着重要的作用。因此在进行企业劳动关系管理的研究前，有必要对集体协商制度进行了解与学习。

一、集体协商的内涵

(一) 集体协商的含义

1. 集体协商的由来

集体协商最早在国外叫作集体谈判，集体谈判一词作为集体合同双方的谈判过程的专门术语最早由英国学者比阿特丽斯·韦伯(Beatrice Webb)于1981年在研究论文《英国合作运动》中首先提出并使用的。后来，悉尼·韦伯(Sidney Webb)和比阿特丽斯·韦伯(Beatrice Webb)夫妇在其研究工会和集体谈判的代表作《产业民主》(1902)一书中指出："在无工会组织的行业，雇员个人无论在寻找工作，还是接受或拒绝雇主提供的就业待遇时，除了考虑自身所处的紧急状况之外，并没有与其同伴进行交流。为了出卖劳动力，雇员个人不得不与雇主进行艰难的个人交涉，但如果工人团结起来，推选代表以整个团体名义与雇主谈判，其弱势地位将会即刻得到改变。雇主也无须再分别与每个雇员签订一系列的个别劳动合同，而只是签订一个能够满足集体意愿、规定集体劳动条件的协议即可。根据这一集体协议所确定的准则，从签订之日起，所有特定群体、特定阶层、特定等级的人员都要遵守该协议。"这一论述阐明了集体谈判的起源。

2. 我国集体协商的定义

我国集体协商制度在 20 世纪 90 年代引入，在政府主导下，以企业内部集体协商为突破口，开展了区域性、行业性集体协商，将企业和职工纳入协商框架，实现了广泛覆盖，使更多职工享受我国经济发展的成果。在我国，集体谈判称为集体协商，是一种法律行为，是指用人单位与本单位职工(或职工代表)依法就劳动关系的有关事项进行平等商谈的活动。原劳动部1994年颁布的《集体合同规定》第七条对集体协商的定义：集体协商是指企业工会或职工代表与相应的企业代表，为签订集体合同进行商谈的行为。

原劳动和社会保障部2004年颁布的《集体合同规定》第三条对集体合同的定义：本规定所称集体合同，是指用人单位与本单位职工根据法律、法规、规章的规定，就劳动报酬、工作时间、休息休假、劳动安全卫生、职业培训、保险福利等事项，通过集体协商签订的书面协议。

集体协商是企业民主管理的一种重要形式，通过规范集体协商和签订集体合同的行为，依法维护劳动者和用人单位的合法权益，促进劳动关系的和谐稳定。

(二) 集体协商的特征

集体协商是一种特定的法律行为，具有以下一系列特征。

1. 主体特定性

(1) 雇主或雇主组织：企业方的代表通常为企业管理层或雇主组织的相关人员，他们拥有企业的经营决策权和资源调配权，在协商中代表企业的利益。

(2) 工会或职工代表：职工方的代表一般为工会成员或由职工选举产生的代表，其职责是维护职工的合法权益，表达职工的意愿和诉求。

我国有关法律对集体协商代表的产生和职责做了明确的规定，集体协商代表为3～10名，双方人数对等，并各自确定一名首席代表。双方另行指定一名记录员。用人单位代表由用人单位行政指派。

2. 地位平等性

(1) 法律地位平等：在集体协商过程中，双方代表的法律地位是平等的，不存在一方对另一方的强制或支配关系。双方都有权利充分表达自己的观点、意见和诉求，并且都有义务认真倾听对方的意见，通过平等的交流和协商来寻求共识和解决方案。

(2) 机会均等：无论是提出议题、讨论协商还是最终达成协议，双方都享有平等的机会和权利，任何一方都不能凭借自身的地位或优势压制另一方的意见和诉求。

3. 过程规范性

(1) 遵循法定程序：集体协商必须按照法律规定程序进行，包括协商的发起、准备、举行会议、记录、签字等环节，每个环节都有相应要求和规范，以确保协商的合法性和有效性。

(2) 规则明确：协商过程中需要遵循一定的规则和原则，如诚实信用、公平公正、尊重对方等原则，以保证协商的顺利进行和协商结果的合理性。

4. 内容广泛性

(1) 涵盖劳动关系多方面：集体协商的内容涉及劳动关系的各个方面，包括但不限于劳动报酬、工作时间、休息休假、劳动安全卫生、保险福利、职业培训、劳动纪律等，旨在全面保障职工的权益和协调劳动关系。

(2) 关注职工核心利益：重点关注职工的核心利益问题，如工资待遇、工作时间安排、休息休假权利等，同时也会根据企业和职工的实际情况，对其他相关权益进行协商和确定。

5. 目的共赢性

(1) 追求双方利益平衡：集体协商的目的不是一方战胜另一方，而是通过协商达成双方都能接受的协议，实现企业与职工之间的利益平衡和共赢。

(2) 促进合作与发展：良好的集体协商能够增强企业和职工之间的信任与合作，有利于建立和谐稳定的劳动关系，提高企业的生产效率和经济效益，同时也能保障职工的合法权益和工作积极性，促进企业的可持续发展。

6. 结果约束性

(1) 形成书面协议：集体协商的结果通常以书面形式形成集体合同或专项协议，对双方具有法律约束力。双方都必须遵守协议中的条款和约定，不得擅自违反或变更。

(2) 保障权益落实：书面协议明确了双方的权利和义务，为职工权益的保障和企业的经营发展提供了依据和保障，有助于避免劳动争议的发生，维护劳动关系的稳定。

二、集体协商的内容

集体协商是雇员代表与一个或者几个雇主通过谈判和签订集体合同，确定劳动条件、劳动标准、劳动关系等诸多内容的过程，具体包括以下几个方面。

(一) 薪酬福利

(1) 工资待遇：包括基本工资、绩效工资、奖金、津贴、补贴等的确定和调整机制，以及工资的支付方式、时间和周期等。例如，双方可以协商工资的增长幅度、与物价指数或企业效益挂钩的工资调整方案等。

(2) 补充保险和福利：如商业保险、企业年金、补充医疗保险、住房公积金等的缴纳比例、范围和标准，以及其他福利待遇，如带薪年假、节日福利、健康体检、员工食堂、班车等。

(二) 工作时间与休息休假

(1) 工时制度：确定标准工时、不定时工作制，综合计算工时工作制的适用范围和具体工作时间安排，以及加班的规定和限制等。

(2) 休息休假：细化年假、病假、婚假、产假、陪产假、丧假等各类假期的天数、申请流程和待遇，明确休息日的安排和调整机制。

(三) 劳动安全卫生

(1) 劳动安全卫生标准：制定或更新工作场所的安全卫生标准，包括安全生产条件、职业危害防护、劳动保护用品配备等方面的要求和措施。

(2) 安全培训与教育：确定对员工进行安全培训的内容、方式、频率，以及对员工的考核要求，提高员工的安全意识和技能。

(四) 女职工特殊保护

(1) 孕期保护：规定孕期女职工的工作调整、产检时间安排、禁止从事的劳动范围等，保障女职工和胎儿的健康。

(2) 产期待遇：明确产假期间的生育津贴支付标准、工资待遇计算方法等。

(3) 哺乳期保护：确定哺乳时间和哺乳室的设置、对哺乳女职工的工作支持等。

(五) 职业技能培训

(1) 培训计划与实施：制订员工职业技能培训计划，制定职业技能的课程内容、培训方式和时间安排等，以满足企业发展和员工职业发展的需要。

(2) 培训费用承担：明确企业与员工在培训费用上的分担比例和支付方式。

(3) 培训效果评估：建立培训效果的评估指标和方法，对培训后的员工技能提升进行跟踪和反馈。

(六) 规章制度

(1) 企业规章制度的制定与修改：就企业的人力资源管理制度、考勤制度、奖惩制度等的制定或修改进行协商，确保制度的合理性和合法性。

(2) 制度的公示与执行：确定规章制度的公示方式、执行监督机制，以及违反制度的处理办法。

(七) 劳动合同管理

(1) 合同条款：对劳动合同的签订、续订、变更、解除和终止等环节的具体操作规范和双方的权利义务进行协商，明确合同期限、试用期、保密条款、竞业限制等重要条款。

(2) 合同履行与监督：建立劳动合同履行的监督机制，确保双方按照合同约定履行各自的义务。

(八) 奖惩制度

(1) 奖励措施：设定各种奖励的条件、形式和标准，如优秀员工奖、创新奖、绩效奖等，以激励员工的积极性和创造力。

(2) 惩罚措施：明确违纪行为的种类、程度和相应的惩罚措施，如警告、罚款、降职、辞退等，同时规定惩罚的程序和申诉途径。

(九) 裁员规定

(1) 裁员条件与程序：确定企业在何种情况下可以进行裁员，以及裁员的程序和要求，包括提前通知、经济补偿等方面。

(2) 优先留用与安置：协商在裁员时应优先考虑留用的人员类别，以及对被裁减人员的安置措施，如提供再就业培训、内部转岗等。

(十) 集体合同期限与变更解除

(1) 合同期限：确定集体合同的有效期限，一般为1～3年。

(2) 变更、解除程序：规定在集体合同履行期间，如果遇到特殊情况需要变更或解除合同时的程序和条件，以及双方的协商方式和时间限制。

(十一) 争议解决机制

(1) 协商解决方式：建立劳动争议的内部协商解决机制，明确双方在发生争议时的协商程序、参与人员和时间限制等。

(2) 调解仲裁诉讼：约定在协商不成的情况下，是否选择调解、仲裁或诉讼等方式解决争议，以及相关的机构和程序。

(十二) 其他事项

双方当事人均认为有必要进行协商的其他重要事项，如企业的发展战略、工会活动的开展、员工参与企业管理的方式等。

综上所述，集体协商内容丰富多样，涵盖了劳动关系的方方面面，从薪酬福利到工作时间，从劳动安全到特殊保护，再到技能培训与规章制度等。这些内容的协商旨在平衡双方利益，促进和谐劳动关系，保障员工权益，同时推动企业发展。通过平等、公正、透明的协商过程，企业和员工能够共同构建一个稳定、合作、共赢的工作环境。

资料链接

好莱客工厂搬迁劳资沟通协商案例

2021年，在好莱客从化生产基地投产初期，原来萝岗工厂的一些工人在搬迁过程中对工资分配制度有异议，导致搬迁面临挑战。工会通过多种渠道宣传集体协商的意义和细则，提高职工的参与度和认识度。工会选举职工代表成立领导小组，深入生产一线了解员工需求；根据员工意见和需求起草《集体协商实施细则》，经职代会审议通过；通过集体协商，职工月平均工资达7813元且高于同行制造业，女职工"三期"免绩效考核且合法权益得到落实，签订集体合同确立劳动报酬和劳动条件等标准。

分析：

好莱客工会通过职工代表大会制度、代表接待活动等平台，以及工会推行的相关措施，让职工能够发出真实的声音和表达意愿诉求，通过集体协商强化了企业的民主管理建设，平衡了企业与职工的利益关系，增强了企业的凝聚力和竞争力。该案例入选2024年广州市十大企业劳资沟通协商典型案例。

三、集体协商的意义

集体协商的重要意义不仅体现在劳动者本身，还体现在对于政府和用人单位方面。

(一) 劳动者维护合法权益的重要工具

集体协商制度的建立，可以使劳动者的个人想法通过集体劳动合同的内容体现出来，既然集体劳动合同中已经明确规定了劳动者应该享有的权利，那么就应该按照规定维护劳动者的权益，如果没有按照规定进行，则企业就违背了法律、法规，劳动者有进行反抗的权利。

(二) 政府弥补法律缺陷的重要补充

国家的劳动法律、法规规定了合法的劳动条件和劳动标准，但是这里的法律角度是针对所有的用人单位而言，由于用人单位的实际工作情况不一，所以并没有针对性。集体协商解决了这一缺陷，通过集体合同的形式使得劳动者的不平等问题得到缓解，认可了劳动者与用人单位解决纠纷的形式，减轻了政府的压力，有利于保持劳动者与用人单位之间的和谐劳动关系。

(三) 企业协调劳动关系的重要机制

企业管理是一门非常复杂的学问，一个企业长远发展的关键要素是员工，只有员工认同企业，归属企业，才能真正地为企业服务。所以企业劳动关系的和谐健康发展是非常重要的，集体协商是企业员工进行自我利益权利争取的渠道，员工通过集体协商可以表达自己的诉求，维护自己的合法权益，一方面减少了企业的矛盾，另一方面对于增加员工的满意度和忠诚度具有不可替代的作用。

集体协商不仅维护了职工权益，促进了企业与职工间的有效沟通与合作，还推动了企业稳健发展和社会稳定和谐，是构建现代和谐劳动关系不可或缺的重要机制。

资料链接

上海众材公司集体协商保就业案

上海众材公司是专业从事检验检测认证咨询业务的机构，新冠疫情使其经营遭遇巨大困难，2020年2月公司应收账款为零，资金难以周转，公司管理层开始考虑是否需要裁员。

面对困境，公司工会提议企业方和全体职工通过集体协商、职代会的方式商量解决。公司工会牵头建立职代会微信群，职工方代表和行政方代表于2020年2月20日在线展开第一轮协商，重点聚焦稳岗位、保就业。职工代表提出，目前是特殊时期，希望公司不要裁员。公司代表则提出，希望职工能够接受降薪、轮岗轮休等方式缓解公司压力和困境。经过协商，双方在共渡难关上取得一致，公司承诺不轻易裁减受疫情影响的员工。第二轮协商，针对企业方提出的全体职工发放上海市最低工资2480元，职工代表提出，不同情况不应一概而论，居家办公和到岗职工应另发绩效奖金。对此，双方开始了第三轮协商，并达成了一致意见，在不裁员的情况下保证居家隔离职工工资不低于2480元；居家办公、到岗职工，发放基本工资外给予每人300~500元的奖金，集体协商方案获全票通过。

分析：

集体协商是企业和职工携手共进的调节器，上海众材公司工会主动作为，有效凝聚了公司和职工共渡难关的决心。本次集体协商体现了企业民主管理的优势，充分落实和保障了职工的知情权、参与权、表达权和监督权。

第二节　集体合同制度的内容

一、集体合同的含义与特征

集体合同制度的内容是市场经济条件下调整劳动关系的重要形式，是充分发挥工会中协商劳动关系的地位和作用的有效形式，对于调动劳动者的积极性，巩固劳动关系具有重要意义。

(一) 集体合同的含义

集体合同原译为collective agreement，是"集体协议"的意思，在我国称之为集体合同。《劳动合同法》第五十一条提出，企业职工一方与用人单位通过平等协商，可以就劳动报酬、工作时间、休息休假、劳动安全卫生、保险福利等事项订立集体合同。集体合同草案应当提交职工代表大会或者全体职工讨论通过。集体合同由工会代表企业职工一方与用人单位订立；尚未建立工会的用人单位，由上级工会指导劳动者推举的代表与用人单位订立。

(二) 集体合同的特征

集体合同具有一般合同的共同特征，也具有自身的特征。

1. 共同特征

(1) 签订集体合同是一种法律行为。

(2) 集体合同是当事人双方的法律行为。

(3) 集体合同是平等的主体基于平等、自愿协商而订立的规范双方权利和义务的协议。

2. 自身特征

(1) 集体合同有特定的当事人。当事人是集体合同的主体，一般规定集体合同的主体其中一方必须是由多数人组成的团体组织，职工必须是由工会或者职工代表参加，集体合同才能形成。

(2) 集体合同的内容具有广泛性。集体合同的内容主要是反应在生产过程中的关系，包括所规定的标准条件，如劳动条件下的工资标准和规范、安全卫生条件、保险福利等内容。

(3) 集体合同的形式具有规范性。订立集体合同是要式行为，必须符合国家的法律、法规要求，集体合同只有作为书面形式并经过主管机关的等级备案，才具有法律效力。

一般劳动合同受法律强制约束，不履行义务需承担法律与经济责任；但集体合同中工会履行义务具有道义属性，若未践行约定义务，主要承担道义层面的责任约束，通常不直接对应经济或法律责任的刚性惩戒。

二、集体合同的种类

按照不同的分类标准，集体合同具有不同的种类。

(一) 按集体合同涉及的内容划分

(1) 专项集体合同。《劳动合同法》第五十二条规定："企业职工一方与用人单位可以订立劳动安全卫生、女职工权益保护、工资调整机制等专项集体合同。"

(2) 综合集体合同。集体合同是全面规范劳动标准条件的合同。

(二) 按集体合同的主体范围划分

(1) 企业集体合同。企业工会代表劳动者与企业之间签订的集体合同。

(2) 行业集体合同。《劳动合同法》第五十三条规定："在县级以下区域内，建筑业、采矿业、餐饮服务业等行业可以由工会与企业方面代表订立行业性集体合同"。

(三) 按集体合同的形式划分

(1) 要式集体合同。以书面形式按照法律、法规订立的合同。

(2) 非要式集体合同。没有按照法律、法规的形式订立的合同，如口头的形式属于非要式集体合同。

(四) 按集体合同的适用范围划分

(1) 工厂集体合同。针对工厂或者个别企业及所属单位的合同。

(2) 地方集体合同。针对某城市、省或者特定地区内的某行业雇主或者与该行业工会所签订的协议。

(3) 全国集体合同。针对全国行业总工会与其雇主签订的协议合同，规定该行业的劳动条件，然后各个行业及雇主协会可按照其原则再签订个别协议。

三、集体合同的内容

集体合同的内容主要包括3部分：劳动标准条件规范部分，这是集体合同的核心内容，对个人劳动合同起制约作用；过渡性规定，主要包括因集体合同履行发生纠纷的解决措施，优先招用被解雇的职工等；集体合同本身的一般性规定，包括集体合同的有效期限、变更、解除条件等。

根据原劳动和社会保障部2004年颁布的《集体合同规定》规定，集体协商双方可以就下列多项或某项内容进行集体协商，签订集体合同或专项集体合同：

(1) 劳动报酬，包括工资水平、工资分配方式和支付办法等；

(2) 工作时间和休息休假，包括每天工作时间和每周工作天数、年休假及其他休息休假等；

(3) 劳动安全与卫生，包括劳动条件、安全设施、防护用品、职工健康检查等；

(4) 补充保险和福利，包括养老、工伤、医疗、死亡等待遇，职工住房、生活供应、保健和文化体育设施等；

(5) 女职工和未成年工特殊保护；

(6) 职业技能培训；

(7) 劳动合同管理；

(8) 奖惩；

(9) 裁员；

(10) 集体合同期限；

(11) 变更、解除集体合同的程序；

(12) 履行集体合同发生争议时的协商处理办法；

(13) 违反集体合同的责任；

(14) 双方认为应当协商的其他内容。

四、集体合同的作用

集体合同作为一种劳动法律制度，是商品经济发展的产物，是调整劳动关系、维护劳动者合法权益的有效手段。

(一) 协调劳动关系的有效机制

市场经济体制建立的过程中，我国劳动关系发生了很大的变化，出现了各种难以调节的利益矛盾，而集体合同制度就是在这种环境下产生的，它可以适应市场经济发展的新要求，对建立新的、和谐的劳动关系，促进企业和社会的经济发展和改革，避免矛盾激化有着至关重要的作用。

(二) 维护职工合法权益的重要手段

集体合同协商的平等性和内容的广泛性可以很好地解决职工与外资企业和私营企业的权益纠纷和劳动争议问题。其有利于保障职工的切身利益和维护职工的合法权益，还有利于保障职工的主人翁地位。

(三) 发挥工会组织与管理的重要作用

集体合同的签署和履行过程，就是工会参与企业管理的过程。工会可以通过集体合同的签署，更好地参与和推动各项工作的进行，保障职工的合法权益；还可以发挥社会调节作用和民主渠道作用，有利于提高工会在职工中的威信，更好地发挥工会的作用。

资料链接

江苏中天科技股份有限公司民主管理之工会的良好作用

位于南通的江苏中天科技股份有限公司成立于1992年，形成多元产业格局，是国家创新型试点企业等，有14000多名职工，于2001年8月成立工会。公司于2011年成立了国内首家职工科技创新平台——"知识产权银行"，行政方认为其运行正常且已获认可，没必要写进集体合同，而职工方提出将"知识产权银行"纳入集体协商内容，提高职工创新激励标准并形成相关条款写进公司专项集体合同等3项要求。经过反复沟通，双方在激励标准的设置上存在分歧，最终经过妥协达成共识。

分析：

"知识产权银行"写进集体合同产生效能，截至2022年4月，储户众多，收集了大量合理化建议，创造了可观利润，成为激励职工创新和企业创优升级的重要载体。

职工切身利益问题得到有效解决，如工资增长幅度、技术人员职称津贴、五险一金缴纳、职工子女看护补贴，以及节日慰问品发放等方面都有明确规定。工会在职工和企业中的地位显著提升，聚焦职工需求有效协商，使职工收益与企业效益同步提高，激发了职工创新创造、自我提升的动力。

五、集体合同与劳动合同的关系

(一) 集体合同与劳动合同的相同点

集体合同与劳动合同都是调整劳动关系的法律契约，是协调劳动关系的重要法律制度。它们具有相同点，具体表现在以下几个方面。

(1) 调整对象相同，都是用来调整劳动关系，具有保障劳动者合法权益的功能。

(2) 都是在劳动者与用人单位之间签订的合同。一般而言，两者具有可参照性，劳动合同关于劳动者权益的规定不得低于集体合同的标准，集体合同的标准是关系劳动者权益的最低标准。

(3) 集体合同是劳动合同的补充，对于劳动合同没有规定或者规定不明确的事项，集体合同具有补充的功能。

(4) 集体合同和劳动合同都受到法律、法规的约束，都必须严格遵守有关法律、法规、规章的规定，违反规定要承担法律责任。

(二) 集体合同与劳动合同的不同点

集体合同并非单纯意义上劳动合同的一个部分，也不是一种特殊的表现形式，两者在本质上存在差异，具体表现在以下几个方面。

(1) 签订合同的双方主体不同。劳动合同的签订是主体劳动者个人与用人单位确立的劳动关系，明确双方权利义务的协议，而集体合同的签订是工会代表职工与用人单位之间建立的关系，这里的工会代表是一个团体、集体的概念。即劳动合同的主体是劳动者和用人单位；集体合同的主体是工会代表和用人单位。

(2) 合同的内容不同。劳动合同是以劳动者个人的权利和义务约定的，包括劳动关系各个方面的内容，而集体合同以集体劳动关系中全体劳动者的权利和义务为内容，可能涉及劳动关系的各个方面，也可能只涉及其中的某个方面。

(3) 合同的效力不同。劳动合同对双方主体具有法律约束力，集体合同对企业和全体企业的职工具有约束力。集体合同的效力高于劳动合同，劳动合同规定的劳动条件和劳动标准不能低于集体合同的规定，劳动合同规定的劳动条件和劳动标准低于集体合同规定的条款无效。

(4) 合同的生效时间不同。劳动合同的生效时间是签订劳动合同即刻生效；集体合同的生效时间有延迟，要报劳动行政部门，劳动行政部门自收到文本之日起15个工作日内没有异议的立即生效。

(5) 合同的期限不同。劳动合同的期限分为有固定期限、无固定期限和以完成一定的工作为期限(即以完成某项工作或某项工程为有效期限，工作一经完成，劳动合同即终止)3种形式；集体合同的期限一般是1～3年。

(6) 合同的形式不同。劳动合同有要式合同与非要式合同两种，集体合同一般为要式合同。

六、集体合同的签订程序

集体合同的签订应当在遵循一定原则的前提下按照一定的顺序进行，可以分为5个步骤，如图7-1所示。

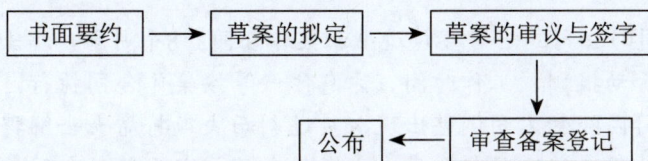

书面要约 → 草案的拟定 → 草案的审议与签字 → 审查备案登记 → 公布

图 7-1　集体合同的签订流程图

(一) 书面要约

书面要约是指在进行集体协商之前，任何一方都可以对进行的集体协商提出要求，一方提出集体协商要求后，另一方在收到集体协商要求之日的20日内以书面的形式给予回应。不论由哪一方提出要约，对方都不得拒绝。

进行书面要约时需要注意以下几点。

(1) 集体协商的主体是工会代表职工与企业，如果企业没有建立工会，应该由职工推荐出相应的代表与企业签订。

(2) 进行集体协商前应该做好充分的准备工作，提前熟悉法律、法规、规章制度的相关内容，了解集体协商涉及的内容和做好有关资料的准备。

(二) 集体合同草案的拟定

当前，集体合同起草的一般趋势是成立集体合同起草小组，这个小组由工会及职工代表组成。首先起草小组应该审查到期的集体合同内容，如果需要修改可以提出申请进行修订，其次对于集体合同中的某些特殊工作场所等内容，可以请有关专家进行协助与论证，最后要对起草的集体合同草案征求职工的意见和建议。

(三) 集体合同草案的审议与签字

集体合同的审议是提交给职工代表大会或者全体职工大会审议，做出审议的决议，用人单位应当组织全体职工认真讨论集体合同的草案，需要注意以下几点。

(1) 出席职工代表大会的代表应该达到2/3以上的人数。

(2) 全体职工代表过半数或者全体职工半数以上同意，集体合同草案或专项集体合同草案才能通过。

集体合同草案经过职工代表大会或全体职工审议通过之后，由企业法定代表人与企业工会主席签字后即告成立。签字是集体合同订立过程中的一个必要程序，也是集体合同的形式要件。

(四) 集体合同的审查备案登记

集体合同签订后，应当在双方首席代表签字之日起10日内，由用人单位一方将文本一式三份报送劳动保障行政部门进行审查。劳动保障行政部门自收到文本之日起15日内未提出异议的，集体合同生效。

(五) 集体合同的公布

集体合同一经生效，应当立即向全体成员公布结果。

资料链接

集体合同不能代替个人劳动合同

席女士所在公司与公司工会曾签订过书面集体合同。8个月前，席女士入职该公司后，彼此仅是口头约定劳动报酬、工作时间、休息休假等按集体合同执行，并没有单独签订书面协议。近日，公司因经营方向调整出现人员过剩而决定将席女士解聘。席女士对此虽无异议，但要求公司从用工的次月起向席女士支付未签订书面劳动合同的双倍工资。可公司认为，其与工会签订的集体合同，针对的是全体员工，其中当然包括席女士，而该集体合同是书面的，故席女士无权以公司没有单独、另行签订书面劳动合同为由索要双倍工资。

分析：

公司的观点是错误的。《劳动法》第三十五条规定："职工个人与企业订立的劳动合同中劳动条件和劳动报酬等标准不得低于集体合同的规定。"表明在集体合同下，同样有劳动合同的存在，甚至劳动合同中的劳动条件和劳动报酬可以高于集体合同，即单个劳动者并非必须严格执行集体合同，而是可以在此基础上加以变更。正因为集体合同不等于劳动合同，而目前也没有可以用集体合同替代劳动合同的任何法律依据，决定了公司在没有与劳动者签订书面劳动合同的情况下，就必须根据《劳动合同法》第八十二条之规定向劳动者支付2倍工资。

第三节　集体合同争议的处理

集体合同争议是劳动争议的一种，是集体合同当事人对合同的内容、履行情况和不履行后果产生的争议。集体劳动争议往往是由于劳动者与企业在工资薪酬和劳动条件等问题上产生的纠纷，属于经济发展中产生的正常纠纷。劳动者向企业提出集体协商的权利是劳动者应有的经济权利，这项权利来源于劳动者与企业在市场中所处的平等地位，是劳动者作为主人翁参与企业管理的资格的体现之一，更是劳动者要求分享经济发展成果的合法权益。对集体合同内容的争议，是指当事人在集体合同协商时就确定合同的标准条件、义务条款产生的纠纷或对已签订的合同的标准条件、义务条款在理解和解释上产生的分歧。我国的集体合同争议主要分为因签订集体合同发生的争议和因履行集体合同发生的争议，对这两种集体合同发生的争议处理的程序也不相同。

一、集体合同争议处理的原则

集体合同争议处理需遵循合法、公平、及时等原则，以保障双方合法权益，维护社会稳定和谐。集体合同争议处理的原则主要有以下5个方面。

(一) 合法原则

(1) 遵循法律程序：在处理集体合同争议时，必须严格依照国家法律、法规所规定的程序进行。从争议的受理、调查、调解、仲裁到可能的诉讼等各个环节，都要有法可依、依法进行，确保整个处理过程符合法律的要求，使处理结论具有合法性和权威性，能够得到当事人的有效执行。

(2) 依据法律规定判断是非：对集体合同争议中涉及的问题，要以国家现行的劳动法律法规、相关政策，以及双方签订的集体合同条款为依据，准确判断争议的是非曲直，确定双方的权利和义务，不能违背法律、法规的强制性规定。

(二) 公平原则

(1) 公正对待双方当事人：无论是用人单位还是劳动者一方，在集体合同争议处理过程中，都应给予平等的对待，不偏袒任何一方。处理机构和人员要保持中立的立场，客观地听取双方的意见和诉求，全面了解争议的事实情况，确保双方在争议解决过程中有平等的机会表达自己的观点和提供证据。

(2) 合理分配权利和义务：在处理结果上，要公平、合理地分配双方的权利和义务，使争议的处理结果符合公平正义的要求。对于集体合同中不明确或存在歧义的条款，应按照公平的原则进行解释和处理，避免一方因合同条款的漏洞而承担不合理的责任或获得不当的利益。

(三) 及时原则

(1) 快速响应和处理：一旦发生集体合同争议，相关部门和机构应及时介入，尽快启动处理程序。避免争议久拖不决，防止矛盾进一步激化，减少对劳动关系和社会秩序的影响。例如，劳动行政部门在接到协调处理申请后，应按照规定及时组织协调处理；仲裁机构在受理仲裁申请后，也应尽快安排开庭审理。

(2) 高效解决争议：在整个处理过程中，各环节都应提高工作效率，优化处理流程，确保在合理的时间内完成争议的处理。对于一些紧急或涉及社会公众利益的重大集体合同争议，更要优先处理，尽快解决问题，维护社会的稳定和谐。

(四) 保障社会公众利益原则

(1) 关注公共利益影响：由于集体合同通常涉及特定行业、地区或企业的众多劳动者，其争议的处理结果可能会对社会公众利益产生影响。因此，在处理集体合同争议时，要充分考虑社会公众的整体利益，对于可能影响公众利益的争议，如涉及公共服务、公共安全等行业的集体合同争议，要谨慎处理，确保处理结果不会损害社会公众的合法权益。

(2) 政府积极干预和协调：当集体合同争议涉及社会公众利益时，政府劳动行政主管部门等相关机构应发挥不可替代的作用，及时介入并进行协调处理。政府可以通过制定相关政策、提供指导和支持等方式，促进争议的妥善解决，维护社会的稳定和正常秩序。

(五) 协商与调解相结合原则

(1) 鼓励先行协商：在集体合同争议发生初期，鼓励双方当事人通过自行协商的方式解决争议。双方可以在平等、自愿的基础上，就争议的问题进行友好协商，寻求双方都能接受的解决方案。协商解决争议有利于保持双方的合作关系，降低争议解决的成本和时间。

(2) 重视调解作用：如果协商不成，可以引入调解机制。调解可以由企业内部的劳动争议调解委员会、工会或其他中立的第三方机构进行。调解人员应充分听取双方的意见和诉求，提出合理的调解方案，促使双方达成和解协议。调解具有灵活性、便捷性的特点，能够更好地适应不同争议的具体情况，提高争议解决的效率和满意度。

二、集体合同争议处理的程序

(一) 因签订集体合同发生争议的处理程序

我国《劳动法》第八十四条第一款规定："因签订集体合同发生争议，当事人协商解决不成的，当地人民政府劳动行政部门可以组织有关各方协调处理。"这一规定明确了因签订集体合同发生争议的处理有两个途径：①争议双方协商解决；②如果双方经过充分协商还不能达成一致意见、结束争执时，当地人民政府劳动行政部门要组织有关各方协调处理。我国处理因签订集体合同发生的争议是以行政调解为基本手段的。

根据原劳动和社会保障部2004年1月颁布的《集体合同规定》，因签订集体合同而发生争议的处理程序如下。

(1) 申请协调处理：因签订集体合同发生争议，双方当事人不能协商解决的，当事人一方或双方可以书面向劳动保障行政部门提出协调处理申请；未提出申请的，劳动保障行政部门认为必要时可以进行协调处理。

(2) 选派代表参加：协调处理因签订集体合同发生的争议，双方当事人应各选派代表3～10名，并指定1名首席代表参加。

(3) 组织多方代表共同协调：劳动保障行政部门协调处理因签订集体合同发生的争议时，应当组织同级工会和企业组织等三方面的人员，共同协调处理集体协商争议。

(4) 确定处理期限：劳动行政部门协调处理因签订集体合同发生的争议，应当自受理协调处理申请之日起30日内结束协调处理工作。期满未结束的，可以适当延长协调期限，但延长期限不得超过15日。

(5) 制作协调处理协议书：劳动保障行政部门协调处理后应制作《协调处理协议书》，由集体协商争议协调处理人员和争议双方首席代表签字盖章后生效。争议双方均应遵守生效后的《协调处理协议书》。

《劳动法》第七十九条规定，劳动争议发生后，当事人可以向本单位劳动争议调解委员会申请调解；调解不成，当事人一方要求仲裁的，可以向劳动争议仲裁委员会申请仲裁。当事人一方也可以直接向劳动争议仲裁委员会申请仲裁。对仲裁裁决不服的，可以向人民法院提起诉讼。

(二) 因履行集体合同发生争议的处理程序

我国《劳动法》第八十四条第二款规定："因履行集体合同发生争议，当事人协商解决不成的，可以向劳动争议仲裁委员会申请仲裁；对仲裁裁决不服的，可以自收到仲裁裁决书之日起十五日内向人民法院提起诉讼。"

我国《工会法》规定，企业、事业单位、社会组织违反集体合同，侵犯职工劳动权益的，工会可以依法要求企业、事业单位、社会组织予以改正并承担责任；因履行集体合同发生争议，经协商解决不成的，工会可以向劳动争议仲裁机构提请仲裁，仲裁机构不予受理或者对仲裁裁决不服的，可以向人民法院提起诉讼。

因履行集体合同发生争议的处理程序，主要依据《劳动法》《集体合同规定》及相关法律规定进行。以下是详细的处理程序。

1. 协商解决

(1) 内部协商：因履行集体合同发生争议时，双方当事人首先应在平等、自愿的基础上进行协商，尝试自行解决问题。这是最直接、成本最低的解决方式，有助于维护双方的合作关系。

(2) 工会参与协商：如果是建立了工会的企业，工会可代表员工与用人单位进行协商。工会依法要求用人单位履行集体合同的，用人单位应当继续履行，并应对违反集体合同的行为承担法律责任。

2. 申请仲裁

(1) 提交仲裁申请：若协商不成，任何一方均可向劳动争议仲裁委员会申请仲裁。在申请时，需要提交书面申请，并附上相关证据材料，如集体合同文本、履行情况的证明等。

(2) 仲裁受理与审理：仲裁委员会收到申请后，会对申请进行审查，符合受理条件的予以受理。然后组织双方进行开庭审理，听取双方陈述、辩论，并对相关证据进行质证。

(3) 仲裁裁决：仲裁庭会根据审理情况做出裁决。对于因履行集体合同发生的争议，仲裁机构会依据相关法律、法规和集体合同的约定，判断双方的责任和应承担的义务，并做出相应的裁决。

3. 诉讼解决

(1) 提起诉讼：如果对仲裁裁决不服，任何一方都可以在规定的期限内向人民法院提起诉讼。提起诉讼时，需按照法院的要求提交起诉状及相关证据材料。

(2) 法院审理与判决：法院会对案件进行审理，根据双方提供的证据和相关法律规定，做出判决。法院的判决具有终局性，双方当事人必须执行。

因履行集体合同发生争议时，应遵循协商、仲裁(可选)、诉讼的程序进行处理。在整个过程中，双方应保持冷静、理性，积极寻求合法合规的解决方案。同时，双方也应注意收集和保留相关证据，以便在仲裁或诉讼中维护自己的合法权益。

资料链接

某科技公司与员工集体合同争议案

某科技公司因持续亏损，于 2022 年 12 月召开职工代表大会讨论 2023 年薪资调整事宜，经表决通过调薪方案，基本月薪为15000 元及以下的员工不降薪，15000 元至 25000 元(含)的降薪 20%，25000 以上的降薪 30%。之后公司与工会签订工资集体合同并报劳动行政部门审查通过。员工袁某月薪为25000 元，不同意降薪，于 2023 年 2 月提出被迫离职，后申请劳动仲裁要求公司支付经济补偿和工资差额，仲裁裁决不予支持后诉至法院。

分析：

法院认为用人单位因经营亏损经平等协商依法与工会组织签订的集体合同约定调整薪酬，具有法律约束力，职工应遵守。该薪资调整方案经职工代表大会过半数通过，且集体合同已生效，公司和袁某均应按约履行，公司按集体合同约定支付袁某工资不属于未足额支付劳动报酬，判决驳回袁某的诉讼请求。

思考题

1. 简述集体协商的定义与意义。
2. 集体合同的种类有哪些？
3. 简述集体合同与劳动合同的异同点。
4. 集体合同的签订程序是如何进行的？
5. 集体合同争议的处理程序。

案例讨论题

北京市快递行业2019年度劳动保护专项集体合同

北京市快递行业工会联合会与市快递协会签订《北京市快递行业2019年度劳动保护专项集体合同》，对职工的劳动安全教育和培训、劳动保护、劳动条件改善等方面内容达成一致，双方共同遵守执行。据悉，这是北京市第一份快递行业劳动保护集体合同。

目前，北京市快递行业从业人员11万人。北京市快递行业工会联合会调查发现，快递员普遍存在工作时间长、劳动强度大、劳动保护条件有待提高，以及社会地位不高等情况。

为此，按照"全面建立机制，重点解决问题"的工作要求，北京市快递行业工会联合会积极与快递协会反复沟通、充分讨论，确定就企业和职工都迫切需要的劳动保护开展专项协商。

据介绍，专项合同主要包括以下内容。一是企业及企业工会应加强对职工进行劳动安全教育、培训。二是企业应提供符合国家规定的劳动安全卫生条件和必要的劳动防护用品；根据季节变化，采取具体措施做好防暑降温、防寒保暖工作；在遇到特殊天气时，工会建议终止或减少户外职工工作时间时，企业应予以考虑。三是企业应加强和改善劳动安全条件、劳动防护，以及女职工的特殊保护工作；有条件的企业可建立职工之家或职工驿站，为职工配备饮水机、微波炉、淋浴设施等，方便职工热饭、洗澡，让职工体面工作。

"这份劳动保护集体合同为维护快递行业职工的合法权益，规范行业用工秩序，稳定职工队伍，提供了保障。"北京市总工会相关负责人表示，随着对该合同的履行和宣传，快递行业集体协商还要坚持谈下去，协商内容还将不断深化。

讨论与思考：

1. 北京市快递行业工会联合会与市快递协会签订合同的主体资格是否合法？

2. 《2019年度劳动保护专项集体合同》这属于集体合同的哪一种类？

3. 专项合同的内容是否合法？

4. 这份集体合同与劳动合同有什么区别？意义何在？

第八章

劳动标准管理

📖 学习目标

1. 了解劳动标准的基本内容。
2. 学会各项劳动标准的具体实施细则。
3. 掌握劳动安全与劳动保护的要求。
4. 明确企业的各项规章制度。

扫码看详图

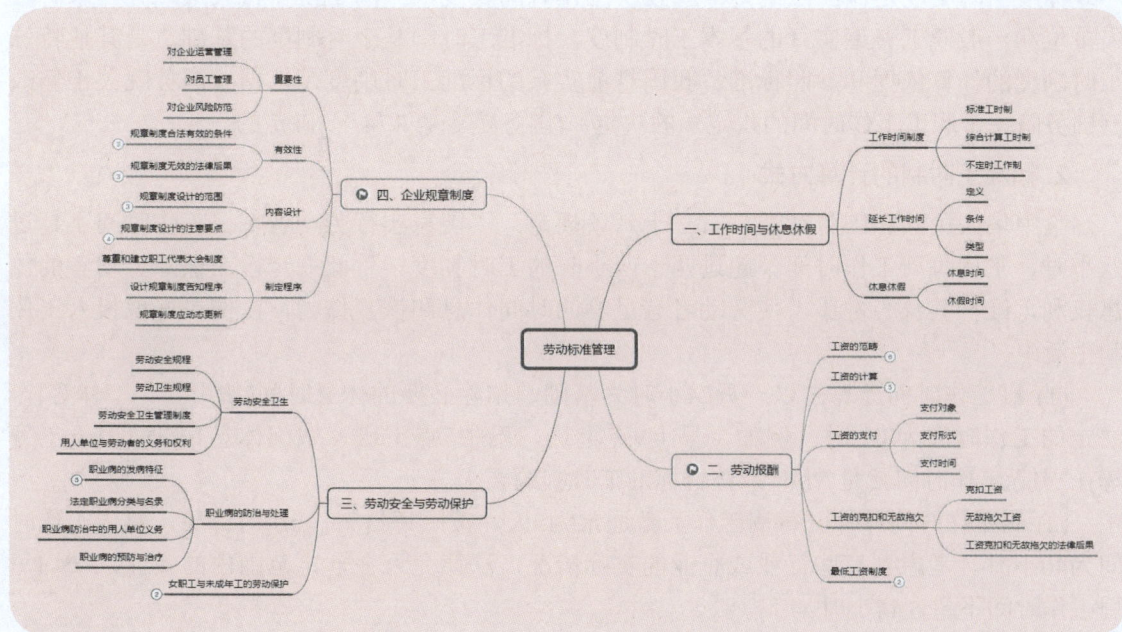

　　劳动法律、法规中的一个重要部分就是劳动基准规范。劳动基准是指国家以强制性规范规定的关于工资、工时、休息休假、劳动安全卫生、女职工和未成年工特殊保护等方面的最低劳动标准。劳动标准体系所规定的各项标准，如最低工资标准、工作时间、劳动安全卫生条件等，是法律规定的最低限度的保障。用人单位在这些方面提供的条件如果低于劳动基准，就侵犯了劳动者的合法权益，属于违法行为。

第一节 工作时间与休息休假

一、工作时间制度

工作时间是指劳动者根据法律规定或劳动合同的约定，在用人单位用于完成本职工作的时间。其表现形式有工作小时、工作日和工作周三种。其中工作日即在一昼夜内的工作时间，是工作时间的基本形式。工作时间的范围包括：作业时间，即直接用于完成生产或工作任务的时间，比如在流水线上工人进行产品组装的时间；准备与结束时间，如工人上班前准备工具、设备开机预热，以及下班后清理设备、关闭电源等时间；劳动者因自然需要而中断时间，如喝水、上厕所的短暂休息时间也算在工作时间范围内。另外，因用人单位的原因造成的等待工作任务的时间，如设备故障导致工人等待维修期间，在法律规定的某些情况下也可能计入工作时间。目前我国有三种基本工作时间制度，即标准工时制、综合计算工时制和不定时工作制。

(一) 标准工时制

1. 标准工时制的定义

标准工时制度是由立法确定一昼夜中工作时间长度，一周中工作日天数，并要求各用人单位和一般职工普遍实行的基本工时制度。标准工时制是工时制度的基础，是其他特殊工时制度的计算依据和参照标准。我国目前实行的标准工时制度是依据《国务院关于修改〈国务院关于职工工作时间的规定〉的决定》(国务院令第 174 号)确定的。

2. 标准工时制的计算方式

《中华人民共和国劳动法》第三十六条规定："国家实行劳动者每日工作时间不超过八小时、平均每周工作时间不超过四十四小时的工时制度。"此规定旨在保障劳动者的休息权利，维护其身心健康，使劳动者有足够的时间休息和恢复体力，以便更好地投入工作和生活中。

(1) 日工作时间计算。以一天24小时为基础，扣除必要的休息时间(如用餐、午休等)，法定的工作时间为8小时。例如，早上9点上班，下午5点下班，中间休息1小时(用于午餐等)，实际工作时间就是7小时，符合标准工时制的要求。

(2) 周工作时间计算。每周工作天数通常为5天，按照每日工作8小时计算，每周工作时间为40小时。考虑到有些行业或企业的实际情况，法律允许在一定范围内的弹性，平均每周工作时间不超过44小时。

3. 标准工时制的适用范围

标准工时制适用于一般劳动者，即我国境内的企业、个体经济组织、民办非企业单位等组织和与之形成劳动关系的劳动者。另外，国家机关、事业单位、社会团体和与其建立劳动关系的劳动者，也依照本法执行。

4. 标准工时制的加班规定

根据原劳动部《关于职工工作时间有关问题的复函》(劳部发〔1997〕271号)的有关规

定，如果用人单位要求劳动者每周工作超过40小时但不超过44小时，且不作延长工作时间处理，劳动行政机关有权要求其改正。因此，超过40小时但不超过44小时仍然被视为延长工作时间。

(1) 普通工作日加班。用人单位由于生产经营需要，经与工会和劳动者协商后可以延长工作时间，一般每日不得超过 1 小时；因特殊原因需要延长工作时间的，在保障劳动者身体健康的条件下延长工作时间每日不得超过 3 小时，但是每月不得超过 36 小时。例如，某工厂接到紧急订单，在与工会和员工沟通后，安排员工在正常工作日加班 1 小时，这种情况是在法律允许范围内的。普通工作日延长工作时间的，按照150%的标准支付加班费。

(2) 周末休息日加班。如果用人单位安排劳动者在休息日工作，又不能安排补休的，支付不低于工资的200%的工资报酬。比如，某公司安排员工在周六加班，而之后又没有安排补休，那么在计算工资时，这一天的加班工资就应该是正常工资的两倍。

(3) 法定节假日加班。用人单位安排劳动者在法定休假日工作的，支付不低于工资的300% 的工资报酬。法定休假日包括元旦、春节、清明节、劳动节、端午节、中秋节、国庆节等。例如，张先生为某企业职工，劳动合同约定其日工资标准为120元，2024年10月1日法定休假日用人单位安排其加班，应先支付劳动者当天应得工资，再用日工资标准乘以300%计算加班工资。即：张先生劳动合同规定日工资标准为120元，2024年10月1日法定休假日用人单位安排其加班，其当天的应得工资为120元/天×(1+300%)=480元，即法定休假日应得工资120元加上法定休假日加班工资360元。

(二) 综合计算工时制

1. 综合计算工时制的定义

综合计算工时制是一种特殊的工时制度，它允许企业在一定周期内(如周、月、季、年)综合计算工作时间，而不是严格按照每日8小时、每周40小时的标准工时制度来执行。这种工时制度的目的是适应某些特殊行业或岗位的工作性质，在保障劳动者休息休假权利的同时，也能满足企业生产经营的实际需要。

需要注意的是，虽然综合计算工时制提供了一定的灵活性，但它仍然受到法律的严格监管。企业不能随意实行这种工时制度，而必须符合特定的条件，并经过劳动行政部门的审批。

2. 综合计算工时制的计算方式

在综合计算工时制下，某一具体日(或周)的实际工作时间可以超过8小时(或40小时)，但平均每日和每周工作时间不应超过法定标准工作时间。例如，以月为计算周期，在一个月内，劳动者的工作时间总和除以该月的工作日天数，得到的平均日工作时间一般不应超过8小时；如果以季为周期，一个季度内总的工作时间除以该季度的工作日总数，平均日工作时间和平均周工作时间也应符合法定标准。假设某企业对部分岗位实行以季为周期的综合计算工时制。一个季度按63个工作日计算，法定标准工作时间应为63×8 = 504小时。如果该岗位员工在这个季度实际工作了504小时，那么其工时是符合规定的；如果超过了这个时间，就可能涉及加班等情况。

3. 综合计算工时制的适用范围

综合计算工时制适用于那些无法实行标准工时制度的工作岗位。例如，交通、铁路、邮电、水运、航空、渔业等行业中需要连续作业的职工，地质及资源勘探、建筑、制盐、制糖、旅游等受季节和自然条件限制的行业部分职工。

4. 综合计算工时制的加班规定

在综合计算工时制下，加班的认定与标准工时制有所不同。只有在综合计算周期内的实际工作时间总数超过法定标准工作时间总数时，才视为加班，需按劳动法的规定支付加班工资。另外，法定节假日安排劳动者工作的，也应按劳动法的规定支付加班工资。

对于延长工作时间的加班，一般按照不低于工资的150%支付加班工资。如果在法定节假日安排工作的，应按照不低于工资的300%支付加班工资。例如，某企业员工实行以月为周期的综合计算工时制，在这个月内工作时间超过了法定标准工时，超出部分按150%计算加班工资；如果在国庆节等法定节假日工作，即使该月工作时间未超法定标准，这一天的工资也应按300%支付。

(三) 不定时工作制

1. 不定时工作制的定义

不定时工作制是指每个工作日没有固定工作时限的工作时间制度。它是针对因生产特点、工作特殊需要或职责范围的关系，无法按标准工作时间衡量或需要机动作业的职工所采用的一种工时制度。其核心特点是工作时间的灵活性和不确定性。允许员工根据工作需要和实际情况，灵活安排自己的工作时间，而不受传统固定上下班时间的束缚。比如，一个紧急的项目需要完成，员工就会根据任务要求调整自己的工作时间，可能需要加班加点完成任务，但在任务不饱和的时候，也可能会有较多的空闲时间。

2. 不定时工作制的计算方式

《中华人民共和国劳动法》第三十九条规定："企业因生产特点不能实行本法第三十六条、第三十八条规定的，经劳动行政部门批准，可以实行其他工作和休息办法。"在不定时工作制下，工作时间无法按照标准工时制的每日固定8小时、每周固定40小时来计算。因为这种工时制度的特点是工作时间不固定，员工的工作起止时间具有很大的灵活性。

对于实行不定时工作的职工，企业应根据《中华人民共和国劳动法》有关规定，在保障职工身体健康并充分听取职工意见的基础上，采用集中工作、集中休息、轮休调休、弹性工作时间等适当方式，确保职工的休息休假权利和生产、工作任务的完成。例如，一名销售代表可能一天工作10小时拜访客户，而另一天只工作3小时处理一些文案工作，工作时间完全根据工作任务的需求来安排。

3. 不定时工作制的适用范围

不定时工作制适用于：①企业中的高级管理人员、外勤人员、推销人员、部分值班人员和其他因工作无法按标准工作时间衡量的职工；②长途运输人员，出租汽车司机，铁路、港口、仓库的部分装卸人员，以及因工作性质特殊需机动作业的职工；③其他因生产特点、工作特殊需要或职责范围的关系，适合实行不定时工作制的职工。

4. 不定时工作制的加班规定

一般情况下，不定时工作制不存在加班的概念。这是因为员工的工作时间本身就是不确定的，可能在正常工作时间之外工作，也可能在工作时间内有较多的空闲。但是，在法定节假日安排工作的情况比较特殊。

法定节假日工作：在一些地区，如果用人单位在法定节假日安排实行不定时工作制的员工工作，需要按照规定支付加班工资。具体的计算方式通常是按照不低于工资的300%支付工资报酬。例如，某企业在国庆节当天安排一名实行不定时工作制的高级管理人员值班，那么该管理人员这一天的工资应该至少是平时日工资的3倍。不过，不同地区对于不定时工作制在法定节假日加班工资的规定可能会有所差异，有些地方可能会根据具体行业、企业性质等因素做出不同的判定。

二、延长工作时间

(一) 延长工作时间的定义

根据原劳动部《关于〈中华人民共和国劳动法〉若干条文的说明》，延长工作时间是指用人单位由于生产经营需要，经与工会和劳动者协商后，安排劳动者在正常工作时间以外工作。这包括在正常工作日的加班(如正常8小时工作后继续工作)，以及在公休日、法定节假日等休息时间安排工作的情况。这种延长工作时间的安排通常要符合法律规定的程序和补偿要求。

延长工作时间，一般分为正常情况下延长工作时间和非正常情况下延长工作时间两种形式。

1. 正常情况下的延长工作时间

《中华人民共和国劳动法》第四十一条规定："用人单位由于生产经营需要，经与工会和劳动者协商后可以延长工作时间，一般每日不得超过一小时"。这是基于劳动者正常的体力和精力消耗考虑，避免过度劳累。例如，一家服装制造企业接到一个紧急的订单，需要在较短时间内完成一定数量的服装生产。企业管理层在与工会沟通后，和员工协商延长工作时间。按照法律规定，每天延长工作时间最多不超过1小时，这样既能够适当满足企业完成订单的需求，也能在一定程度上保障员工的正常休息。

此外，《中华人民共和国劳动法》第四十一条还规定："因特殊原因需要延长工作时间的，在保障劳动者身体健康的条件下延长工作时间每日不得超过三小时，但是每月不得超过三十六小时。"这里的特殊原因包括企业面临紧急的生产任务、业务旺季等情况。不过，即使是特殊原因，也必须把劳动者的身体健康放在首位。比如，在业务旺季，一家电商企业的仓库员工可能需要加班来处理大量的订单发货。企业要确保员工在加班期间有足够的休息时间和适当的工作环境，防止员工因过度疲劳而出现健康问题。

2. 非正常情况下的延长工作时间

根据《中华人民共和国劳动法》第四十二条规定，非正常情况下延长工作时间是指遇到下列情况，用人单位延长工作时间可以不受《劳动法》第四十一条规定的限制，即不受一般每日不得超过1小时，因特殊原因需要延长工作时间的，在保障劳动者身体健康的条件下延长工作时间每日不得超过3小时，但是每月不得超过36小时的限制。具体情形如下。

(1) 发生自然灾害、事故或者因其他原因，威胁劳动者生命健康和财产安全，需要紧急处理的。例如，在发生地震、洪水等自然灾害时，为了保障人民群众的生命安全和基本生活需求，相关救援人员、物资保障人员等可能需要长时间加班工作来进行救援、安置等工作；或者在工厂发生重大安全事故时，为了抢修设备、防止事故扩大、救助受伤人员等，劳动者也需要延长工作时间进行紧急处理。

(2) 生产设备、交通运输线路、公共设施发生故障，影响生产和公众利益，必须及时抢修的。例如，电力设备出现故障，影响到了大片区域的供电，电力维修工人就需要立即加班进行抢修，以尽快恢复供电，保障公众的正常生活和企业的生产经营；再如铁路运输线路出现故障，铁路工作人员则需加班加点进行维修，确保铁路运输的正常运行，避免对公众出行造成严重影响。

(3) 法律、行政法规规定的其他情形。例如，为了完成国防紧急生产任务，或者完成上级在国家计划外安排的其他紧急生产任务，以及商业、供销企业在旺季完成收购、运输、加工农副产品紧急任务等，用人单位可延长工作时间。

(二) 延长工作时间的条件

1. 正常情况下延长工作时间的条件

1) 生产经营需要

用人单位必须是因为生产经营方面的原因，如面临紧急生产任务、业务旺季订单增加等，若不延长工作时间会影响单位的经济效益和职工收入等，才可以考虑延长工作时间。

2) 与工会协商

用人单位决定延长工作时间时，需把延长工作时间的理由、涉及的人数、时间长短等具体情况向工会说明，征得工会的同意后，方可延长职工工作时间。

3) 与劳动者协商

在工会同意后，用人单位还需进一步与劳动者协商。由于延长工作时间会占用劳动者的休息时间，所以只有在劳动者自愿的情况下，才可以最终确定延长工作时间。

4) 符合时间限制

一般情况下，每日延长工作时间不得超过1小时。因特殊原因需要延长工作时间的，在保障劳动者身体健康的条件下，每日不得超过3小时，且每月不得超过36小时。

2. 非正常情况下延长工作时间的条件

1) 生命财产安全受到威胁

发生自然灾害、事故或者因其他原因，威胁劳动者生命健康和财产安全，需要紧急处理的。例如地震、洪水等自然灾害发生时，为了保障人民群众生命安全和基本生活需求，相关救援人员、物资保障人员等需长时间加班工作进行救援、安置等；或工厂发生重大安全事故，为抢修设备、救助受伤人员等，劳动者需延长工作时间紧急处理。

2) 公共利益设施需抢修

生产设备、交通运输线路、公共设施发生故障，影响生产和公众利益，必须及时抢修的。比如电力设备故障影响大片区域供电，电力维修工人需加班抢修以恢复供电；铁路运输线路故障，铁路工作人员需加班加点维修，确保铁路正常运行。

3) 法律、法规规定的其他情形

例如，为完成国防紧急生产任务，或完成上级在国家计划外安排的其他紧急生产任务，以及商业、供销企业在旺季完成收购、运输、加工农副产品紧急任务等。

(三) 延长工作时间的类型

延长工作时间的类型主要有以下几种。①加班：指员工在正常工作时间之外，按照公司的要求进行额外工作的情况。加班通常需要经过企业的批准，并按照法律、法规支付相应的加班工资。②轮班制：在某些行业或岗位中，员工可能需要在轮班制下工作，导致工作时间延长。例如，医疗、交通、制造等行业的员工可能需要在不同的班次中工作。③项目制工作：在项目紧急或工作量较大时，员工可能需要在规定的工作时间之外加班，以确保项目按时完成。

资料链接

快递公司加班制度违法案

张某于 2020 年 6 月入职某快递公司，双方订立的劳动合同约定试用期为 3 个月，试用期月工资为 8000 元，工作时间执行公司规章制度。该公司规章制度规定工作时间为早 9 时至晚 9 时，每周工作 6 天。2 个月后，张某以工作时间严重超过法律规定上限为由拒绝超时加班安排，快递公司即以张某在试用期间被证明不符合录用条件为由与其解除劳动合同。张某向劳动人事争议仲裁委员会申请仲裁，请求裁决公司支付违法解除劳动合同赔偿金 8000 元。

分析：

仲裁委员会裁决用人单位制定的违反法律规定的加班制度无效，劳动者有权拒绝违法超时加班安排，用人单位不得以此为由解除劳动合同，要求快递公司支付张某违法解除劳动合同赔偿金 8000 元，并将案件情况通报劳动保障监察机构，劳动保障监察机构对公司规章制度违反法律、法规规定的情形责令其改正，给予警告。

三、休息休假

劳动法赋予了劳动者休息休假的权利。休息休假是劳动者根据法律、法规规定，在国家机关、社会团体、企业、事业单位，以及其他组织任职期间内，不必从事生产和工作而自行支配的时间。休息休假具体包括：一个工作日内的休息、两个工作日之间的休息、周休息日、法定节假日、带薪年休假、探亲假、婚丧假、产假，此外还有病假、事假等。其中一个工作日内的休息、两个工作日之间的休息、周休息日属于休息的范畴；法定节假日、带薪年休假、探亲假、婚丧假、产假，还有病假、事假等均属于休假的范畴。

1. 休息时间

休息时间是指劳动者依据法律规定在用人单位任职期，不必从事生产经营活动而可以自由支配的时间。

1) 一个工作日内的休息时间

一个工作日内的休息是指职工在一个工作日内享有的休息时间和用餐时间。虽然《劳动法》对此未做规定，但其作为劳动者一种休息的习惯已实行多年。①间歇休息：在工作日期间，劳动者有权享受间歇休息时间，用于缓解工作疲劳。这种休息时间通常较短，比如常见的是工作一段时间后的茶歇。一般来说，员工工作2～3小时后会有10～15分钟的休息时间，用于喝水、活动身体等。这是保障劳动者能够在工作过程中恢复一定精力的重要方式。②用餐休息：用餐休息时间也是工作日内休息时间的重要组成部分。正常情况下，劳动者至少有30分钟到1小时的用餐时间。例如，很多企业会安排员工中午有1个小时左右的午餐时间，这段时间员工可以进食、放松，为下午的工作做好准备。而且，用餐休息时间通常是不被计入工作时间的。

2) 两个工作日之间的休息

两个工作日之间的休息是指劳动者在每昼夜(24小时)内，除工作时间外，由劳动者自由支配的时间。例如，标准的全职工作日为每天8小时，那么工作日之间的休息时间则为16小时(假设劳动者每晚连续睡眠8小时)。该休息时间是劳动者恢复体力、维持劳动力再生产所必需的。

3) 周休息日

根据《中华人民共和国劳动法》第三十八条规定："用人单位应当保证劳动者每周至少休息一日。"1995年颁布的《国务院关于修改〈国务院关于职工工作时间的规定〉的决定》(国务院令第174号)也规定，职工每日工作8小时，每周工作40小时；国家机关、事业单位实行统一的工作时间，星期六和星期日为周休息日；企业和不能实行国家规定的统一工作时间的事业单位，可以根据实际情况灵活安排周休息日。

周休息日是指劳动者在1周(7天)内，享有连续休息在1天(24小时)以上的休息时间。周休息日具体包括以下几种方式。①单休和双休。在我国，标准工时制下，劳动者一般每周工作5天，休息2天，即双休。不过，也有部分企业实行单休制度，即每周工作6天，休息1天。但无论哪种方式，都要保证劳动者有一定的时间来恢复体力和精力，进行个人事务和休闲活动。②灵活安排休息日。一些特殊行业或者企业可能会根据自身的生产经营特点灵活安排休息日。例如，服务行业，有的店铺可能会安排员工在周一到周五的某一天休息，而在周末营业，以满足消费者在休息日的购物、消费等需求。

2. 休假时间

休假时间是指员工在一定时间内暂时离开工作岗位，享受带薪或不带薪的休息时间。休假通常是为了员工的个人事务、旅行、健康等需要。

1) 法定节假日

法定节假日是指根据各国、各民族的风俗习惯或纪念要求，由国家法律统一规定的用以进行庆祝及度假的休息时间。《中华人民共和国劳动法》规定，用人单位在元旦、春节、国际劳动节、国庆节等法定节假日期间应当依法安排劳动者休假。《国务院关于修改〈全国年节及纪念日放假办法〉的决定》(中华人民共和国国务院令第795号)增加的第七条规定："除个别特殊情形外，法定节假日假期前后连续工作一般不超过6天。"该决定自2025年1月1日起施行。

法定节假日包括以下三类。

第一类，全体公民放假的节日：元旦，放假1天(1月1日)；春节，放假4天(农历除夕、正月初一至初三)；清明节，放假1天(农历清明当日)；劳动节，放假2天(5月1日、2日)；端午节，放假1天(农历端午当日)；中秋节，放假1天(农历中秋当日)；国庆节，放假3天(10月1日至3日)。

第二类，部分公民放假的节日及纪念日：妇女节(3月8日)，妇女放假半天；青年节(5月4日)，14周岁以上的青年放假半天；儿童节(6月1日)，不满14周岁的少年儿童放假1天；中国人民解放军建军纪念日(8月1日)，现役军人放假半天。

第三类，少数民族习惯的节日：由各少数民族聚居地区的地方人民政府，按照各该民族习惯，规定放假日期。

需要注意的是，全体公民放假的假日，如果适逢周六、周日，应当在工作日补假。部分公民放假的假日，如果适逢周六、周日，则不补假。

2) 带薪年休假

《中华人民共和国劳动法》第四十五条规定："国家实行带薪年休假制度。劳动者连续工作一年以上的，享受带薪年休假。"

(1) 带薪年休假的计算。职工累计工作已满1年不满10年的，年休假5天；已满10年不满20年的，年休假10天；已满20年的，年休假15天。国家法定休假日、休息日不计入年休假的假期。

(2) 不享受带薪年休假的情况。根据《职工带薪年休假条例》，职工有下列情形之一的，不享受当年的年休假：①职工依法享受寒暑假，其休假天数多于年休假天数的；②职工请事假累计20天以上且单位按照规定不扣工资的；③累计工作满1年不满10年的职工，请病假累计2个月以上的；累计工作满10年不满20年的职工，请病假累计3个月以上的；累计工作满20年以上的职工，请病假累计4个月以上的。

(3) 未享受带薪年休假的补偿措施。单位确因工作需要不能安排职工休年休假的，经职工本人同意，可以不安排职工休年休假。对职工应休未休的年休假天数，单位应当按照该职工日工资收入的300%支付年休假工资报酬。

3) 探亲假

探亲假是指职工享有保留工作岗位和工资，同分居两地的配偶或父母团聚的假期。它主要适用于在国家机关、人民团体和全民所有制企业、事业单位工作的职工。这一假期制度的设立是为了照顾职工与家属的团聚需求，体现了对职工家庭生活的关怀。

(1) 探亲假的计算。根据《国务院关于职工探亲待遇的规定》，职工探望配偶的，每年给予一方探亲假一次，假期为30天；未婚职工探望父母，原则上每年给假一次，假期为20天，如果因为工作需要，本单位当年不能给予假期，或者职工自愿两年探亲一次，可以两年给假一次，假期为45天；已婚职工探望父母的，每4年给假一次，假期为20天。另外，根据实际需要给予路程假，上述假期均包括公休假日和法定节日在内。

(2) 探亲假期间的待遇。在探亲假期间，职工的工资照发，这是保障职工在休假期间的经济权益，使其能够安心休假，享受与家人团聚的时光。同时，职工探望配偶和未婚职工探望父母的往返路费，由所在单位负担。已婚职工探望父母的往返路费，在本人月标准工资30%以内的，由本人自理，超过部分由所在单位负担。这些规定在一定程度上减轻了职工探亲的经济负担。

需要注意的是，《国家劳动总局关于制定〈国务院关于职工探亲待遇的规定〉实施细则的若干问题的意见》中明确指出：①《国务院关于职工探亲待遇的规定》(以下简称《探亲规定》)所称的父母，包括自幼抚养职工长大，现在由职工供养的亲属，不包括岳父母、公婆；②学徒、见习生、实习生在学习、见习、实习期间不能享受《探亲规定》的待遇。另外，工作满一年的固定职工请事假累计超过探亲假期的，当年不能再享受探亲假；职工与父亲或母亲一方能够在公休假日团聚的，一般不享受探亲待遇。

4) 婚丧假

婚丧假是指劳动者本人结婚以及劳动者的直系亲属(父母、配偶和子女)死亡时依法享受的假期。

根据《关于国营企业职工请婚丧假和路程假问题的通知》，职工本人结婚或职工的直系亲属(父母、配偶和子女)死亡时，可以根据具体情况，由本单位行政领导批准，酌情给予1至3天的婚丧假。职工在外地的直系亲属死亡时需要职工本人去外地料理丧事的，可以根据路程远近，另给予路程假。目前，我国并没有对非国有企业职工的婚丧假做出具体规定，因此，各省市按照地方的规定会有所不同。例如，北京、上海、天津提供10天婚假，江西和云南提供18天婚假，而山西和甘肃则提供30天婚假。值得一提的是，再婚者与初婚者一样，均享受婚假待遇。婚假期间的工资照发，但途中的车船费等由职工自理。

5) 产假

产假是指女性在怀孕、分娩及恢复期间享有的假期，旨在保障女性员工在生育期间的身体健康和照顾新生儿的需求。《女职工劳动保护特别规定》第七条规定："女职工生育享受98天产假，其中产前可以休假15天；难产的，应增加产假15天；生育多胞胎的，每多生育1个婴儿，可增加产假15天。女职工怀孕未满4个月流产的，享受15天产假；怀孕满4个月流产的，享受42天产假。"

除国家规定的产假天数外，一些地方还根据本地实际情况制定了额外的产假规定。例如，广东规定生育时遇有难产的(如剖腹产、Ⅲ度会阴破裂者)，可增加产假30天；上海规定晚育假增加30天，多胞胎生育假每多生育一个婴儿增加15天；河南规定晚育的，除国家规定的产假外，增加产假3个月。

产假工资支付标准。女职工产假期间，已参加生育保险的，生育津贴按照用人单位上年度职工月平均工资的标准，由生育保险基金支付。未参加生育保险的，生育津贴则按照其产假前工资的标准，由用人单位支付。通常情况下，生育津贴和产假工资按照"就高不就低"的原则二选一领取，如果生育津贴低于女职工的平均工资，企业需要补足差额；如果生育津贴高于女职工的平均工资，企业无须再支付工资；如果女职工未休满产假提前上班，则可以同时领取生育津贴和工资。产假工资的计算通常基于女职工产假前的工资水平，具体规定可能因地区和企业政策而异。在一些情况下，女职工能够领取到相当于其原工资80%的产假工资。

6) 病假

病假是指劳动者本人因患病或非因工负伤，需要停止工作医疗时，企业应该根据劳动者本人实际参加工作年限和在本单位工作年限，给予一定的医疗假期。这一制度适用于所有企业、事业单位、机关团体等用人单位的职工，是保障职工在患病期间能够得到适当休息和治疗的权益措施。

病假时长一般根据劳动者的实际病情和医生的建议来确定。在我国，劳动者请病假通常需要获得医疗机构出具的病假条或诊断证明。根据《企业职工患病或非因工负伤医疗期规定》等法律法规，企业职工患病或非因工负伤，根据工作年限和病情严重程度，可享受不同时长的医疗期(即病假)。如实际工作年限10年以下的，在本单位工作年限5年以下的医疗期为3个月；医疗期最长不得超过24个月。对某些患特殊疾病(如癌症、精神病、瘫痪等)的职工，在24个月内尚不能痊愈的，经企业和劳动主管部门批准，可以适当延长医疗期。

医疗期应从病休的第1天开始累计计算。医疗期3个月的按6个月内累计病休时间计算；6个月的按12个月内累计病休时间计算；9个月的按15个月内累计病休时间计算；12个月的按18个月内累计病休时间计算；18个月的按24个月内累计病休时间计算；24个月的按30个月内累计病休时间计算。例如，一位应享受3个月医疗期的职工，如果从2015年3月5日起第一次病休，那么，该职工的3个月医疗期应在3月5日至9月5日累计计算确定。其他依此类推。病休期间，公休、假日和法定节日包括在内。

职工在病假期间的工资待遇。根据《关于贯彻执行〈中华人民共和国劳动法〉若干问题的意见》第五十九条规定，职工患病或非因工负伤治疗期间，在规定的医疗期间内由企业按有关规定支付其病假工资或疾病救济费，病假工资或疾病救济费可以低于当地最低工资标准支付，但不能低于最低工资标准的80%。有地方规定的从其地方规定。

7) 事假

事假是指因职工本人的私人事务而请假离开工作岗位的时间。与病假不同，它不是因为身体原因，而是用于处理个人事务，如搬家、参加私人聚会、处理家庭事务等。事假是一种无薪假期，通常情况下，用人单位没有义务为职工在事假期间支付工资。例如，一名职工的月工资是5000元，本月请了5天事假，假设一个月工作22天，那么该员工的工资将会扣除$(5000 \div 22) \times 5 \approx 1136.36$ 元。

在事假期间，职工的一些福利待遇可能也会受到影响。例如，部分单位对于全勤奖有严格规定，职工请事假后可能会失去当月的全勤奖。还有一些单位的福利与出勤天数挂钩，如交通补贴、餐补等，职工请事假期间这些补贴可能也会相应减少。

资料链接

某环保科技公司休假制度过于僵硬死板引起的纠纷案

2022年1月张某入职某环保科技公司，从事销售工作，双方签订为期两年的劳动合同。2022年9月公司人事在核对员工8月考勤时，发现张某有3天未打卡，后与张某核实情况。张某表示这3天因其祖母去世回老家参加葬礼，由于事出突然，当时已口头向销售经理请丧假并获批准，张某无法提供规章制度中规定的材料。而公司人事坚持让张某提交规章制度中的材料，并要求其在5日内提交。因张某未按要求提交材料，公司遂以张某旷工为由解除劳动合同。张某不服，申请劳动仲裁要求公司支付违法解除劳动合同的赔偿金。

张某因客观原因无法提供公司规章制度规定的相关材料，但其提供村委会情况说明来证明自己与祖母的亲属关系及祖母去世的事实，公司在未提供相应证据予以反驳情况下，以张某提供材料不符合规章制度规定为由，继而认定其旷工解除劳动合同，依据并不充分，故对张某违法解除劳动合同赔偿金的请求予以支持。

分析：

在劳动合同履行期间，劳动者应遵守用人单位的规章制度。但用人单位在规章制度执行中，特别是执行涉及劳动者休息权的规定时，应遵循以人为本、善意、宽容及合理原则，而不应机械执行，要充分考虑劳动者未按规章制度规定提供相关材料的原因，在其因客观原因等无法提供的前提下，也可根据劳动者实际情况要求其提供其他的补充材料，因此不能简单地以其没有提供规定材料为由认为其严重违反企业规章制度而解除劳动合同，否则构成违法，将承担相应的法律责任。

第二节　劳动报酬

劳动报酬有狭义和广义之分。狭义的劳动报酬主要是指用人单位依据国家有关规定或劳动合同的约定，以货币形式直接支付给本单位劳动者的工资。广义的劳动报酬不仅包括上述狭义劳动报酬所涉及的内容，还涵盖了劳动者从用人单位获得的所有经济利益。

一、工资的范畴

工资是指雇主或者法定用人单位依据法律规定、行业规定或与员工之间的约定，以货币形式对员工的劳动所支付的报酬。国家统计局《关于工资总额组成的规定》对工资的范畴做了明确界定。

(一) 工资的组成部分

《关于工资总额组成的规定》第四条明确指出，工资总额由以下6个部分组成。

1. 计时工资

计时工资是指按计时工资标准(包括地区生活费补贴)和工作时间支付给个人的劳动报酬，包括对已做工作按计时工资标准支付的工资、实行结构工资制的单位支付给职工的基础工资和职务(岗位)工资、新参加工作职工的见习工资(学徒的生活费)、运动员体育津贴等。

2. 计件工资

计件工资是指对已做工作按计件单价支付的劳动报酬，包括实行超额累进计件、直接无限计件、限额计件、超定额计件等工资制，按劳动部门或主管部门批准的定额和计件单价支付给个人的工资；按工作任务包干方法支付给个人的工资；按营业额提成或利润提成办法支付给个人的工资。

3. 奖金

奖金是指支付给职工的超额劳动报酬和增收节支的劳动报酬，包括生产奖，如超产奖、质量奖、安全(无事故)奖、考核各项经济指标的综合奖、提前竣工奖、外轮速遣奖、年终奖(劳动分红)等；节约奖，如各种动力、燃料、原材料等节约奖；劳动竞赛奖，包括发给劳动模范、先进个人的各种奖金和实物奖励；机关、事业单位的奖励工资；其他奖金等。

4. 津贴和补贴

津贴和补贴是指为了补偿职工特殊或额外的劳动消耗和因其他特殊原因支付给职工

的津贴，以及为了保证职工工资水平不受物价影响支付给职工的物价补贴。其中，津贴包括：补偿职工特殊或额外劳动消耗的津贴，如高空津贴、井下津贴、流动施工津贴等；保健性津贴，如卫生防疫津贴、医疗卫生津贴等；技术性津贴，如特级教师补贴、科研津贴等；年功性津贴，如工龄津贴、教龄津贴和护士工龄津贴等；其他津贴，如伙食津贴、合同制职工的工资性补贴及书报费等。物价补贴包括为保证职工工资水平不受物价上涨或变动影响而支付的各种补贴，如肉类等价格补贴、副食品价格补贴、粮价补贴、煤价补贴、房贴、水电贴等。

5. 加班加点工资

加班加点工资是指按规定支付的加班工资和加点工资，即用人单位安排劳动者延长工作时间、在休息日工作又不能安排补休、在法定休假日工作的，应当按照法律规定支付高于劳动者正常工作时间工资的工资报酬。

6. 特殊情况下支付的工资

特殊情况下支付的工资包括根据国家法律、法规和政策规定，因病、工伤、产假、计划生育假、婚丧假、事假、探亲假、定期休假、停工学习、执行国家或社会义务等原因按计时工资标准或计时工资标准的一定比例支付的工资，以及附加工资、保留工资等。

(二) 未列入工资的项目

国家统计局《关于工资总额组成的规定》中指出的不属于工资范围的14项可归纳为以下5类。

(1) 奖励类。根据国务院发布的有关规定颁发的发明创造奖、自然科学奖、科学技术进步奖和支付的合理化建议及技术改进奖，以及支付给运动员、教练员的奖金，这些奖励是对特定成果或表现的额外激励，与劳动者日常的工作报酬性质不同，不属于工资范畴。

(2) 福利保障类。①劳动保险和职工福利费用：如职工死亡丧葬费及抚恤费、医疗卫生费或公费医疗费用、职工生活困难补助费、集体福利事业补贴、工会文教费、集体福利费、探亲路费、冬季取暖补贴、上下班交通补贴等，这些费用主要是为了保障职工的生活福利和应对特定的生活需求，并非因劳动直接产生的报酬。②离休、退休、退职人员待遇支出：这是针对特定阶段或身份的人员给予的生活保障等方面的待遇，与在职人员的劳动报酬无关，不属于工资范围。

(3) 劳动保护与工作补偿类。①劳动保护支出：如工作服、手套等劳保用品，解毒剂、清凉饮料，以及按照规定对接触有毒物质、矽尘作业、放射线作业和潜水、沉箱作业、高温作业等5类工种所享受的由劳动保护费开支的保健食品待遇等，是为了保障劳动者在工作过程中的安全与健康而产生的费用，不属于工资性质的劳动报酬。②自带工具、牲畜补偿费用：对自带工具、牲畜来企业工作职工所支付的工具、牲畜等的补偿费用，是对职工所提供工具、牲畜的一种补偿，并非对其劳动本身的报酬，因此不列入工资总额。

(4) 特殊收入类。①租赁经营单位承租人风险性补偿收入：实行租赁经营单位的承租人的风险性补偿收入，其性质是对承租人承担经营风险的一种补偿，与一般职工的劳动报酬有本质区别，不属于工资范畴。②购买本企业股票和债券的职工股息及利息：职工因购买本企业股票和债券而获得的股息(包括股金分红)和利息，是基于其投资行为所产生的收益，而非劳动所得，不应计入工资总额。

(5) 其他费用类。①劳动合同制职工解除劳动合同时由企业支付的医疗补助费、生活补助费等：这些补助费是在特定的劳动合同解除情形下，企业给予职工的一次性补偿，不属于正常的劳动报酬范围。②录用临时工的手续费或管理费：因录用临时工而在工资以外向提供劳动力单位支付的手续费或管理费，是企业为获取劳动力而支付的额外费用，并非支付给临时工本人的劳动报酬，不应计入工资总额。③家庭工人加工费及承包单位发包费用：支付给家庭工人的加工费和按加工订货办法支付给承包单位的发包费用，是针对特定的加工或承包业务支付的费用，与企业内部职工的工资性质不同，不属于工资范围。④参加企业劳动的在校学生补贴：支付给参加企业劳动的在校学生的补贴，由于学生的主要身份是在校学习，其参与劳动具有临时性和特殊性，该补贴不属于工资性质的收入。⑤计划生育独生子女补贴：这是国家对响应计划生育政策的家庭给予的一种奖励性补贴，与职工的劳动付出和工作表现无关，不列入工资总额。

二、工资的计算

工资的计算方法多种多样，主要包括计时工资、计件工资、奖金、津贴和补贴、加班加点工资，以及特殊情况下的工资等。以下是对工资计算方式的详细介绍。

(一) 计时工资

1. 计时工资的适用范围

计时工资适用于工作内容较难用产量等指标衡量的岗位，如行政人员、管理人员等。这些岗位的工作成果不是以产品数量或业务量来体现，而是通过在工作时间内完成的各种任务、提供的服务等综合评价。

2. 计时工资的计算

计时工资通常可分为月薪制、周薪制、日薪制和小时工资制。根据《关于职工全年月平均工作时间和工资折算问题的通知》，月工资标准、日工资标准、小时工资标准三者之间的换算关系为

$$日工资 = 月工资收入 \div 月计薪天数 \tag{8-1}$$

其中，月计薪天数 = ［365天 － 104天(休息日)］ ÷ 12个月 = 21.75天

$$小时工资 = 日工资 \div 8小时 \tag{8-2}$$

(1) 月薪制。月薪制是最常见的计时工资形式，计算公式为：月工资 = 月标准工资 － 缺勤工资。其中，缺勤工资 = 缺勤天数 × 日工资。日工资的计算方法有以下两种。一是按每月平均法定工作天数21.75天计算，即：日工资 = 月工资收入 ÷ 月计薪天数。例如，某员工月标准工资为5000元，当月缺勤3天，按21.75天计算日工资率，日工资率为5000 ÷ 21.75 ≈ 230元/天，缺勤工资为 3 × 230 = 690元，该月工资为5000 － 690 = 4310元。另一种是按每月实际日历天数计算，日工资 = 月标准工资 ÷ 当月日历天数。

(2) 周薪制。周薪制的计算与月薪制类似，只是将时间单位从月改为周。例如，某员工周标准工资为2000元，每周应出勤5天，若实际出勤4天，则其应发工资为1600元。

(3) 日薪制。日薪制的计算更为直接，即日标准工资乘以出勤天数。例如，某员工日标准工资为300元，若当月出勤20天，则其应发工资为6000元。

(4) 小时工资制。小时工资制的计算是每小时标准工资乘以出勤小时数，通常会有一个固

定的小时工资标准，适用于临时工或兼职工作。计算公式为：工资=小时工资标准×实际工作小时数。假设小时工资标准为25元，当月实际工作160小时，则工资为25×160＝4000元。

(二) 计件工资

1. 计件工资的适用范围

计件工资适用于生产型企业中的生产一线岗位，特别是那些生产过程标准化程度高、产品易于计量的工作。例如，服装制造企业的缝纫工、电子厂的插件员等。

2. 计件工资的计算

计件工资通常可分为个人计件工资和集体计件工资。职工完成的计件工作量一般以按产量工时记录的个人(或集体)完成的合格完工产品产量为依据。此外，生产中产生的废品，如果是材料缺陷(材废)原因造成的，应纳入计件工作量，照付工资；如果是加工失误造成的，则不纳入工作量。

$$计件工作量＝合格品数量＋料废品数量 \tag{8-3}$$
$$计件工资=(合格品数量＋料废品数量)×计件单价 \tag{8-4}$$

(1) 个人计件工资。个人计件工资是根据员工完成的合格产品数量和计件单价来计算的。计算公式为：个人计件工资$=\sum[(合格品数量+料废品数量)×计件单价]$。例如，某工人生产产品A，合格品数量为100件，料废品数量为2件，计件单价为5元；生产产品B，合格品数量为50件，计件单价为8元。那么个人计件工资=(100+2)×5+50×8＝500+400=910元。

(2) 集体计件工资。这种形式适用于需要多人协作完成的工作。集体计件工资是按照团队整体完成的工作量来计算的，然后再根据团队成员的贡献进行分配。首先需要计算出集体计件工资总额，计算方法同个人计件工资。然后将集体计件工资总额在团队成员之间分配。分配方法有多种，如按照每人的工资标准和工作时间分配。假设一个团队有3人，集体计件工资总额为3000元，甲、乙、丙3人的贡献值比例为3:2:1，工作时间相同，则总份数为3+2+1=6。甲应得工资为3000×(3/6)=1500元，乙应得工资为3000×(2/6)=1000元，丙应得工资为3000×(1/6)=500元。

(三) 奖金

(1) 生产奖。如超产奖，通常根据超产数量和单位超产奖金额来计算。假设企业规定每超产1件产品奖励10元，某员工超产20件，那么超产奖为20×10＝200元。

(2) 节约奖。节约奖根据节约的原材料等的价值和规定的节约奖励比例计算。例如，企业规定节约1吨原材料奖励500元，某员工当月节约3吨原材料，节约奖为3×500＝1500元。

(3) 劳动竞赛奖。劳动竞赛奖是在企业内部开展劳动竞赛时设立的奖项。比如，在建筑行业，企业组织建筑工人进行施工速度和质量的竞赛，对在竞赛中获胜的团队或个人发放劳动竞赛奖。奖金的多少通常取决于竞赛的规模、难度，以及重要性等因素。

(四) 津贴和补贴

津贴是指为了补偿职工在特殊的劳动条件和工作环境下的额外劳动消耗和生活费额外支出而建立的一种辅助工资形式。津贴主要是对职工在特殊条件下工作所给予的经济补偿，以体现公平和合理的劳动报酬原则。例如高温津贴，企业规定在高温季节每月发放300元高温津贴给符合条件的员工。

补贴是为了保证职工工资水平不受物价上涨或变动等因素的影响而支付的一种补偿性工资，主要目的是保障职工的生活水平维持在一定标准。如物价补贴，若按当地政策和企业规定每人每月发放200元物价补贴，就直接按规定金额发放。

(五) 加班加点工资

加班工资的具体计算，是以月工资标准折算出日工资标准或小时工资标准，并按照以下标准计算具体的加班工资额度。

(1) 平日加班。用人单位依法安排劳动者在法定标准工作时间以外延长工作时间的，按照不低于劳动合同规定的劳动者本人小时工资标准的1.5倍支付劳动者工资。

$$加班工资(按小时计算)=(日工资÷8)×1.5×加班小时数 \tag{8-5}$$

例如，某员工日工资为200元，平日加班3小时，加班工资为$(200÷8)×1.5×3 = 112.5$元(假设一天工作 8 小时)。

(2) 休息日加班。用人单位依法安排劳动者在休息日工作的，而又不能安排补休的，按照不低于劳动合同规定的劳动者本人日工资标准或小时工资标准的2倍支付劳动者工资。

$$加班工资=日工资×2×加班天数 \tag{8-6}$$

例如，员工日工资为200元，休息日加班1天且不能补休，加班工资为$200×2 = 400$元。

(3) 法定节假日加班。用人单位依法安排劳动者在法定节假日工作的，按照不低于劳动合同规定的劳动者本人日工资标准或小时工资标准的3倍支付劳动者工资。

$$加班工资=日工资×3×加班天数 \tag{8-7}$$

例如，员工日工资为200元，法定节假日加班1天，加班工资为$200×3 = 600$元。

(六) 特殊情况下的工资

根据《中华人民共和国劳动法》及相关法规，特殊情况下的工资支付主要包括以下几种情形。

(1) 婚丧假期间工资。劳动者在婚丧假期间，用人单位应当依法支付工资。换言之，即使员工在这些特定时间内没有提供劳动，雇主仍需按照正常工资标准支付工资。

(2) 停工留薪期间的工资。停工留薪期是指职工因工作遭受事故伤害或者患职业病需要暂停工作接受工伤医疗的期间。处于停工留薪期内，员工的原工资福利待遇不变，由所在单位按月支付。

(3) 探亲假工资。为了解决已婚两地分居职工和职工探视父母的问题，国家规定了时间不等的探亲假。职工在规定的探亲假期内，工资照发。

(4) 病假工资。病假工资的计算基数一般为不能低于最低工资标准的80%，具体根据当地政策执行。

(5) 事假工资。事假工资通常不支付，但具体规定可能因企业而异。

三、工资的支付

根据《工资支付暂行规定》，关于工资支付对象、工资支付形式、工资支付时间和特殊情况下工资支付的规定分别如下。

(一) 工资支付对象

用人单位应将工资支付给劳动者本人。劳动者本人因故不能领取工资时，可由其亲属或委托他人代领。用人单位也可委托银行代发工资。

(二) 工资支付形式

工资应当以法定货币支付，不得以实物及有价证券替代货币支付。货币形式支付包括现金、银行转账等方式。用人单位必须书面记录支付劳动者工资的数额、时间、领取者的姓名及签字，并保存两年以上备查。这些记录可以是工资单、工资台账等形式。工资单上通常会详细列出员工的基本工资、加班工资、奖金、扣除项(如社保、公积金、个人所得税等)，以及实发工资等内容。这样做的目的是保障劳动者的知情权，同时也便于劳动监察部门进行监督检查。例如，当员工对工资发放有疑问时，可以通过查阅工资记录来核实；劳动监察部门在检查企业工资支付情况时，也可以要求企业提供相关记录。

(三) 工资支付时间

工资必须在用人单位与劳动者约定的日期支付。如遇节假日或休息日，则应提前在最近的工作日支付。工资至少每月支付一次，实行周、日、小时工资制的可按周、日、小时支付工资。

对完成一次性临时劳动或某项工作的劳动者，用人单位应按有关协议或合同规定，在其完成劳动任务后立即支付工资。

劳动关系双方依法解除或终止劳动合同时，用人单位应在解除或终止劳动合同时一次性付清劳动者工资。

(四) 特殊情况下的工资支付

(1) 劳动者参加社会活动期间。劳动者在法定工作时间内依法参加社会活动期间，用人单位应视同其提供了正常劳动而支付工资，社会活动包括依法行使选举权或被选举权等。

(2) 非因劳动者原因停工期间的工资支付。非因劳动者原因造成单位停工、停产在一个工资支付周期内的，用人单位应按劳动合同规定的标准支付劳动者工资。超过一个工资支付周期的，若劳动者提供了正常劳动，则支付给劳动者的劳动报酬不得低于当地的最低工资标准；若劳动者没有提供正常劳动，应按国家有关规定办理。

(3) 企业依法破产时的工资支付。用人单位依法破产时，劳动者有权获得其工资，在破产清偿中用人单位应按《中华人民共和国企业破产法》(简称《企业破产法》)规定的清偿顺序，首先支付欠付本单位劳动者的工资。

四、工资的克扣和无故拖欠

《劳动法》第五十条规定："工资应当以货币形式按月支付给劳动者本人。不得克扣或者无故拖欠劳动者的工资。"原劳动部《对〈工资支付暂行规定〉有关问题的补充规定》(劳部发〔1995〕226号)对"克扣"和"无故拖欠"工资做了明确界定。

(一) 克扣工资

1. 克扣工资的界定

克扣工资是指用人单位无正当理由扣减劳动者应得工资。劳动者应得工资是指劳动者按照劳动合同约定或者法律规定，通过提供劳动而应当获得的全部报酬。但是，国家的法律、法规中有明确规定的减发工资的情况不属于克扣。

(1) 用人单位依法代扣劳动者工资的。例如，代扣代缴的个人所得税，代扣代缴的应由劳动者个人负担的各项社会保险费用，法院判决、裁定中要求代扣的抚养费、赡养费。

(2) 因劳动者本人原因给用人单位造成经济损失的，用人单位可按照劳动合同的约定要求其赔偿经济损失。经济损失的赔偿，可从劳动者本人的工资中扣除。但每月扣除的部分不得超过劳动者当月工资的20%，而且扣除后支付给劳动者的剩余工资部分不得低于当地月最低工资标准。

(3) 企业经济效益下浮时，工资必须下浮的情形，但支付给劳动者的工资不得低于当地的最低工资标准。

(4) 因劳动者请病假、事假等相应减发工资等。

(5) 依法签订的劳动合同中有明确规定可从劳动者工资中扣除的费用，如劳动者未能完成劳动定额、按比例扣发工资等。

(6) 用人单位依法制定的规章制度中有明确规定可从劳动者工资中扣除的费用，如劳动者违反厂规厂纪、根据制度扣发的劳动者工资等。

(7) 法律、法规规定可以从劳动者工资中扣除的其他费用。

2. 克扣工资的常见情形

(1) 以不正当罚款为由克扣工资。比如因迟到早退或工作失误等而过度罚款。

(2) 随意扣减绩效工资和奖金。

(3) 未经员工同意扣减培训费用。如员工在职期间参加过正常工作范围内的培训，离职时用人单位未经员工同意从工资中扣除培训费用。

(4) 巧立名目克扣工资。比如强制员工购买公司产品或服务，甚至购买工作服等。

(二) 无故拖欠工资

1. 无故拖欠工资的界定

无故拖欠工资是指用人单位无正当理由超过规定付薪时间未支付劳动者工资。但是，在以下一些特殊情况下，不属于无故拖欠。

(1) 用人单位遇到非人力所能抗拒的自然灾害、战争等原因，无法按时支付工资。

(2) 用人单位确因生产经营困难、资金周转受到影响，在征得本单位工会同意后，可暂时延期支付劳动者工资，延期时间的最长限制可由各省、自治区、直辖市劳动行政部门根据各地情况确定。

2. 无故拖欠工资的常见情形

(1) 资金周转困难但未履行法定程序。用人单位由于经营不善、资金回笼慢等原因，出现资金周转困难的情况，在没有经过法定程序(如未征得工会同意、未与员工协商等)的情况下，超过工资支付日期仍未支付工资。

(2) 故意拖欠。用人单位主观上存在恶意，故意拖延支付工资。比如，为了获取更多的资金用于其他项目投资，将本应支付给员工的工资挪作他用。

(3) 财务管理混乱导致拖欠。用人单位的财务管理混乱，未能合理安排资金用于工资支付。例如，企业财务人员没有做好资金预算和工资支付计划，导致资金被其他非紧急事务占用，无法按时支付工资；或者企业财务账目混乱，在计算工资、核对资金等环节出现问题，进而引发工资拖欠。

(三) 工资克扣和无故拖欠的法律后果

根据《劳动法》《劳动合同法》《工资支付暂行规定》《劳动保障监察条例》《违反和解除劳动合同的经济补偿办法》，用人单位克扣或无故拖欠劳动者工资，需承担以下法律后果。

1. 民事责任

(1) 劳动者可解除劳动合同并获经济补偿。《劳动合同法》第三十八条规定，用人单位未及时足额支付劳动报酬的，劳动者可以解除劳动合同；《劳动法》第三十二条规定，用人单位未按照劳动合同约定支付劳动报酬或者提供劳动条件的，劳动者可以随时通知用人单位解除劳动合同，并要求用人单位支付经济补偿。

(2) 用人单位需补足工资并支付额外经济补偿金。《违反和解除劳动合同的经济补偿办法》规定，用人单位除在规定的时间内全额支付劳动者工资报酬外，还需加发相当于工资报酬25%的经济补偿金。

2. 行政责任

(1) 劳动行政部门责令支付。《劳动法》第九十一条、《劳动合同法》第八十五条及《工资支付暂行规定》第十八条均有规定，由劳动行政部门责令用人单位支付劳动者的工资报酬、经济补偿，并可责令按一定倍数支付赔偿金。

(2) 加付赔偿金。《劳动合同法》第八十五条明确规定，逾期不支付的，责令用人单位按应付金额50%以上100%以下的标准向劳动者加付赔偿金。

3. 刑事责任

根据《中华人民共和国刑法》第二百七十六条之一及相关规定，用人单位以转移财产、逃匿等方法逃避支付劳动者的劳动报酬或者有能力支付而不支付劳动者的劳动报酬，数额较大，经政府有关部门责令支付仍不支付的，处3年以下有期徒刑或者拘役，并处或者单处罚金；造成严重后果的，处3年以上7年以下有期徒刑，并处罚金。单位犯此罪的，对单位判处罚金，并对其直接负责的主管人员和其他直接责任人员，依照前款的规定处罚。

资料链接

用人单位擅自克扣劳动者工资案

秦某于2023年2月1日入职甲公司做外贸业务员，与甲公司签订期限至2025年2月12日的聘用合同，合同约定秦某不得擅自离职，如未经甲公司同意擅自离职，应承担赔偿责任。在合同期内，如秦某连续旷工两天或累计旷工超过三天，按秦某单方违约及自动离职处理，所有剩余工资、奖金自愿放弃，甲公司可不予支付。2023年6月12日，秦某离开单位不再上班。2023年6月21日，甲公司向秦某发送通知，以秦某自2023年6月12日起至6月21日未上班为由，扣发秦某2023年5月1日至6月12日期间工资4256元。同时，甲公司要求秦某支付赔偿金6128元。后秦某要求甲公司支付工资，向法院提起诉讼。

分析：

沭阳县人民法院认为，用人单位与劳动者签订的劳动合同中存在用人单位免除自己的法定责任、排除劳动者权利内容的，应认定无效。秦某与甲公司劳动合同中约定的"在合同期内，如乙方连续旷工两天或累计旷工超过三天，按乙方单方违约及自动离职处理，所有剩余工资、奖金自愿放弃，甲方不予支付"的内容属于劳动合同法第二十六条规定的"用人单位免除自己的法定责任、排除劳动者权利的"的情形，该部分约定违反劳动合同法的强制性规定，应为无效条款。甲公司以此约定内容为由主张不予支付工资的理由不能成立，其应当向秦某支付正常工作期间应得的劳动报酬，判决：甲公司支付秦某工资4256元。

五、最低工资制度

《劳动法》第四十八条规定："国家实行最低工资保障制度。最低工资的具体标准由省、自治区、直辖市人民政府规定，报国务院备案。用人单位支付劳动者的工资不得低于当地最低工资标准。"

(一) 最低工资标准

最低工资标准是指劳动者在法定工作时间或依法签订的劳动合同约定的工作时间内提供了正常劳动的前提下，用人单位依法应支付的最低劳动报酬。正常劳动是指劳动者按依法签订的劳动合同约定，在法定工作时间或者劳动合同约定的工作时间内从事的劳动。劳动者依法享受带薪年休假、探亲假、婚丧假、生育(产)假、节育手术假等国家规定的假期间，以及法定工作时间内依法参加社会活动期间，视为提供了正常劳动。

在劳动者提供正常劳动的情况下，用人单位应支付给劳动者的工资在剔除下列各项以后，不得低于当地最低工资标准：①延长工作时间工资；②中班、夜班、高温、低温、井下、有毒有害等特殊工作环境、条件下的津贴；③法律、法规和国家规定的劳动者保险、福利待遇和企业通过贴补伙食、住房等支付给劳动者的非货币性收入等。实行计件工资或提成工资等工资形式的用人单位，在科学合理的劳动定额基础上，其支付劳动者的工资不得低于相应的最低工资标准。

最低工资标准一般采取月最低工资标准和小时最低工资标准的形式。月最低工资标准适用于全日制就业劳动者，小时最低工资标准适用于非全日制就业劳动者。

不同地区的最低工资标准存在差异。以2024年为例，上海月最低工资标准最高，为2690元；江苏省、浙江省第一档月最低工资标准为2490元。确定最低工资标准一般考虑城镇居民生活费用支出、职工个人缴纳社会保险费、住房公积金、职工平均工资、失业率、经济发展水平等因素。最低工资标准每两年至少调整一次。

(二) 违反最低工资规定的责任

根据《最低工资规定》(原劳动和社会保障部令〔2004〕21号)，用人单位应在最低工资标准发布后10日内将该标准向本单位全体劳动者公示。用人单位未履行公示义务的，由劳动保障行政部门责令其限期改正。

用人单位支付劳动者的工资不得低于当地最低工资标准。用人单位违反最低工资给付规定的，由劳动保障行政部门责令其限期补发所欠劳动者工资，并可责令其按所欠工资的1~5倍支付劳动者赔偿金。

资料链接

张某就公司变更劳动合同纠纷案

张某于2019年1月入职某公司，双方于2022年1月签订最后一份劳动合同，约定月固定工资为3616元。2022年8月，某公司在员工微信群内发布调薪方案，将薪酬发放模式由月固定工资更改为底薪+提成，并征求员工的意见，张某未在微信群内对于调薪方案表示明确的认可或者反对。2022年9月份开始，张某每月收到的工资由3616元降至1100元。2023年1月，张某以某公司未足额支付工资为由解除劳动合同，并向劳动仲裁委申请仲裁，要求某公司支付工资差额及经济补偿，劳动仲裁委作出裁决支持了张某的仲裁请求。某公司不服，以张某在收到调薪方案后未明确拒绝，并按调薪方案领取了部分提成为由，向东源县人民法院提起诉讼，要求判决撤销仲裁裁决，确认其无须支付差额工资及经济补偿。

东源县人民法院经审理认为，变更劳动合同应当经劳动者和用人单位协商一致。鉴于劳动关系的特殊性，张某未明确对某公司的调薪方案表示反对，继续履行劳动合同并接受发放的不足额工资，不能认定为张某同意调薪方案。且根据某公司提供的张某以工资降低为由向某公司提出离职的聊天记录来看，张某对于调薪方案是不认可的。东源县法院作出判决：某公司应向张某支付工资差额12195.7元以及经济补偿16000元。

分析：

调整劳动报酬属于变更劳动合同。实践中，对于用人单位擅自调薪的情况，有些劳动者虽心存不满，但是由于维权意识薄弱、害怕失去工作等原因，没有直接提出反对意见，选择忍气吞声继续工作，而这些忍让并不能认定为是默认同意调薪，更不是用人单位侵害劳动者权利的理由。

第三节　劳动安全与劳动保护

一、劳动安全卫生

劳动安全卫生，又称劳动保护或者职业安全卫生，是指劳动者在生产和工作过程中应得到的生命安全和身体健康基本保障的制度。它是劳动者实现宪法赋予的生命权、健康权的具体保障。劳动安全卫生主要包括劳动安全规程、劳动卫生规程、劳动安全卫生管理制度及用人单位与劳动者的义务和权利等。

(一) 劳动安全规程

1. 劳动安全规程的定义

劳动安全规程是国家为了防止和消除在生产过程中的伤亡事故，保障劳动者安全而制定的一系列规则和标准。它是企业组织生产活动的基本准则，也是劳动者进行工作操作的重要依据。其重要性在于它能够从源头上规范劳动行为和生产流程，将事故隐患消除在萌芽状态，从而有效保障劳动者的生命安全和身体健康。

2. 劳动安全规程的类别

1) 通用安全规程

个人防护装备使用规程，规定了劳动者在工作时应正确佩戴和使用各种个人防护装备。例如，在化工企业，员工必须根据接触的化学物质性质，选择合适的防毒面具、防护手套和防护服。防毒面具要定期检查滤毒罐的有效性，确保其能有效过滤有害气体；防护手套要具有相应的耐化学腐蚀性，如接触强酸时，要使用耐酸手套。

工作场所安全通道与标识规程，要求企业在工作场所设置清晰、明确的安全通道和标识。安全通道应保持畅通无阻，宽度要符合规定标准，一般在人员密集的车间，通道宽度不应少于1.1米。标识要包括安全出口标志、疏散指示标志、危险区域警示标志等。例如，在有火灾危险的仓库，安全出口标志应安装在显眼位置，且有应急照明功能，疏散指示标志要能引导人员在烟雾环境下顺利找到安全出口。

2) 设备操作安全规程

普通设备操作安全规程，针对各种生产设备，详细规定了操作步骤和注意事项。以车床为例，操作前要检查车床的各个部件是否正常，包括床身、主轴、刀架等，还要检查防护装置是否牢固。在操作过程中，要注意控制切削速度和进给量，避免因参数设置不当导致刀具损坏或工件飞出。操作完成后，要清理切屑，关闭电源，并且对车床进行必要的保养，如润滑等。

特种设备操作安全规程，对于像电梯、起重机、锅炉等特种设备，有更为严格的操作要求。以起重机为例，操作人员必须持有相应的特种作业操作证。在操作前，要检查起重机的机械部件、电气系统、制动装置等是否正常。起吊重物时，要确保重物的重量在起重机的额定起重量范围内，并且要正确选择吊具和捆绑方式，防止重物坠落。

3) 危险作业安全规程

高处作业安全规程，规定了在坠落高度基准面 2 米及以上有可能坠落的高处进行的作业要求。高处作业人员必须系好安全带，安全带的质量要符合标准，且要高挂低用。例如，在建筑外墙清洗作业中，清洗工人的安全带要固定在牢固的建筑物结构上，如专门的安全挂点或可靠的脚手架横杆上。同时，高处作业现场要设置警戒区域，防止无关人员进入。

动火作业安全规程，在有火灾、爆炸危险的场所进行焊接、切割等动火作业时，必须严格执行动火作业安全规程。作业前，要清除动火现场及周围的易燃、易爆物品，或者采取有效的隔离措施。例如，在油库附近进行动火作业，要将油库与动火区域用防火屏障隔开，并且要配备灭火器材，如灭火器、灭火砂等，还要有专人监护，确保动火过程安全。

4) 建筑施工安全规程

基础工程安全规程，在建筑基础施工阶段，如深基坑开挖，要根据土壤性质和基坑深度等因素，采取相应的支护措施。例如，对于土质较软、地下水位较高的基坑，可能需要采用钢板桩支护或地下连续墙支护，以防止基坑坍塌。同时，在基坑周边要设置防护栏杆，防止人员坠落。

主体工程安全规程，在建筑主体施工过程中，对模板工程、钢筋工程、混凝土工程等都有安全要求。以模板工程为例，模板的支撑系统必须有足够的强度、刚度和稳定性。支撑立杆的间距、横杆的步距等都要符合设计要求，防止模板在混凝土浇筑过程中发生坍塌。

(二) 劳动卫生规程

1. 劳动卫生规程的定义

劳动卫生规程是国家为了保护劳动者在生产和工作过程中的健康，防止、消除职业病和各种职业危害而制定的一系列法律规范。其主要目的是通过规定各种防护措施、卫生标准和管理制度，保障劳动者能够在符合健康要求的环境中工作，减少职业性有害因素对劳动者身体的损害。

2. 劳动卫生规程的类别

1) 物理性有害因素防护规程

噪声防护规程规定了工作场所的噪声允许限值。例如，工业企业的生产车间，每天工作 8 小时，噪声等声级不得超过85分贝。对于超过限值的工作场所，要求采取降噪措施，包括采用吸声、隔声、消声等技术；对于使用手持振动工具(如风镐、电钻等)的工作，规定了暴露时间限制，以防止手臂振动病的发生。

对于电离辐射(如 X 射线、γ 射线等)，在医院放射科、核电站等场所，规定了严格的防护措施，比如工作人员必须穿戴铅衣、铅帽等防护装备，以有效屏蔽辐射；对于非电离辐射(如微波、紫外线等)，在微波通信、电焊等工作中，要求采取防护措施尽可能设置屏蔽装置，如电焊工人要佩戴防护面罩，防止紫外线和强光对眼睛和皮肤的伤害。

2) 化学性有害因素防护规程

粉尘防护规程规定了工作场所空气中粉尘的允许浓度。例如，在煤矿井下，总粉尘浓度不得超过4毫克/立方米，呼吸性粉尘浓度不得超过2.5毫克/立方米。

对于在工作场所可能产生的有毒气体(如氯气、硫化氢、一氧化碳等)，规定了允许的最高浓度。例如，车间空气中一氧化碳的最高允许浓度为30毫克/立方米，要求企业采用密闭生产工艺，防止有毒气体泄漏，同时，配备有效的通风系统，将有毒气体排出工作场所。

对于在工作中可能接触到腐蚀性化学物质(如强酸、强碱等)或其他有毒有害化学物质的劳动者，要求企业提供防护手套、防护围裙等防护用品。

3) 生物性有害因素防护规程

食品加工行业防护规程要求食品加工企业保持良好的环境卫生，车间要定期进行消毒，采用合适的消毒剂对地面、墙壁、设备等进行消毒处理。同时，对食品加工人员的个人卫生做出严格规定，如穿戴清洁的工作服、工作帽和口罩，进入车间前要洗手消毒，并且要定期进行健康检查，防止患有传染病的人员从事食品加工工作，避免食品被病原体污染。规定食品加工过程中的卫生操作要求。例如，生熟食品要分开加工和存放，防止交叉污染；加工后的食品要妥善包装和储存，保持良好的储存条件等。

强调医疗机构的消毒灭菌制度。医疗器械要严格按照消毒灭菌程序进行处理，如采用高温高压灭菌、环氧乙烷灭菌等方法，确保医疗器械的无菌状态。对医护人员的防护做了规定。医护人员在接触患者时，要根据不同的情况穿戴适当的防护用品，如口罩、手套、隔离衣等，在处理传染病患者时，要采取严格的隔离措施，防止疾病传播。规定医院病房的卫生管理要求。病房要定期通风换气，保持空气清新，病床、床头柜等设施要定期清洁和消毒，为患者提供一个卫生、安全的治疗环境。

(三) 劳动安全卫生管理制度

劳动安全卫生管理制度是指为了保障劳动者在劳动过程中的安全和健康，在组织劳动和科学管理方面的各项规章制度。用人单位应建立的劳动安全卫生管理制度主要包括以下几种。

1. 安全生产责任制度

安全生产责任制度明确各级管理人员和员工的安全生产职责，确保每个人都清楚自己在安全生产中的责任和义务。该制度包括制订安全生产政策、目标和计划，以及实施安全生产责任制的具体措施。

2. 安全生产教育制度

对新入职员工进行安全培训，定期对全体员工进行安全知识和技能的更新培训，提高员工的安全意识和自我保护能力。该制度包括组织安全培训课程、开展安全宣传活动、提供安全学习资料等。

3. 安全生产检查制度

定期对工作场所进行安全检查，发现隐患及时整改，确保工作环境符合安全标准。该制度包括制订安全检查计划、组织安全检查人员、记录安全检查结果等。

4. 伤亡事故和职业病调查处理制度

对发生的事故和职业病进行调查分析，查明原因，采取措施防止类似事件再次发生，并对受害者进行妥善处理。该处理制度包括建立事故报告机制、组织事故调查组、制定事故处理方案等。

5. 防护用品管理制度

确保员工在必要时使用个人防护装备，如安全帽、防护眼镜、防护服等，并提供适当的维护和更换。该制度包括购买合适的防护用品、建立防护用品发放记录、定期检查防护用品的状况等。

6. 劳动者健康检查制度

定期对员工进行职业健康检查，及时发现职业病危害因素对员工健康的影响，并采取相应的防治措施。该制度包括选择合格的医疗机构、安排健康检查时间、分析健康检查结果等。

7. 安全技术措施计划管理制度

安全技术措施计划管理制度是防止工伤事故和职业病的一项重要管理制度。用人单位在编制生产、技术、财务计划的同时，必须编制安全技术措施计划，并确保所需设备、材料的供应。

2002年颁布并经2014年修订的《安全生产法》，以法律的形式对安全生产过程中生产经营单位、从业人员的权利和义务，以及安全生产的监督管理、生产安全事故的应急求援与调查处理、法律责任等进行了系统的规定。此外，我国还制定了一系列配套法规政策，如《安全生产许可证条例》《安全评价机构管理规定》《安全生产培训管理办法》《安全生产违法行为行政处罚办法》等。

(四) 用人单位与劳动者的义务和权利

根据《劳动法》的规定，劳动安全卫生制度所涉及的法律关系主体，主要有用人单位、劳动者和劳动行政管理部门三个。由于三者的法律地位不同，各自享受的权利和承担的义务也不同。

1. 用人单位的义务和权利

1) 用人单位的义务

《劳动法》第五十二条规定："用人单位必须建立、健全劳动安全卫生制度，严格执行国家劳动安全卫生规程和标准，对劳动者进行劳动安全卫生教育，防止劳动过程中的事故，减少职业危害。" 在劳动法律关系中，用人单位对劳动者生命安全和身体健康卫生有保护义务。①建立健全劳动安全卫生制度。它是用人单位的首要义务。劳动安全卫生制度是企业管理的重要组成部分，主要包括安全生产责任制度、安全教育制度、安全检查制度、伤亡事故和职业病调查处理制度等，其中安全生产责任制度是核心，明确了企业各级领导、各职能部门，以及各类人员在生产活动中应负的安全责任，通过制度的约束，促使企业全体人员重视劳动安全卫生工作，共同预防事故和职业病的发生。②提供安全卫生条件和防护用品。《劳动法》第五十四条规定："用人单位必须为劳动者提供符合国家规定的劳动安全卫生条件和必要的劳动防护用品，对从事有职业危害作业的劳动者应当定期进行健康检查。"良好的劳动安全卫生设施条件是防止事故、减少职业危害的基本因素。③提供健康检查。对未成年劳动者和从事职业危害作业的劳动者要进行定期的健康检查，职工在规定的健康检查中耽误的时间算作工作时间，检查所需的费用，依法由用人单位负责。④安全技术培训。对劳动者进行安全技术培训，特别是从事特种作业的劳动者，必须经过专门培训并取得特种作业资格证书，才能从事相应的特种作业，凡用人单位未履行培训责任而发生事故的，事故责任应由用人单位承担。

2) 用人单位的权利

用人单位在履行法定劳动安全卫生制度义务的同时，也享有相应的权利。①制定规章制度。用人单位有权依法制定内部劳动安全卫生规章，并要求劳动者必须遵守这些规章制度和操作标准。②监督检查。用人单位有权对企业内部的劳动安全卫生制度规章的执行实施监督检查，纠正违章操作行为。③纪律处分。用人单位有权对违反劳动安全卫生规章制度，并造成事故的劳动者给予纪律处分。

2. 劳动者的义务和权利

1) 劳动者的义务

劳动者在劳动安全卫生法律制度方面的基本义务，就是严格遵守安全操作规程，执行企业内部规章制度和岗位责任制。同时，劳动者还需要不断提高熟练程度和专业技术水平，防止因主观因素导致事故发生。

2) 劳动者的权利

劳动者在劳动安全卫生法律制度中的权利主要包括以下几种。①获得保护条件和待遇。劳动者有获得各项保护条件和保护待遇的权利，如有获得符合劳动安全卫生条件的权利、获得劳动保护用品的权利、获得定期健康检查的权利等。②拒绝权。在劳动安全卫生条件恶劣、隐患严重的情况下，劳动者有权拒绝从事该项工作或者有权撤离现场。劳动者对用人单位管理人员违章指挥、强令冒险作业，有权拒绝执行。用人单位安排女职工和未成年劳动者从事国家规定禁忌范围内的劳动时，女职工和未成年劳动者有权拒绝接受。③监督权。劳动者对企业及其领导不执行劳动安全卫生规定，不提供法律规定的安全卫生条件，以及违章指挥、强令冒险作业等行为，有权拒绝执行，提出批评、检举和控告。

二、职业病的防治与处理

职业病是指劳动者在职业活动中，因接触粉尘、放射性物质和其他有毒、有害物质等因素而引起的疾病。职业病不仅危害劳动者生命安全，还是引起劳资纠纷、影响社会和谐的公共健康问题。对于职业病的防治需要加大政策干预力度，增强用人单位对职业病的严格管理和技术支持等。

(一) 职业病的发病特征

职业病的发病有两个较为明显的特征：一是在较长时间内逐渐形成，属于缓发性伤残；二是多数表现为较长时间的体内器官生理功能的损伤(如矽肺、放射性疾病等)，很少有痊愈的可能，属于不可逆性损伤。从管理和防治的角度看，职业病还具有其他一些特征。

1. 病因明确

职业病是由于劳动者在工作过程中长期接触粉尘、放射性物质、化学毒物等有害因素而引起的。这些有害因素在达到一定的浓度或剂量时，才会引发疾病。例如，长期接触粉尘可能导致尘肺病，接触化学物质可能导致职业中毒，接触放射性物质则可能引发放射性疾病等。

2. 发病与劳动条件密切相关

职业病的发生与生产环境中有害因素的数量或强度、作业时间、劳动强度及个人防护等因素密切相关。例如，急性中毒的发生多由短期内大量吸入毒物引起；慢性中毒则多由长期吸收小量的毒物蓄积引起。

3. 群体发病

群体发病是职业病的另一特征。在同一生产条件下接触某一种有害因素，常有多人同时或先后患同一种疾病的情况。例如，煤矿井下工人，无论是同一矿还是不同矿，只要井下煤尘浓度超过国家规定标准，个人防护又不符合要求，皆可能出现煤工矽肺。

4. 临床表现有一定特征

临床表现的特征是指，许多生产性有害因素对机体的危害有一定特征。例如，急性一氧化硫中毒表现为血液碳氧血红蛋白形成，导致缺氧征象；急性有机磷农药中毒表现为胆碱酯酶抑制，出现神经兴奋的症状和体征；矽肺表现为以肺间质纤维化为特征的胸部 X 线改变等。

5. 可预防性

职业病的病因明确，采取有效的预防措施可以有效地降低职业病的发生率。预防措施包括改善工作环境、增强个人防护、定期健康检查等。

(二) 法定职业病分类与名录

根据2013年12月23日由原国家卫生和计划生育委员会、人力资源和社会保障部、安全监管总局、全国总工会四部门联合印发的《职业病分类和目录》，我国将职业病分为10类132种：①职业性尘肺病及其他呼吸系统疾病，包括尘肺病(13种)、其他呼吸系统疾病(6种)；②职业性皮肤病(9种)；③职业性眼病(3种)；④职业性耳鼻喉口腔疾病(4种)；⑤职业性化学中毒(60种)；⑥物理因素所致职业病(7种)；⑦职业性放射性疾病(11种)；⑧职业性传染病(5种)；⑨职业性肿瘤(11种)；⑩其他职业病(3种)。

(三) 职业病防治中的用人单位义务

根据《职业病防治法》(2016年7月2日第二次修订)，用人单位应当建立、健全职业病防治责任制，加强对职业病防治的管理，提高职业病防治水平，对本单位产生的职业病危害承担责任。其主要义务包括以下几种。

1. 前期预防义务

1) 工作场所的职业卫生要求

用人单位的工作场所应当符合职业卫生要求。例如，工作场所布局要合理，有害作业与无害作业要分开，避免劳动者在工作过程中交叉接触有害因素。工作场所的职业病危害因素的强度或者浓度应符合国家职业卫生标准，用人单位需要定期对工作场所进行检测、评价。如对存在粉尘危害的矿山企业，要定期检测井下粉尘浓度，确保其不超过规定的限值。

2) 职业病危害项目申报

用人单位工作场所存在职业病危害因素的，应当及时、如实向所在地卫生行政部门申报危害项目。申报内容包括用人单位的基本情况，工作场所职业病危害因素种类，浓度或强度，产生职业病危害因素的生产技术、工艺、材料等。

3) 建设项目职业病防护设施"三同时"

新建、扩建、改建建设项目和技术改造、技术引进项目(以下统称建设项目)可能产生职业病危害的，建设单位在可行性论证阶段应当进行职业病危害预评价。建设项目的职业病防护设施应当与主体工程同时设计、同时施工、同时投入生产和使用。在化工企业建设过程中，设计的通风排毒设施、降噪设施等防护设施要与厂房建设、设备安装等主体工程同步进行，确保在项目投入生产时，防护设施能够正常运行，有效保护劳动者健康。

2. 劳动过程中的防护义务

1) 职业卫生管理措施

用人单位应当做好如下所示职业卫生管理措施。①设置或者指定职业卫生管理机构或者组织，配备专职或者兼职的职业卫生管理人员来负责本单位的职业病防治工作，如制订职业病防治计划和实施方案、组织劳动者进行职业健康检查等。②建立、健全职业卫生管理制度和操作规程。比如在使用有毒化学物质的车间，要制定详细的化学物质储存、使用、废弃物处理等操作规程，明确劳动者在操作过程中的安全注意事项，确保劳动者的操作符合职业卫生要求。③对劳动者进行上岗前的职业卫生培训和在岗期间的定期职业卫生培训。培训内容包括职业病防治的法律法规、工作场所存在的职业病危害因素及其防护措施等。

2) 职业病防护用品的提供和维护

用人单位必须为劳动者提供符合防治职业病要求的职业病防护用品，并对职业病防护用品进行经常性的维护、检修，确保其性能良好。例如，定期检查防尘口罩的滤棉是否堵塞，耳塞的弹性是否良好等，对损坏的防护用品要及时更换。

3) 职业健康监护

用人单位应当组织上岗前、在岗期间和离岗时的职业健康检查。上岗前的健康检查可以筛选出不适合从事该职业病危害作业的劳动者，如对拟从事铅作业的劳动者进行血铅检查，发现血铅超标的人员不宜从事该工作。在岗期间的定期健康检查可以及时发现劳动者的健康损害，如对长期接触苯的劳动者，定期检查血常规，监测白细胞等指标的变化，以便早期发现苯中毒。离岗时的健康检查主要是了解劳动者离开工作岗位时的健康状况，为职业病诊断、鉴定等提供依据。另外，用人单位不得安排未经上岗前职业健康检查的劳动者从事接触职业病危害的作业；不得安排有职业禁忌的劳动者从事其所禁忌的作业。

3. 职业病诊断、治疗和保障义务

1) 职业病诊断协助义务

用人单位应当如实提供职业病诊断、鉴定所需的劳动者职业史、职业病危害接触史、工作场所职业病危害因素检测结果等资料。例如，当劳动者怀疑自己患职业病要求诊断时，用人单位要配合提供该劳动者的工作岗位、工作年限、接触的职业病危害因素种类和浓度等信息，不能隐瞒或篡改相关资料。

2) 职业病患者的待遇保障义务

用人单位应当按照国家有关规定，安排职业病病人进行治疗、康复和定期检查。对于确诊为职业病的劳动者，要保障其享受相应的医疗待遇，如支付职业病治疗费用、安排康复疗养等。对不适宜继续从事原工作的职业病病人，应当调离原岗位，并妥善安置。例如，对于患有尘肺病的矿工，不能再让其从事井下采掘等粉尘作业，要将其调整到粉尘浓度较低的岗位或者安排其他合适的工作。同时，在劳动者被诊断为职业病后，用人单位要保障其依法享受工伤待遇，包括工伤赔偿、伤残津贴等。

(四) 职业病的预防与治疗

对职业病的确定，必须到有诊断权的职业病防治机构进行检查诊断。凡确诊患职业病的员工，由职业病防治机构开具"职业病诊断证明"。用人单位应将患者调离有害作业岗位和环境，安排治疗或疗养，并进行劳动鉴定，使其享受国家规定的工伤保险待遇或职业病待遇。对于一些因工作性质和操作特征引起的职业性损伤，用人单位应采取个人健身计划、改善工作条件、调整工作时间，以及增加休息间隔等多种形式进行治疗和防范。

资料链接

某建筑劳务有限公司违反《中华人民共和国职业病防治法》案

某建筑劳务有限公司在罗某等23名劳动者尚未进行职业健康检查的情况下，安排其从事接触噪声、矽尘等职业病危害作业。该行为违反了《中华人民共和国职业病防治法》第三十五条第二款的规定。重庆市卫生健康委对其依法作出警告并处21万元的行政处罚。

分析：

本案对劳务发包关系中职业卫生防护责任落实具有警示意义，准确认定了职业卫生防护责任主体。用人单位是劳动者职业病防治的第一责任人，必须按照相关法律、法规建立健全并落实职业卫生管理制度，通过职业健康体检预防职业病发生，对保障劳动者身体健康具有重要作用。本案警示用人单位重视劳动者职业病防治，及时安排劳动者进行职业健康体检，切实保障劳动者身体健康。

三、女职工与未成年工的劳动保护

(一) 女职工的特殊劳动保护

女职工特殊劳动保护是指根据女职工身体结构、生理机能的特点，以及抚育子女的特殊需要，在劳动方面对女职工特殊权益的法律保障。

1. 禁止女职工从事的劳动范围

根据《女职工劳动保护特别规定》规定，禁止女职工从事的劳动范围包括以下几种。①矿山井下作业。矿山井下的工作环境通常比较恶劣，存在诸如通风条件差、有害气体积聚、顶板冒落等多种危险因素。而且井下工作劳动强度大，对于女职工的生理健康可能会产生严重的损害，不适合女职工身体结构和生理特点。②体力劳动强度分级标准中规定的第四级体力劳动强度的作业。体力劳动强度分级是按照劳动强度指数来划分的，第四级体力劳动强度是最重的体力劳动，劳动强度指数大于25。这种强度的工作对体力要求极高，过重的体力劳动可能会对女职工的生殖系统产生不良影响，如导致月经不调等。③每小时负重6次以上、每次负重超过20公斤的作业，或者间断负重、每次负重超过25公斤的作业。频繁的负重作业会对女职工的身体，特别是腰部、腹部等产生较大的压力。女性的骨盆结构和肌肉力量相对男性较弱，长期承受过重的负荷会影响盆腔内器官的正常位置和功能。

2. 女职工"四期"的特殊劳动保护

所谓"四期"，是指经期、孕期、产期和哺乳期。这是妇女生理机能发生变化的时期，对女职工的"四期"保护，是指针对女职工生理机能的变化，在女职工经期、孕期、产期和哺乳期间给予的特殊保护。

1) 经期保护

不得安排女职工在经期从事《女职工劳动保护特别规定》附录中所列举的"女职工在经期禁忌从事的劳动范围"。比如，不得安排女职工在经期从事高处、低温、冷水作业和国家规定的第三级体力劳动强度的劳动。

2) 孕期保护

不得安排女职工在孕期从事《女职工劳动保护特别规定》附录中所列举的"女职工在孕期禁忌从事的劳动范围"。女职工在孕期不能适应原劳动的，用人单位应根据医疗机构的证明，予以减轻劳动量或者安排其他能够适应的劳动；对怀孕7个月以上的女职工，用人单位不得延长劳动时间或者安排夜班劳动，并应当在劳动时间内安排一定的休息时间；怀孕女职工在劳动时间内进行产前检查，所需时间计入劳动时间。

3) 产期保护

女职工生育享受产假，正常产假一般为98天，其中产前可以休假15天。难产的，增加产假15天；生育多胞胎的，每多生育1个婴儿，增加产假15天。产假期间享受生育津贴及医疗保健服务，包括产前检查、分娩服务等。

4) 哺乳期保护

不得安排女职工在哺乳期从事《女职工劳动保护特别规定》附录中所列举的"女职工在哺乳期禁忌从事的劳动范围"。对哺乳未满1周岁婴儿的女职工，用人单位不得延长劳动时间或者安排夜班劳动；在每天的劳动时间内为哺乳期女职工安排哺乳时间。

(二) 未成年工的特殊劳动保护

未成年工主要是指年满16周岁、未满18周岁的劳动者。针对未成年工处于生长发育期的特点，以及接受义务教育的需要，国家对未成年工进行了特殊的保护。《中华人民共和国未成年人保护法》(简称《未成年人保护法》)第六十一条规定："任何组织或者个人不得招用未满十六周岁未成年人，国家另有规定的除外。""招用已满十六周岁未成年人的单位和个人应当执行国家在工种、劳动时间、劳动强度和保护措施等方面的规定，不得安排其从事过重、有毒、有害等危害未成年人身心健康的劳动或者危险作业。"对未成年工的特殊劳动保护主要包括以下内容。

1. 禁止未成年从事的劳动范围

《劳动法》第六十四条规定："不得安排未成年工从事矿山井下、有毒有害、国家规定的第四级体力劳动强度的劳动和其他禁忌从事的劳动。"《未成年工特殊保护规定》第三条还详细列举了17项用人单位不得安排未成年工从事的劳动范围。此外，《未成年工特殊保护规定》第四条对患有某种疾病或具有某些生理缺陷的未成年工的禁忌劳动范围做了专门规定，列举了5项用人单位不得安排未成年工从事的劳动范围。

2. 用人单位对未成年工进行定期的健康检查

用人单位对未成年工进行定期的健康检查，有利于未成年人的健康发育，使其免受职业侵害，同时也是用人单位对未成年工安排工作岗位的重要依据。《未成年工特殊保护规定》规定，用人单位应按下列要求对未成年工定期进行健康检查：①安排工作岗位之前；②工作满1年；③年满18周岁，距前一次的体检时间已超过半年。体检发现未成年工不适宜从事原工作的，用人单位应为未成年工调换适宜的工作岗位；未成年工身体健康受到损害的，用人单位应当为其治疗。用人单位不仅要对未成年工健康检查事宜进行全面的安排，而且所涉及的所有费用支出都应由用人单位承担。未成年工在规定的健康检查期间应算作工作时间，用人单位不得克扣工资。

3. 对未成年工的使用和特殊保护实行登记制度

《未成年工特殊保护规定》第九条规定，用人单位招收使用未成年工，除符合一般用工要求外，还须向所在地的县级以上劳动行政部门办理登记。劳动行政部门根据《未成年工健康检查表》《未成年工登记表》，核发《未成年工登记证》。未成年工须持《未成年工登记证》上岗。

4. 法律责任

《劳动法》第九十五条规定："用人单位违反本法对女职工和未成年工的保护规定，侵害其合法权益的，由劳动行政部门责令改正，处以罚款；对女职工或者未成年工造成损害的，应当承担赔偿责任。"

资料链接

制鞋厂违反未成年用工案

2012年8月，刚满16周岁的小王进入当地一家制鞋厂从事打胶工作，双方签订了劳动合同，约定合同期为半年，月工资为2000元。入职不久，小王感觉身体不适、四肢无力，经就医诊断为正己烷中毒。基于其年龄和工作情况，医院建议停止接触正己烷等化学物品，小王遂向工厂提出调换岗位，但工厂以合同有明确岗位约定且无其他职位空缺为由拒绝，表示若小王辞职则不发放当月工资。小王提起劳动仲裁，要求解除劳动关系并结清工资。

分析：

此案例中，小王作为已满16周岁未满18周岁的未成年工，从事的打胶工作长期接触化学品，可能导致职业性慢性正己烷中毒，属于有毒有害劳动，制鞋厂违反了《劳动法》第六十四条关于不得安排未成年工从事有毒有害劳动的规定。同时，用人单位在面对小王提出的合理调岗要求时，未能充分考虑其特殊身份和身体健康状况，存在过错。根据相关法律规定，用人单位对未成年工应给予特殊保护，包括定期进行健康检查、不得安排禁忌劳动等。最终仲裁庭调解工厂为小王调换岗位，体现了对未成年工权益的保护。

第四节　企业规章制度

企业规章制度是企业为了维护正常的生产经营秩序，保证各项工作顺利开展，依据国家法律、法规并结合自身实际情况制定的一系列规则、章程与办法的总和。

一、规章制度的重要性

(一) 对企业运营管理的重要性

1. 保障企业正常运转

规章制度作为企业内部规范员工行为的一种准则，规范了各部门和员工的职责、工作流程等，使得生产能够有条不紊地进行。优秀的规章制度通过合理的权利义务及责任的设置，可以使职工能预测自己的行为和努力的后果，激励其工作积极性。

2. 提升企业管理效率

明确的规章制度使得管理者在决策和监督时有据可依，不仅节省了管理者的时间和精力，还能提高考核结果的准确性和公正性，有利于激励员工的工作积极性。同时，规章制度也有助于企业进行资源分配。例如，财务管理制度可以规范企业资金的使用，通过预算制度合理安排资金用于生产、营销、研发等各个环节，避免资金的浪费和不合理使用，提高企业资源的利用效率。

3. 促进企业战略实施

企业的战略目标需要通过一系列具体的行动来实现，规章制度可以将战略目标分解为具体的任务和要求，落实到每个部门和员工身上，能够确保企业的各项营销活动符合战略规划，有助于企业战略目标的逐步实现。

(二) 对员工管理的重要性

1. 规范员工行为

规章制度为员工的行为提供了明确的准则，一方面有助于员工养成良好的工作习惯，提高工作的专注度和效率，另一方面对员工违反规章制度的后果做出规定可以威慑员工，使其自觉抑制不良行为的发生。对于新员工来说，规章制度更是一种快速了解企业工作要求的指南。通过入职培训学习企业的规章制度，新员工能够清楚自己在企业中的角色和职责，以及企业对自己的期望，从而更快地适应新的工作环境。

2. 保障员工权益

合法合理的规章制度能够保障员工的基本权益。例如，在薪酬福利制度中明确规定了员工的工资构成、发放时间、加班工资计算方法以及各种福利(如社会保险、带薪休假、节日福利等)，让员工清楚自己应得的权益。同时，员工在企业中的晋升、培训等权益也通过相关制度得到保障。例如，晋升制度规定了晋升的条件和流程，员工可以根据这些规定来规划自己的职业发展，通过努力达到晋升条件，获得职业晋升的机会。

3. 激励员工积极性

绩效考核和奖励制度能够有效激励员工的工作积极性。例如，根据员工的工作业绩给予相应的奖金、荣誉称号等奖励可以激发员工的竞争意识，提高工作绩效。此外，通过为员工提供内部培训和外部学习的机会，可以提升其能力和素质，使其感受到企业对自身的重视，从而为企业的发展贡献自己的力量。

(三) 对企业风险防范的重要性

1. 法律风险防范

《最高人民法院关于审理劳动争议案件适用法律若干问题的解释(一)》(法释〔2020〕26号)第五十条规定："用人单位根据劳动合同法第四条规定，通过民主程序制定的规章制度，不违反国家法律、行政法规及政策规定，并已向劳动者公示的，可以作为确定双方权利义务的依据。"《劳动合同法》第三十九条明确规定，劳动者严重违反用人单位的规章制度的，用人单位可以解除劳动合同。企业规章制度的制定是以国家法律、法规为依据的，它可以帮助企业避免法律风险。在劳动用工方面，可以防止企业在劳动纠纷中处于不利地位；在财务方面，财务管理制度符合相关的财务法规和税务法规，可以避免企业出现财务造假、偷税漏税等违法行为，确保企业合法合规经营。

2. 经营风险防范

完善的生产运营制度可以防范生产过程中的风险。例如，质量控制制度可以确保产品质量，减少因产品质量问题导致的退货、索赔等经营风险。设备维护制度可以延长设备使用寿命，降低设备突发故障对生产造成的影响，保障企业的生产连续性。同时，市场风险也可以通过规章制度进行一定程度的防范。例如，客户信用管理制度可以对客户的信用状况进行评估和监控，降低应收账款回收风险。此外，合同管理制度可以规范企业与供应商、客户等签订的合同条款，保障企业在商业合作中的合法权益，减少合同纠纷带来的经营风险。

二、规章制度的有效性

(一) 规章制度合法有效的条件

《最高人民法院关于审理劳动争议案件适用法律若干问题的解释(一)》第五十条规定："用人单位根据劳动合同法第四条规定，通过民主程序制定的规章制度，不违反国家法律、行政法规及政策规定，并已向劳动者公示的，可以作为确定双方权利义务的依据。"

1. 制定程序合理

《劳动法》第八条规定："劳动者依照法律规定，通过职工大会、职工代表大会或者其他形式，参与民主管理或者就保护劳动者合法权益与用人单位进行平等协商。"《劳动合同法》第四条第二款和第三款规定："用人单位在制定、修改或者决定有关劳动报酬、工作时间、休息休假、劳动安全卫生、保险福利、职工培训、劳动纪律以及劳动定额管理等直接涉及劳动者切身利益的规章制度或者重大事项时，应当经职工代表大会或者全体职工讨论，提出方案和意见，与工会或者职工代表平等协商确定。在规章制度和重大事项决定实施过程中，工会或者职工认为不适当的，有权向用人单位提出，通过协商予以修改完善。"

2. 内容合法

原劳动部《关于〈中华人民共和国劳动法〉若干条文的说明》(劳办发〔1994〕289号)第四条规定："用人单位应当依法建立和完善规章制度，保障劳动者享有劳动权利和履行劳动义务。"根据原劳动部的解释，本条中的"依法"应当作广义理解，指所有的法律、法规和规章。包括：宪法、法律、行政法规、地方性法规，民族自治地方，还要依据该地方的自治条例和单行条例，以及关于劳动方面的行政规章。

3. 向劳动者公示和告知

公示原则是现代法律、法规生效的一个要件，作为企业内部的规章制度更应向内部员工进行公示，否则不对员工产生效力。《劳动合同法》第四条第四款规定："用人单位应当将直接涉及劳动者切身利益的规章制度和重大事项决定公示，或者告知劳动者。"

企业要通过多种方式让员工知晓规章制度，常见的方式有在企业内部公告栏张贴规章制度的全文，在企业的内部办公系统中发布电子文档，或者通过专门的员工培训来讲解规章制度。这不仅仅是让员工知道规章制度的存在，还要确保员工理解其中的内容。

(二) 规章制度无效的法律后果

企业制定的规章制度如果不能满足上述三个条件中的任何一个条件，则该规章制度被视为无效。在劳动争议仲裁或诉讼中，无效的规章制度不能作为人民法院或劳动争议仲裁委员会审理案件、确定双方权利义务的依据。企业依据无效的规章制度条款处理与劳动者的关系为违法行为，应该承担以下法律后果。

1. 行政责任

根据《劳动合同法》第八十条的规定，用人单位直接涉及劳动者切身利益的规章制度违反法律、法规规定的，由劳动行政部门责令改正，给予警告。如果用人单位在被责令改正后仍然不改正，根据《劳动保障监察条例》第三十条的规定，可能面临2000元以上2万元以下的罚款。

2. 民事责任

用人单位直接涉及劳动者切身利益的规章制度违反法律、法规规定，给劳动者造成损害的，应当按照《劳动合同法》的相关规定承担赔偿责任。

3. 劳动者单方面解除劳动合同

根据《劳动合同法》第三十八条的规定，如果用人单位的规章制度违反法律、法规的规定，损害劳动者权益的，劳动者可以解除劳动合同。同时，根据《劳动合同法》第四十六条的规定，劳动者依照本法第三十八条规定解除劳动合同的，用人单位应当向劳动者支付经济补偿。

资料链接

王某与公司就工会通知义务纠纷案

王某为某公司员工，双方签订为期三年的劳动合同。劳动合同期内，王某无故旷工3天以上，单位据此与王某解除劳动合同。王某不服，认为单位没有尽到通知工会的义务，要求单位支付违法解除劳动合同赔偿金。

分析：

仲裁庭认为，《劳动合同法》规定，用人单位单方解除劳动合同，应当事先将理由通知工会。本案中，经查实王某的旷工行为确实严重违反了该公司的规章制度，但公司在与王某解除劳动合同前未履行通知工会的义务，在王某不要求继续履行劳动合同的情形下，其要求公司支付违法解除劳动合同赔偿金的请求应得到支持，仲裁委审理后支持了王某的仲裁请求。仲裁委提醒，用人单位单方解除劳动合同的，不仅实体方面需符合法律规定，程序方面也应如此，即需履行通知工会的义务。任一方面缺失，用人单位均应承担相应法律责任。

三、规章制度的内容设计

(一) 规章制度设计的范围

企业规章制度，又称管理规范，是企业管理中各种制度、标准、办法、守则等的总称，涉及的范围广泛，从整体上看，主要涉及三个方面：一是技术操作规程；二是安全卫生规程；三是内部劳动规程和其他综合性管理规定。需要注意的是，用人单位在制定企业规章制度时虽有一定的自主性，但也有一些法律规定是强制性的，比如安全生产方面的制度。这就要求用人单位必须依法制定有关的规章制度。

(二) 规章制度设计的注意要点

企业制定规章制度应紧密结合企业自身情况并兼顾"合法、合理、全面、具体"。

1. 企业制定规章制度应避免出现违反法律、法规的条款

规章制度必须符合现行的《劳动法》《劳动合同法》等相关法律、法规。任何与法律相抵触的条款都无效。

2. 规章制度不得与劳动合同和集体合同相冲突

《最高人民法院关于审理劳动争议案件适用法律若干问题的解释(二)》(法释〔2006〕6号)第十六条规定："用人单位制定的内部规章制度与集体合同或者劳动合同约定的内容不一致，劳动者请求优先适用合同约定的，人民法院应予支持。"劳动合同是劳动者与用人单位就劳动权利义务达成的协议，只要不违反法律、法规，就具有法律效力，因此，当用人单位制定的规章制度内容与劳动合同不一致，劳动者请求优先适用劳动合同的，应当采纳。而集体合同是用人单位的工会或行业工会代表员工签订的，其效力同样高于用人单位的规章制度。

3. 规章制度不得违反公序良俗

公序良俗是指公共秩序和善良风俗，符合公序良俗是任何法律、法规制定的基本原则。用人单位规章制度不得违反公序良俗，否则劳动者可向劳动行政部门主张该规章制度无效。

4. 规章制度的内容应具体可行

用人单位在制定企业规章制度时，应该对规章制度的内容进一步细化，并根据法律及实际情况衡量其可行性，避免在实践中无法操作。此外，用人单位在制定规章制度时，还应避免设计出没有法律责任的条款。

四、规章制度的制定程序

企业规章制度的制定程序是一个系统化的过程，旨在确保制度的合法性、合理性和有效性。因此，用人单位在制定规章制度时，在程序上需要注意以下内容。

(一) 尊重和建立职工代表大会制度

根据《劳动合同法》第四条第二款的规定："用人单位在制定、修改或者决定有关劳动报酬、工作时间、休息休假、劳动安全卫生、保险福利、职工培训、劳动纪律以及劳动定额管理等直接涉及劳动者切身利益的规章制度或者重大事项时，应当经职工代表大会或者全体职工讨论"。用人单位应当尽量使用职工代表大会程序制定直接涉及劳动者切身利益的规章制度，并在制定其他规章制度时也尽量采用职工代表大会的形式进行讨论和表决。对职工代表大会接受的规章制度，用人单位应要求职工代表大会出具相应证明。

(二) 设计规章制度告知程序

劳动法规要求规章制度应当公示，或者告知劳动者。但实践中常常发生用人单位和职

工对规章制度是否公示告知产生争议，用人单位对此有责任举证证明规章制度已经公示，否则将面临法律后果。告知方式多种多样，但不管用人单位采用何种方式公示或告知，都应当注意留存证据。

(三) 规章制度应动态更新

企业规章制度具有一定的时间局限性，它所赖以生存的法律、法规及内外部环境是会发生变化的。因此，企业要建立一个对现有的规章制度进行定期或不定期检查的动态更新机制，以符合法律、法规的规定及客观需求。需要注意的是，对规章制度的修改、补充同样要按照法定程序进行，即经过民主协商和向劳动者公示这两道程序。如此，企业经法定程序修订后的规章制度即可对劳动者产生效力。

思考题

1. 劳动标准管理涵盖了哪些内容？
2. 根据我国劳动法规定，全年哪些时间需要额外支付工资？
3. 用人单位克扣工资或无故拖欠工资，应承担哪些法律责任？
4. 劳动安全卫生制度中，用人单位的权利和义务有哪些？
5. 试列举我国劳动法对女性职工和未成年工的特殊保护政策。
6. 简述企业规章制度的重要性。

案例讨论题

聂某某诉北京××兄弟文化有限公司确认劳动关系案

2016年4月8日，聂某某与北京××兄弟文化有限公司(以下简称××兄弟公司)签订了《合作设立茶叶经营项目的协议》，内容为：第一条：双方约定，甲方出资进行茶叶项目投资，聘任乙方为茶叶经营项目经理，乙方负责公司的管理与经营。第二条：待项目启动后，双方共同设立公司，乙方可享有管理股份。第三条：利益分配：在公司设立之前，乙方按基本工资加业绩方式取酬。公司设立之后，按双方的持股比例进行分配。乙方负责管理和经营，取酬方式：基本工资＋业绩、奖励＋股份分红。第四条：双方在运营过程中，未尽事宜由双方友好协商解决。第五条：本合同正本一式两份，公司股东各执一份。

协议签订后，聂某某到该项目上工作，工作内容为负责"中国书画"艺术茶社的经营管理，主要负责接待、茶叶销售等工作。××兄弟公司的法定代表人林某某按照每月基本工资10000元的标准，每月15日通过银行转账向聂某某发放上一自然月工资。聂某某请假需经林某某批准，且实际出勤天数影响工资的实发数额。2017年5月6日××兄弟公司通知聂某某终止合作协议。聂某某实际工作至2017年5月8日。

聂某某申请劳动仲裁，认为双方系劳动关系并要求××兄弟公司支付未签订书面劳动合同两倍工资差额，××兄弟公司主张双方系合作关系。北京市海淀区劳动人事争议仲裁委员会做出京海劳人仲字(2017)第××××号裁决：驳回聂某某的全部仲裁请求。聂某某不服仲裁裁决，于法定期限内向北京市海淀区人民法院提起诉讼。

讨论与思考：

1. 案例中聂某某与北京××兄弟文化有限公司是否存在劳动关系？
2. 聂某某能否在此期间享有获得劳动报酬的权利？

第九章

社会保险

扫码看详图

学习目标

1. 了解社会保险概述。
2. 学会养老保险制度内容。
3. 学会基本医疗保险制度内容。
4. 理解生育保险内容。
5. 掌握工伤保险内容。
6. 学会失业保险制度内容。

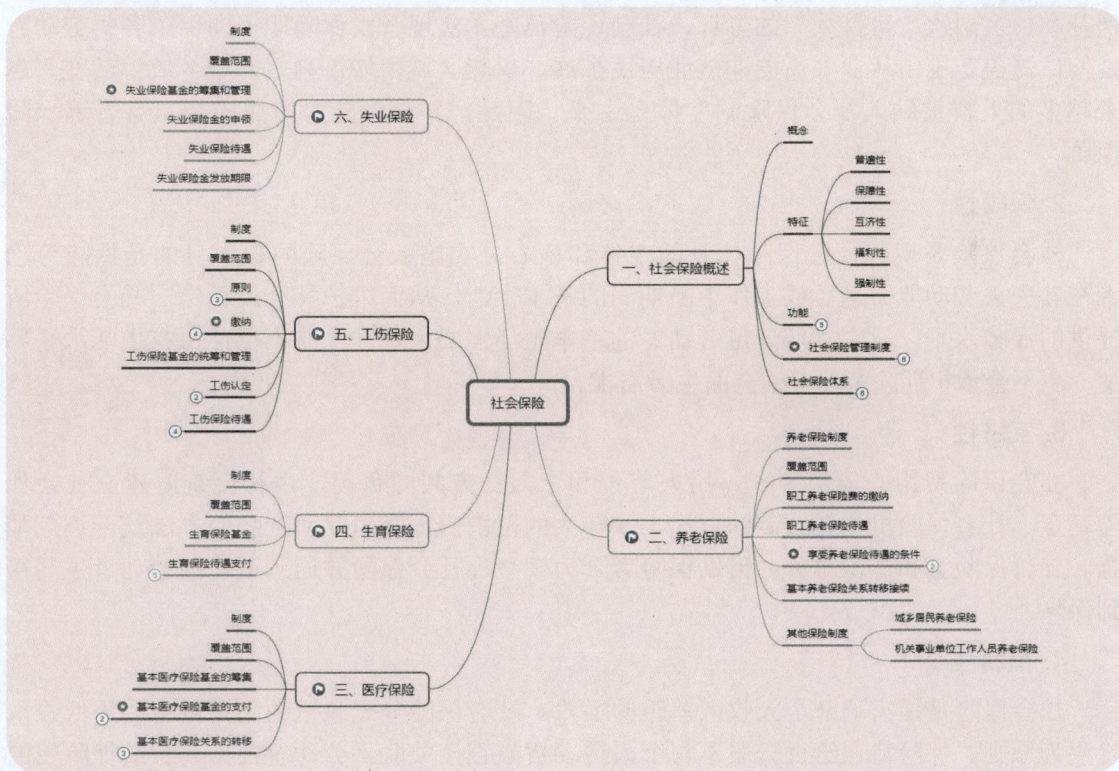

　　社会保险是国家通过立法强制建立的一种社会保障制度，旨在为劳动者在遭遇年老、疾病、工伤、失业、生育等风险时提供基本生活保障。社会保险制度不仅关系到用人单位和劳动者双方的权利和义务，更是社会范围内关系到劳动者基本生活和社会稳定的核心要素之一。

第一节　社会保险概述

一、社会保险的基本内涵

(一) 社会保险的概念

社会保险是指国家通过立法设立社会保险基金，并在一定范围内对社会保险基金实行统筹调剂，对遭遇劳动风险的劳动者给予必要物质帮助和补偿的一种社会保障制度。我国《劳动法》第七十条规定："国家发展社会保险事业，建立社会保险制度，设立社会保险基金，使劳动者在老年、患病、工伤、失业、生育等情况下获得帮助和补偿。"社会保险包括基本养老保险、基本医疗保险、失业保险、工伤保险和生育保险等。

(二) 社会保险的特征

一般而言，社会保险具备以下5个方面的特点。

1. 普遍性

社会保险是所有社会劳动者的一项基本权利。我国的社会保险制度坚持"广覆盖、保基本、多层次、可持续"的方针。社会保险已基本实现了由保障职工向保障各类劳动者延伸，覆盖范围由从业人员向非从业居民扩展，保障区域由城市为主向城乡统筹转变，越来越多的人群被纳入社会保险制度体系中来。因此，社会保险对所属成员具有普遍保障性质。

2. 保障性

社会保险是现代社会保障体系的主体和核心。实施社会保险的根本目的是保障劳动者在其失去劳动能力之后或工作中断期间的基本生活，从而维护社会的稳定。社会保险所提供的保障水平以一定时期满足劳动者的基本生活需要为基准，既不保证原有生活水平不变，更不会承担遇险劳动者的全面生活需求。

3. 互济性

社会保险费用一般由国家、用人单位和个人三方共同负担，由社会统筹建立社会保险基金。社会保险机构在较高的层次上和较大的范围内，利用互助互济的办法统一调剂基金、支付保险金和提供服务，借助保险者合力使参加社会保险并遇到风险的劳动者生活得到保障。

4. 福利性

社会保险是国家调节个人收入差距的手段。社会保险分配政策的制定以有利于低收入阶层为原则。保险待遇给付一般不与个人劳动贡献直接关联，劳动者根据其缴纳保险费的记录享受社会保险待遇的权利。社会保险是一种政府行为，实施社会保险完全是为了保障社会成员的基本生活。

5. 强制性

社会保险是由国家通过立法形式强制实施的一种保障制度。社会保险的缴费标准、待遇项目和保险金的给付标准等均由国家或地方政府的法律、法规统一确定。用人单位未依法为劳动者缴纳社会保险费用的，需要承担法律后果。

二、社会保险的功能

1. 防范风险功能

社会保险制度的基本作用是在风险发生时对个人提供收入损失补偿，保证个人在暂时或永久失去劳动能力，以及暂时失去工作岗位造成收入中断或减少时，仍能够继续享有基本生活保障，免除其后顾之忧。

2. 社会稳定功能

社会保险是社会稳定的调节器，一方面，能使社会成员产生安全感，对未来生活有良好的心理预期，安居乐业；另一方面，能缓解社会矛盾，构建和谐的社会环境，从而实现整个社会的稳定。

3. 社会公平功能

社会保险通过强制征收保险费汇集成保险基金，对收入较低或失去收入来源的个人给予补助，提高其生活水平，在一定程度上借助保险调节制度实现了社会的公平分配。

4. 社会进步功能

社会保险具有互济性的特点，其运作模式展现了互助合作、同舟共济的社会和谐进步精神，是社会文明进步的体现。

5. 劳动力再生产功能

在激烈的市场竞争中，劳动者在劳动过程中存在优胜劣汰，这就会造成劳动力再生产过程的停顿，而社会保险能够在劳动者遇到风险事故时给予必要的经济补偿和生活保障，使劳动力得以恢复生产，为维持市场经济正常运行提供劳动力后备军。

三、社会保险管理制度

国务院社会保险行政部门负责全国的社会保险管理工作；县级以上地方人民政府社会保险行政部门负责本行政区域的社会保险管理工作。社会保险管理包含以下几个方面的工作。

(一) 社会保险登记管理

我国社会保险实行登记管理制度。社会保险登记是社会保险经办机构掌握缴费单位和缴费个人有关基础信息的主要途径，也是整个社会保险得以正常开展的一项重要基本工作。社会保险登记实行属地管理，即缴费单位应当向其所在地的社会保险经办机构申请办理社会保险登记。缴费单位具有异地分支机构的，分支机构应当作为独立的缴费单位，向其所在地的社会保险经办机构单独申请办理社会保险登记。

1. 申请登记

从事生产经营的缴费单位自领取营业执照之日起30日内，非生产经营单位自成立之日起30日内，应当向属地社会保险经办机构申请办理社会保险登记。缴费单位申请办理社会保险登记时，应当出示规定的必要相关证件和材料并填写社会保险登记表。社会保险经办机构自受理保险登记之日起10个工作日内审核完毕，对于符合规定的缴费单位予以发放社会保险登记证。

2. 变更登记

缴费单位因单位名称、住所或地址、法定代表人或负责人、单位类型、组织机构代码、主管部门、隶属关系、开户银行账号或者省、自治区、直辖市社会保险经办机构规定的其他事项发生变更时，应当依法向原社会保险登记机构申请办理变更社会保险登记。

3. 注销登记

缴费单位发生解散、破产、撤销、合并以及其他情形，依法终止社会保险缴费义务时，应当及时向原社会保险登记机构申请办理注销社会保险登记。

(二) 社会保险费申报缴纳

1. 缴费申报

根据《社会保险费申报缴纳管理规定》，用人单位应当按月在规定期限内到当地社会保险经办机构办理缴费申报；职工应缴纳的社会保险费由用人单位代为申报；用人单位代职工申报的缴费明细以及变动情况应当经职工本人签字认可，由用人单位留存备查。一般情况下，在一个缴费年度内，用人单位初次申报后，其余月份可以只申报前款规定事项的变动情况；无变动的，可以不申报。具体规定应参照各地区的政策和规定。

2. 费用缴纳

《社会保险费征缴暂行条例》规定，用人单位应当持社会保险经办机构出具的缴费通知单在规定的期限内缴纳社会保险费。职工应缴纳的社会保险费由用人单位代扣代缴。用人单位应当按月将缴纳社会保险费的明细情况告知职工本人，每年向本单位职工代表大会通报或者在本单位住所的显著位置公布本单位全年社会保险费缴纳情况，并接受职工监督。

资料链接

范某与某生物医药公司就缴纳社会保险纠纷案

范某于2022年9月28日入职某生物医药公司，双方签订劳动合同，约定合同期限为2022年9月28日至2023年9月27日，月工资30000元。某生物医药公司为范某缴纳2022年9月至2023年6月期间的社会保险费用，并出具《说明》一份，体现其为范某代缴社保，但费用由范某自行承担，每月个人部分缴纳资金为2800元。范某申请劳动仲裁，请求裁决某生物医药公司支付2022年9月至2023年5月期间社会保险费，未获支持。后范某诉至法院。

处理结果： 某生物医药公司应当赔偿范某社会保险费损失。

分析：

社会保险作为社会保障制度的核心内容之一，在维护社会稳定、促进社会公平、保证经济平稳健康运行方面发挥着重要作用。为劳动者及时足额缴纳社会保险费是用人单位的法定义务，也是用人单位应当承担的社会责任。用人单位未履行该义务，即使劳动者自行承诺放弃用人单位为其缴纳社会保险费的，用人单位依法应承担的社会保障义务也不能免除。因用人单位未依法为劳动者缴纳社会保险费，由此产生的滞纳金，也应由用人单位承担。

(三) 社会保险基金管理

社会保险基金是为了保障保险对象的社会保险待遇，按照国家法律、法规，由缴费单位和缴费个人分别按缴费基数的一定比例缴纳，以及通过其他合法方式筹集的专项资金。征收的社会保险费纳入单独的社会保障基金财政专户，按险种分别建账，收支分开管理，分账核算，专款专用，自求平衡，任何地区、部门、单位和个人均不得挤占、挪用，也不得用于调剂平衡财政预算。社会保险经办机构依法对社会保险费缴纳情况和社会保险待遇领取情况进行检查。

四、社会保险体系

我国的社会保险体系是一个多层次、全方位的系统，主要包括以下几个部分。

(一) 社会保险

(1) 基本养老保险：职工应当参加，由用人单位和职工共同缴纳保费，保障劳动者年老丧失劳动能力时的基本生活。目前养老保险有第一支柱基本养老保险、第二支柱企业/职业年金以及第三支柱个人养老金三个支柱。

(2) 基本医疗保险：职工需参加，由用人单位和职工共同缴费，为参保人员患病时提供医疗费用补偿。基本医疗保险包括职工基本医疗保险和城乡居民基本医疗保险，其中职工医保又分统账结合和单建统筹账户等形式。

(3) 工伤保险：劳动者因工负伤可享受工资收入补偿及医疗护理和生活照顾。

(4) 失业保险：为失业期间的劳动者提供生活费、医疗费及转业培训等保障。

(5) 生育保险：女职工在生育期间可获得收入补助和相关保障，部分地区已将生育保险与职工基本医疗保险合并实施。

(二) 社会救助

社会救助是指政府对生活在社会底层的人员提供的救助，如灾民救助、城市贫民救助、农村五保户救助、城乡特殊对象救助以及流浪者收容等。

(三) 社会福利

社会福利是社会保障的最高层次，旨在增进群众福利，改善国民的物质文化生活，如各类社会福利院、儿童福利院、敬老院等福利机构提供的服务。

(四) 优抚安置

优抚安置是针对特殊阶层的社会保障，主要包括对军人及其家属的优待和抚恤，以及退役军人的安置等。

(五) 社会互助

社会互助是指社会各界通过互助方式，共同应对生活中的风险和困难，如一些慈善组织、志愿者活动等。

(六) 个人储蓄积累保障

个人储蓄积累保障是指鼓励个人通过储蓄、投资等方式积累资金，以备不时之需，如个人购买的商业养老保险、银行储蓄等。

总的来说，我国的社会保险体系涵盖了多个方面，为公民提供了全面的生活保障，旨在确保人民在养老、医疗、工伤、失业、生育等方面都能得到基本的经济支持和保障，体现了国家对民生的重视和关怀。

第二节　养老保险

一、养老保险制度

基本养老保险制度是指国家通过立法保障劳动者，在达到法定退休年龄后，从基本养老保险基金获得一定的经济补偿、物质帮助和服务，以保证其晚年基本生活的一项社会保障制度。我国基本养老保险制度采用社会统筹和个人账户相结合的模式。基本养老保险基金由用人单位和个人缴费以及政府补贴等组成。

职工应当参加基本养老保险，由用人单位和职工共同缴纳基本养老保险费。无雇工的个体工商户、未在用人单位参加基本养老保险的非全日制从业人员，以及其他灵活就业人员可以参加基本养老保险，由个人缴纳基本养老保险费。公务员和参照公务员法管理的工作人员，按照《国务院关于机关事业单位工作人员养老保险制度改革的决定》有关要求，参加基本养老保险制度。

二、养老保险的覆盖范围

我国现行基本养老保险的覆盖范围，包括国有企业、城镇集体企业、外商投资企业、城镇私营企业和其他城镇企业及其职工，实行企业化管理的事业单位及其职工，城镇个体工商户和灵活就业人员，以及在华就业的外籍人士。这里的职工包括所有与用人单位建立劳动关系的个人。

进入城镇工作并与用人单位建立劳动关系的农民工，原则上应当参加法定的基本养老、医疗、失业、工伤等社会保险。但由于农民工这一就业群体的特殊性，各地对农民工的参保方法有着不同规定。概括说来，目前我国各地农民工参加养老保险的方式主要有以下三种。

一是进入城镇职工基本养老保险制度。多数地区规定农民工和城镇职工一样，参加城镇职工基本养老保险，个别地区在缴费比例(费率)上有所差别。

二是实施新的农民工专项保险制度。例如，上海市、成都市为外来务工人员建立了综合保险制度，包括了老年补贴、工伤(或者意外伤害)和住院医疗三项保险待遇。

三是参加城乡居民养老保险。2014年，人力资源和社会保障部与财政部出台的《城乡养老保险制度衔接暂行办法》(人社部发〔2014〕17号)规定，参加城镇职工养老保险和城乡居民养老保险人员，达到城镇职工养老保险法定退休年龄后，城镇职工养老保险缴费年限满15年(含延长缴费至15年)的，可以申请从城乡居民养老保险转入城镇职工养老保险，按照城镇职工养老保险办法计发相应待遇；城镇职工养老保险缴费年限不足15年的，可以申请从城镇职工养老保险转入城乡居民养老保险，待达到城乡居民养老保险规定的领取条件时，按照城乡居民养老保险办法计发相应待遇。

三、职工养老保险费的缴纳

(一) 养老保险费缴纳的相关规定

用人单位应当按照国家规定的本单位职工工资总额的比例缴纳基本养老保险费，计入基本养老保险统筹基金。

职工按照国家规定的本人工资的一定比例缴纳基本养老保险费计入个人账户；无雇工的个体工商户、未在用人单位参加基本养老保险的非全日制从业人员以及其他灵活就业人员参加基本养老保险的，应当按照国家规定缴纳基本养老保险费，分别计入基本养老保险统筹基金和个人账户。

另《中华人民共和国社会保险法》(以下简称《社会保险法》)规定，国有企业、事业单位职工参加基本养老保险前，视同缴费年限期间应当缴纳的基本养老保险费由政府承担。

(二) 缴费基数和费率

用人单位缴纳基本养老保险费的比例，一般不得超过用人单位工资总额的20%，具体比例由省、自治区、直辖市人民政府确定。少数省、自治区、直辖市因离退休人数较多、养老保险负担过重，确有需要超过用人单位工资总额20%的，应报人力资源和社会保障部、财政部审批。个人缴纳基本养老保险费的比例，应逐步达到本人缴费工资的8%。个体工商户、自由职业者的缴费全部由自己承担，缴费比例一般为18%，其缴费基数可以在当地职工平均工资的60%和300%之间选择一个缴费基数档次。

(三) 社会统筹与个人账户相结合

社会保险经办机构按本人缴费工资11%的数额为职工建立基本养老保险个人账户，个人缴费全部记入个人账户，其余部分从企业缴费中划入。随着个人缴费比例的提高，企业划入的部分逐步降至3%。个人账户储存额，每年参考银行同期存款利率计算利息。个人账户储存额只用于职工养老，不得提前支取。职工调动时，个人账户全部随同转移。职工或退休人员死亡，个人账户中的个人缴费部分可以继承，企业缴费除划入个人账户部分外，其余均纳入社会统筹基金。

四、职工养老保险待遇及享受养老保险待遇的条件

(一) 养老保险待遇

基本养老金由统筹养老金和个人账户养老金组成，它由个人累计缴费年限、缴费工资、当地职工平均工资、个人账户金额、城镇人口平均预期寿命等因素决定。统筹养老金按照国务院规定的基本养老金计发办法计发。按照现行规定，《国务院关于建立统一的企业职工基本养老保险制度的决定》实施后参加工作、缴费年限(含视同缴费年限)累计满15年的人员，退休后按月发给基本养老金。退休时的基础养老金月标准以当地上年度在岗职工月平均工资和本人指数化月平均缴费工资的平均值为基数，缴费每满一年发给1%。个人账

户养老金月标准为个人账户储存额除以计发月数，计发月数根据职工退休时城镇人口平均预期寿命、本人退休年龄、利息等因素确定。《国务院关于建立统一的企业职工基本养老保险制度的决定》实施前参加工作，实施后退休且缴费年限累计满15年的人员，在发给基础养老金和个人账户养老金的基础上再发给过渡性养老金。计算公式为

基本养老金月标准=基础养老金月标准+个人账户养老金月标准

基础养老金月标准=(当地上年度在岗职工月平均工资+本人指数化月平均缴费工资)/2×缴费年限×1%

本人指数化月平均缴费工资=当地上年度职工月平均工资×本人平均缴费工资指数

本人平均缴费工资指数= (a1/A1+a2/A2+⋯+an/An) /N

其中，a1，a2，⋯，an为参保人员退休前1年，2年，n年本人缴费工资额；A1，A2，⋯，An为参保人员退休前1年，2年，⋯，n年全省职工平均工资，N为企业和职工实际缴纳基本养老保险费的年限。

个人账户养老金月标准=个人账户储存额/计发月数

计发月数根据职工退休时城镇人口平均预期寿命、本人退休年龄、利息等因素确定。

参加基本养老保险的个人，因病或非因工死亡的，其遗属可以领取丧葬补助金和抚恤金；在未达到法定退休年龄时因病或者非因工致残完全丧失劳动能力的，可以领取病残津贴。所需资金从基本养老保险基金中支付。

(二) 享受基本养老保险待遇的条件

《社会保险法》规定，参加基本养老保险的个人，达到法定退休年龄时累计缴费满15年的，按月领取基本养老金。即，享受基本养老保险待遇的条件应同时满足：一是达到法定退休年龄；二是累计缴纳基本养老保险费满15年。

自2025年1月1日起，我国施行的《国务院关于渐进式延迟法定退休年龄的办法》对职工退休年龄分不同情况做出了如下规定。

1. 退休年龄

从2025年1月1日起，男职工和原法定退休年龄为55周岁的女职工，法定退休年龄每4个月延迟一个月，分别逐步延迟至63周岁和58周岁；原法定退休年龄为50周岁的女职工，法定退休年龄每2个月延迟一个月，逐步延迟至55周岁。国家另有规定的，从其规定。

从事井下、高空、高温、特别繁重体力劳动等国家规定的特殊工种，以及在高海拔地区工作的职工，符合条件的可以申请提前退休。

2. 缴费年限

从2030年1月1日起，将职工按月领取基本养老金最低缴费年限由15年逐步提高至20年，每年提高6个月。职工达到法定退休年龄但不满最低缴费年限的，可以按照规定通过延长缴费或者一次性缴费的办法达到最低缴费年限，按月领取基本养老金。

职工达到最低缴费年限，可以自愿选择弹性提前退休，提前时间最长不超过3年，且退休年龄不得低于女职工50周岁、55周岁及男职工60周岁的原法定退休年龄。职工达到法定退休年龄，所在单位与职工协商一致的，可以弹性延迟退休，延迟时间最长不超过3年。国家另有规定的，从其规定。实施中不得违背职工意愿，违法强制或者变相强制职工选择退休年龄。

五、基本养老保险关系转移接续

《社会保险法》规定，个人跨统筹地区就业的，其基本养老保险关系随本人转移，缴费年限累计计算。个人达到法定退休年龄时，基本养老金分段计算、统一支付。具体办法由国务院规定。

目前执行的《城镇企业职工基本养老保险关系转移接续暂行办法》规定，参保人员跨省流动就业，其基本养老保险关系转移接续按下列规定办理。

(1) 参保人员返回户籍所在地(指省、自治区、直辖市，下同)就业参保的，户籍所在地的相关社保经办机构应为其及时办理转移接续手续。

(2) 参保人员未返回户籍所在地就业参保的，由新参保地的社保经办机构为其及时办理转移接续手续。但对男性年满50周岁和女性年满40周岁的，应在原参保地继续保留基本养老保险关系，同时在新参保地建立临时基本养老保险缴费账户，记录单位和个人全部缴费。参保人员再次跨省流动就业或在新参保地达到待遇领取条件时，将临时基本养老保险缴费账户中的全部缴费本息，转移归集到原参保地或待遇领取地。

(3) 参保人员经县级以上党委组织部门、人力资源社会保障行政部门批准调动，且与调入单位建立劳动关系并缴纳基本养老保险费的，不受以上年龄规定限制，应在调入地及时办理基本养老保险关系转移接续手续。

六、其他保险制度

(一) 城乡居民养老保险

2014年2月，国务院发布的《国务院关于建立统一的城乡居民基本养老保险制度的意见》，决定建立统一的城乡居民基本养老保险制度。制度规定：年满16周岁(不含在校学生)，非国家机关和事业单位工作人员及不属于职工基本养老保险制度覆盖范围的城乡居民，可以在户籍地参加城乡居民养老保险。

1. 城乡居民养老保险基金由个人缴费、集体补助、政府补贴构成

(1) 个人缴费。参加城乡居民养老保险的人员应当按规定缴纳养老保险费。缴费标准目前设为每年100元、200元、300元、400元、500元、600元、700元、800元、900元、1000元、1500元、2000元12个档次，省(区、市)人民政府可以根据实际情况增设缴费档次，最高缴费档次标准原则上不超过当地灵活就业人员参加职工基本养老保险的年缴费额，并报人力资源社会保障部备案。

(2) 集体补助。有条件的村集体经济组织应当对参保人缴费给予补助，鼓励其他社会经济组织、公益慈善组织、个人为参保人缴费提供资助。

(3) 政府补贴。政府对符合领取城乡居民养老保险待遇条件的参保人全额支付基础养老金。地方人民政府应当对参保人缴费给予补贴，对选择最低档次标准缴费的，补贴标准不低于每人每年30元；对选择较高档次标准缴费的，适当增加补贴金额；对选择500元及以上档次标准缴费的，补贴标准不低于每人每年60元。对重度残疾人等缴费困难群体，地方人民政府为其代缴部分或全部最低标准的养老保险费。

2. 待遇及领取条件

城乡居民养老保险待遇由基础养老金和个人账户养老金构成，支付终身。中央确定基础养老金最低标准，建立基础养老金最低标准正常调整机制，根据经济发展和物价变动等情况，适时调整全国基础养老金最低标准。地方人民政府可以根据实际情况适当提高基础养老金标准；对长期缴费的，可适当加发基础养老金。个人账户养老金的月计发标准，目前为个人账户全部储存额除以139(与现行职工基本养老保险个人账户养老金计发系数相同)。参保人死亡，个人账户资金余额可以依法继承。

参加城乡居民养老保险的个人，年满60周岁、累计缴费满15年，且未领取国家规定的基本养老保障待遇的，可以按月领取城乡居民养老保险待遇。城乡居民养老保险待遇领取人员死亡的，从次月起停止支付其养老金。

资料链接

张某某与某单位就未缴纳社会保险纠纷案

张某某自2008年9月到某单位从事门卫工作，2020年5月28日，张某某因超过65周岁被单位清退，在其工作期间，该单位自始未给张某某办理社会保险，客观上导致其无法享受退休待遇。2020年8月，张某某向连云港市海州区劳动争议仲裁委员会申请仲裁，要求原单位支付养老保险待遇损失、未足额发放的工资、加班费、经济赔偿金。2020年9月2日，该委员会作出裁决后，张某某与其供职单位均不服仲裁裁决，分别诉至法院。连云港市海州区人民法院判决某单位给付张某某养老保险待遇损失、未足额发放的工资、加班费共计30 000余元。判决后，双方均提起上诉，连云港市中级人民法院判决驳回上诉，维持原判。

分析：

社会保险是国家通过立法建立的一种社会保障制度。在劳动者达到法定退休年龄前，与其建立劳动关系的用人单位均应当依法为其缴纳社会保险。有些用人单位招收即将达到退休年龄的劳动者时，认为该劳动者到退休时达不到缴费满15年的最低要求，无法领取养老金，故一律不为这些劳动者缴纳社会保险。这导致劳动者无法享受社会保险待遇而产生损失。只要劳动者没有达到法定退休年龄，用人单位就应当依法为其缴纳社会保险费，否则将赔偿其养老保险待遇损失。

(二) 机关事业单位工作人员养老保险

2015年1月，国务院发布的《国务院关于机关事业单位工作人员养老保险制度改革的决定》，全面推进机关事业单位养老保险制度改革，实现机关事业单位和企业养老保险制度并轨。该决定适用于按照公务员法管理的单位、参照公务员法管理的机关(单位)、事业单位及其编制内的工作人员。

1. 基金筹资模式

实行社会统筹与个人账户相结合的基本养老保险制度。基本养老保险费由单位和个人共同负担。单位缴纳基本养老保险费的比例为本单位工资总额的20%，个人缴纳基本养老保险费的比例为本人缴费工资的8%，由单位代扣。按本人缴费工资8%的数额建立基本养老保险个人账户，全部由个人缴费形成。个人工资超过当地上年度在岗职工平均工资300%的部分，不计入个人缴费工资基数；低于当地上年度在岗职工平均工资60%的，按当地在岗职工平均工资的60%计算个人缴费工资基数。其与企业职工基本养老保险政策基本一致。

2. 养老金计发办法

《国务院关于机关事业单位工作人员养老保险制度改革的决定》实施后参加工作、个人缴费年限累计满15年的人员，退休后按月发给基本养老金。基本养老金由基础养老金和个人账户养老金组成。退休时的基础养老金月标准以当地上年度在岗职工月平均工资和本人指数化月平均缴费工资的平均值为基数，缴费每满1年发给1%。个人账户养老金月标准为个人账户储存额除以计发月数，计发月数根据本人退休时城镇人口平均预期寿命、本人退休年龄、利息等因素确定。

第三节　医疗保险

一、基本医疗保险制度

基本医疗保险是为了抗御疾病风险而建立的一种社会保险，被保险人患病就诊发生医疗费用后，由医疗保险机构对其给予一定的经济补偿。

职工应当参加职工基本医疗保险，由用人单位和职工按照国家规定共同缴纳基本医疗保险费。无雇工的个体工商户、未在用人单位参加职工基本医疗保险的非全日制从业人员以及其他灵活就业人员可以参加职工基本医疗保险，由个人按照国家规定缴纳基本医疗保险费。

二、基本医疗保险的覆盖范围

基本医疗保险制度所覆盖的范围为城镇所有用人单位及其职工和退休人员，包括企业(国有企业、集体企业、外商投资企业、私营企业等)、机关、事业单位、社会团体、民办非企业单位及其职工。《社会保险法》规定，无雇工的个体工商户、未在用人单位参加职工基本医疗保险的非全日制从业人员以及其他灵活就业人员可以参加职工基本医疗保险，由个人按照国家规定缴纳基本医疗保险费。

三、基本医疗保险基金的筹集

我国城镇职工基本医疗保险制度采用"统账结合"模式，分设社会统筹基金与个人账户基金。其中，个人账户基金由个人缴费，以及单位缴费按一定比例(通常为单位缴费的30%左右)划入部分构成；在费用缴纳上遵循"费用分摊"原则，基本医疗费用由用人单位与职工共同承担，保障基金筹集的合理分担与制度可持续运行。

(一) 基本医疗保险费的缴纳

凡被纳入基本医疗保险覆盖范围的单位和个人，均需按规定缴纳基本医疗保险费。基本医疗保险费由用人单位(一般为职工工资总额6%)和个人(本人工资2%)共同缴纳，其中，职工个人缴费基数一般为本人上年月平均工资或本人上月实际工资，单位缴费基数为本单位全部职工工资总额。参加职工基本医疗保险的个人，达到法定退休年龄时累计缴费达到国家规定年限的，退休后不再缴纳基本医疗保险费，按照国家规定享受基本医疗保险待遇；未达到国家规定年限的，可以缴费至国家规定年限。

(二) 基本医疗保险个人账户

基本医疗保险个人账户是指社会医疗保险机构按照国家基本医疗政策法规的规定设立的，用于支付参保人本人及其家属医疗费用的社会医疗保险基金专用账户。

基本医疗保险的个人账户基金主要来自三个方面：一是个人强制性缴费的全部，即职工个人缴纳的基本医疗保险费，全部计入个人账户；二是用人单位强制性缴费的一部分，划入个人账户的比例一般为用人单位缴费的30%左右，具体比例由统筹地区根据个人账户的支付范围和职工年龄等因素确定；三是个人账户存储额的利息。

(三) 基本医疗保险统筹基金

统筹基金是指在某一统筹区域按照统一标准征收，并在全统筹区域内统一管理、统一调剂、统一使用的基本医疗保险基金。各地区统筹基金按照服务项目的不同，又可分为门诊统筹基金和住院统筹基金。

根据我国现行政策，从统筹区域用人单位按照职工工资总额的一定比例(一般为6%)缴纳的医疗保险费总额中，扣除按一定比例(一般为30%)划入个人账户后剩余的部分，即形成该统筹区域内的基本医疗保险统筹基金，另外还包括依法纳入的其他资金，如滞纳金、财政补贴收入等。

四、基本医疗保险基金的支付

(一) 基本医疗保险费用报销条件

《社会保险法》规定，符合基本医疗保险药品目录、诊疗项目、医疗服务设施标准以及急诊、抢救的医疗费用，按照国家规定从基本医疗保险基金中支付。参保人员医疗费用中应当由基本医疗保险基金支付的部分，由社会保险经办机构与医疗机构、药品经营单位直接结算。医疗费用依法应当由第三人负担，第三人不支付或者无法确定第三人的，由基本医疗保险基金先行支付。基本医疗保险基金先行支付后，有权向第三人追偿。下列医疗费用不纳入基本医疗保险基金支付范围：

(1) 应当从工伤保险基金中支付的；

(2) 应当由第三人负担的；

(3) 应当由公共卫生负担的；

(4) 在境外就医的。

(二) 统筹基金和个人账户的支付范围

目前执行的政策，统筹基金和个人账户的支付范围各不相同。个人账户主要支付门诊

(小额)医疗费用，归个人使用，可以结转和继承。统筹基金主要支付住院(大额)医疗费用，由社会保险经办机构统筹调剂使用。统筹基金支付起付标准，在当地职工年平均工资的10%左右，如患者住院，个人首先要用个人账户或自付费用。一定数额以上的费用可以由统筹基金按比例支付大部分，年内两次以上住院起付标准要依次递减。统筹基金在一个年度内支付一个患者的医疗费用到一定数额以后就要封顶，也就是最高支付限额，一般控制在当地职工年平均工资的4倍左右。

资料链接

吴某娜骗取医疗保险案

2019年12月间，吴某娜在广州市某医院住院治疗，并在医院报销了治疗费用。在住院期间，吴某娜认识了一位自称能帮忙办理医保报销的陌生男子，遂向该名陌生男子提供了自己的住院资料，用以伪造报销治疗费用的材料，并给付该男子"感谢费"人民币500元。后吴某娜于2020年2月份带着伪造的住院治疗材料回到户籍所在地重复报销了治疗费用。随后，吴某娜第二次在广州住院后，采取上述同样方法回户籍地重复报销此次治疗费用。案发后，吴某娜主动退清涉案赃款人民币105 439.68元。

法院审理认为，吴某娜以非法占有为目的，虚构事实，隐瞒真相，骗取医疗保险基金，数额巨大，其行为已构成诈骗罪，应予惩处。鉴于被告人吴某娜具有坦白、认罪认罚、退缴赃款等情节，依法予以适用缓刑。以诈骗罪判处其有期徒刑三年，缓刑四年，并处罚金人民币2000元。

分析:

利用信息差进行骗保的行为严重危害了医保账户的资金安全和医保系统的正常运行，是一种违法行为，不利于医保制度的稳健运行和可持续发展，应该予以严厉打击。我们应该自觉遵守医疗保障制定的规范要求，合理合法地申请医疗保障。

五、基本医疗保险关系的转移

《社会保险法》规定，个人跨统筹地区就业的，其基本医疗保险关系随本人转移，缴费年限累计计算。

(一) 职工医保制度内转移接续

职工医保参保人员跨统筹地区就业，转出地已中止参保，在转入地按规定参加职工医保的，可通过全国统一的医保信息平台(如国家医保服务平台)直接提交申请，也可通过线下方式在转入地或转出地经办机构窗口申请。

(二) 居民医保制度内转移接续

居民医保参保人员因户籍或常住地变动跨统筹地区流动，按转入地规定参加下一年度居民医保后，可申请转移接续。申请方式与职工医保类似，可通过线上或线下途径申请。

(三) 职工医保和居民医保跨制度转移接续

从职工医保转为居民医保或从居民医保转为职工医保，可申请转移接续，同样可以通过线上或线下方式申请。

第四节　生育保险

一、生育保险制度

生育保险制度是指国家通过社会保险立法，对女职工因生育子女而导致暂时丧失劳动能力和正常收入时，由国家或社会提供物质等方面帮助的一项社会保险制度。建立生育保险的目的是保证生育状态的劳动妇女的身体健康，减轻其因繁衍后代而产生的经济困难，同时也是为了保证劳动力再生产的延续。我国生育保险方面的主要法规是1994年颁布的《企业职工生育保险试行办法》(以下简称《试行办法》)和《社会保险法》。《社会保险法》规定，职工应当参加生育保险，由用人单位按照国家规定缴纳生育保险费，职工不缴纳生育保险费。

2019年3月，国务院办公厅下发《关于全面推进生育保险和职工基本医疗保险合并实施的意见》，提出两项保险要统一参保登记，统一基金征缴和管理、统一经办和信息服务，确保职工生育期间的生育保险待遇不变，确保制度可持续，并明确要求各地在2019年年底前实现两项保险合并实施。

二、生育保险的覆盖范围

根据《试行办法》，我国生育保险适用于城镇企业及其职工。也就是说，适用于我国境内一切城镇企业，包括国有企业、城镇集体企业、外商投资企业、城镇私营企业以及其他城镇企业及其职工。《社会保险法》第五十三条规定："职工应当参加生育保险，由用人单位按照国家规定缴纳生育保险费，职工不缴纳生育保险费。"

这里的职工，是指包括男性职工在内的所有职工。有的企业认为其职工均为男性，因此可以不参加生育保险，也不缴纳生育保险费。这种做法既不符合法律规定，也是错误的，因为男性职工可以在以下方面受益于生育保险：①计划生育的医疗费用；②享受计划生育手术休假；③未就业配偶按照国家规定享受生育医疗费用待遇，所需资金从生育保险基金中支付。

三、生育保险基金

生育保险基金实行社会统筹，根据"以支定收、收支基本平衡"的原则筹集资金，一般不留有大量结余。基金管理机构在基金测算过程中，会以当地职工计划生育指标数、工资标准、生育医疗费用支付情况等为参考依据，估算生育保险基金的筹资比例，并可根据费用支出情况适时调整，但最高不得超过工资总额的1%。从各地具体执行情况看，生育保险的缴费比例大多数地区控制在0.5%~0.8%。

四、生育保险待遇支付

(一) 享受生育保险待遇的条件

在我国，职工(包括职工未就业配偶)享受生育保险待遇需满足一定的条件。一是所在单位按照规定参加了生育保险并履行了缴纳义务。二是符合国家计划生育政策规定生育或施行计划生育手术的，包括女职工的怀孕、分娩、流产术、引产术等。参加了生育保险的女职工在生育或流产后，由本人或所在企业持当地计划生育部门签发的计划生育证明、婴儿出生证、死亡或流产证明，到当地社会保险经办机构办理手续，领取生育津贴和报销生育医疗费。三是在规定医疗机构就医。职工需在当地医疗保障部门批准的医疗机构或计生技术服务机构进行生育、流产(引产)、实施计划生育手术等，才能享受相应的生育保险报销待遇。此外，有些地方还将生育保险费的缴费时间作为职工享受生育保险待遇的条件之一。

(二) 生育保险待遇支付项目

根据《试行办法》规定，女职工在孕期、分娩和哺乳期间，可以享受的生育待遇项目除产假外还包括生育医疗费用和生育津贴等。

(1) 生育津贴。职工有下列情形之一的，可以按照国家规定享受生育津贴：①女职工生育按照法律、法规的规定享受产假，以及产假期间的生育津贴；②享受计划生育手术休假的职工也可以按照国家规定享受生育津贴，生育津贴按照职工所在用人单位上年度职工月平均工资计发，由生育保险基金支付。

(2) 生育医疗费用。生育医疗费用是指医疗服务机构为生育女职工提供怀孕、分娩和产后的医疗照顾以及必需的住院治疗等医疗费用，主要包括以下内容。①女职工生育的检查费、接生费、手术费、住院费、药费等由生育保险基金支付。超出规定的医疗服务费和药费(含自费药品和营养药品的药费)由职工个人负担。②女职工生育出院后，因生育引起疾病的医疗费，由生育保险基金支付；其他疾病的医疗费，按照医疗保险待遇的规定办理。女职工产假期满后，因病需要休息治疗的，按照有关病假待遇和医疗保险待遇规定办理。

(3) 计划生育费用。职工计划生育的医疗费用由生育保险基金支付。

资料链接

生育津贴领取的规定

一、能否同时获取生育津贴和工资？

生育津贴和工资原则上是冲突的，无法同时享受。所以符合生育津贴领取标准的职工是需要知道职员在享受产假的期间，企业单位是不会另外发放工资的。

《女职工劳动保护特别规定》第八条规定，女职工产假期间的生育津贴，对已经参加生育保险的，按照用人单位上年度职工月平均工资的标准由生育保险基金支付；对未参加生育保险的，按照女职工产假前工资的标准由用人单位支付。女职工生育或者流产的医疗费用，按照生育保险规定的项目和标准，对已经参加生育保险的，由生育保险基金支付；对未参加生育保险的，由用人单位支付。

二、生育津贴领取条件：

　　1. 用人单位为职工缴纳生育保险满一定期限(有的地方要求分娩前连续缴纳6个月以上，有的地方要求缴纳满9个月或12个月)；

　　2. 生育期间相关费用符合计划生育相关规定；

　　3. 按相关规定女职工生产/流产。

三、领取生育津贴，一般需要哪些材料？

　　1. 本人的身份证原件及第二代身份证正、反面复印件；

　　2. 结婚证原件及复印件；

　　3. 夫妻双方的户口簿，集体户口的，携带户籍所在地公安部门出具的户籍证原件及复印件；

　　4. 医疗机构出具的《出生医学证明》原件及复印件；

　　5. 本人实名制银行结算账户卡/折原件及复印件等。

　　具体的领取条件和提交的材料可能因地区和政策不同而有所不同。

第五节　工伤保险

一、工伤保险制度

　　工伤保险制度是社会保险制度中的重要组成部分，旨在为在生产、工作中遭受事故伤害和患职业性疾病的劳动者及其亲属提供必要的物质帮助。

　　工伤保险是指劳动者在生产经营活动中或在规定的某些特殊情况下所遭受的意外伤害，或者患职业病，以及因这两种情况造成死亡、劳动者暂时或永久丧失劳动能力时，劳动者及其供养亲属(遗属)能够从国家、社会得到必要的物质补偿的一种社会保障制度。这种补偿既包括医疗、康复所需费用，也包括保障基本生活的费用。

二、工伤保险的覆盖范围

　　《工伤保险条例》第二条规定："中华人民共和国境内的企业、事业单位、社会团体、民办非企业单位、基金会、律师事务所、会计师事务所等组织和有雇工的个体工商户(以下称用人单位)应当依照本条例规定参加工伤保险，为本单位全部职工或者雇工(以下称职工)缴纳工伤保险费。中华人民共和国境内的企业、事业单位、社会团体、民办非企业单位、基金会、律师事务所、会计师事务所等组织的职工和个体工商户的雇工，均有依照本条例的规定享受工伤保险待遇的权利。"

　　根据《实施〈中华人民共和国社会保险法〉若干规定》(2011年人力资源和社会保障部令第13号)的规定，职工(包括非全日制从业人员)在两个或者两个以上用人单位同时就业的，各用人单位应当分别为职工缴纳工伤保险费。职工发生工伤，由职工受到伤害时工作的单位依法承担工伤保险责任。另外，公务员和参照公务员法管理的事业单位、社会团体的工作人员因工作遭受事故伤害或者患职业病的，由所在单位支付费用。具体办法由国务院社会保险行政部门会同国务院财政部门规定。

《最高人民法院关于审理工伤保险行政案件若干问题的规定》(法释〔2014〕9号)第三条对双重劳动关系、劳务派遣、指派、转包和挂靠关系这5类特殊的工伤保险责任主体做了如下所示详细规定。

(1) 职工与两个或两个以上单位建立劳动关系，工伤事故发生时，职工为之工作的单位为承担工伤保险责任的单位。

(2) 劳务派遣单位派遣的职工在用工单位工作期间因工伤亡的，派遣单位为承担工伤保险责任的单位。

(3) 单位指派到其他单位工作的职工因工伤亡的，指派单位为承担工伤保险责任的单位。

(4) 用工单位违反法律、法规规定将承包业务转包给不具备用工主体资格的组织或者自然人，该组织或者自然人聘用的职工从事承包业务时因工伤亡的，用工单位为承担工伤保险责任的单位。

(5) 个人挂靠其他单位对外经营，其聘用的人员因工伤亡的，被挂靠单位为承担工伤保险责任的单位。

作为用人单位，一定要依法依规为劳动者购买工伤保险，这是法定义务。不参加工伤保险既违反法律，也不利于维护企业和劳动者的利益。一旦发生重大事故，不仅会给劳动者带来重大伤害，还会给用人单位形成巨大损失。

三、工伤保险的原则

1. 无过失责任原则

所谓无过失责任是指劳动者在各种伤害事故中，只要不是受害者本人故意行为所致，就应该按照规定标准对其进行伤害赔偿。也就是说，即使职工在工作过程中遭受伤害是由于自身的过错，依然可以获得相应补偿。例如，工人在操作机器时因个人疏忽操作失误导致手部受伤，按照无过失补偿原则，依然能够享受工伤保险待遇。

该原则主要是为了确保工伤职工能够及时获得救治和补偿，避免因责任划分的争议而延误对受伤职工的救助。同时，它还能减轻雇主在处理工伤事故时可能面临的复杂法律程序和经济负担，使雇主能够更专注于生产经营活动。

2. 损害补偿原则

工伤保险损害补偿原则，除考虑劳动者维持原来本人及其家庭基本生活，进行劳动力生产和再生产的最直接、最重要的费用来源的损失外，同时还要考虑伤害程度、伤害性质及职业康复等因素，进行适当经济补偿。

这种根据伤残程度进行适度补偿的方式，既保证了重伤职工能得到较多补偿以维持生活，又考虑到了不同伤残等级之间的差异和基金支付的合理性。

3. 预防、补偿和康复相结合的原则

为保障工伤职工的合法权益，维护、增进和恢复劳动者的身体健康，工伤保险必须把单纯的经济补偿和医疗康复，以及工伤预防有机结合起来。例如，工伤保险机构可以通过对企业安全生产的监督检查，提出改进措施，减少事故发生；对于受伤职工，要及时提供

医疗康复服务，帮助其恢复身体机能，并且尽可能地提供职业康复帮助，让职工能够重新回到工作岗位。

通过预防减少工伤事故的发生，从源头上保障职工的安全；通过康复使职工能够尽快恢复劳动能力，减轻社会和家庭的负担，同时也有利于职工自身的身心健康和职业发展。这一原则体现了工伤保险制度的综合性和前瞻性。

四、工伤保险费的缴纳

(一) 缴费主体

《社会保险法》规定："职工应当参加工伤保险，由用人单位缴纳工伤保险费，职工不缴纳工伤保险费。"这是因为工伤是在工作过程中发生的，是劳动者为用人单位创造价值时面临的风险，所以由用人单位承担缴费责任是合理的。例如，一家制造企业的员工在生产线上工作时，所有员工的工伤保险费都由企业来缴纳，员工不需要从自己的工资中扣除这部分费用。

(二) 缴费基数及数额

用人单位缴纳工伤保险费的基数为单位职工工资总额。工资总额是指用人单位直接支付给本单位全部职工的劳动报酬总额，包括计时工资、计件工资、奖金、津贴和补贴、加班加点工资、特殊情况下支付的工资。用人单位缴纳工伤保险费的数额为本单位职工工资总额乘以单位缴费费率之积。

(三) 缴费费率

1. 行业差别费率及其档次确定

社会保险经办机构会根据用人单位的工伤发生率来划分费率档次。工伤发生率是指在一定时期内(通常为一年)，某用人单位发生工伤事故的人数占该单位职工总人数的比例。对应于不同的行业工伤风险类别，行业基准费率分别控制在该行业用人单位职工工资总额的0.2%、0.4%、0.7%、0.9%、1.1%、1.3%、1.6%、1.9%左右。

同时，社会保险经办机构会定期(通常为1~3年)对各行业的工伤风险状况进行重新评估。这是因为随着行业技术的进步、安全管理措施的加强或生产工艺的变化，工伤风险程度可能会发生改变。除定期调整外，当出现一些特殊情况时，也会对费率进行动态调整。其中，一类行业分为三个档次，即在基准费率的基础上，可向上浮动至120%、150%；二类至八类行业分为五个档次，即在基准费率的基础上，可分别向上浮动至120%、150%或向下浮动至80%、50%。

各统筹地区根据"以支定收、收支基本平衡"的原则，合理确定本地区工伤保险行业基准费率具体标准，并征求工会组织、用人单位代表的意见，报统筹地区人民政府批准后实施。基准费率的具体标准可根据统筹地区经济产业结构变动、工伤保险费使用等情况适时调整。

2. 单位费率的确定与浮动

统筹地区社会保险经办机构根据用人单位工伤保险费使用、工伤发生率、职业病危害程度等因素，确定其工伤保险费率，并可依据上述因素变化情况，每1~3年确定其在所属行业不同费率档次间是否浮动。对符合浮动条件的用人单位，每次可上下浮动一档或两档。统筹地区工伤保险最低费率不低于本地区一类风险行业基准费率。

(四) 缴费方式

用人单位一般是按月缴纳工伤保险费。缴费方式通常有多种，包括银行转账、网上缴费和银行代扣等方式。例如，企业可以通过网上银行，按照当地社会保险经办机构规定的时间和程序，将当月应缴纳的工伤保险费足额转账到指定的社保基金账户。

五、工伤保险基金的统筹和管理

根据《工伤保险条例》规定，工伤保险基金逐步实行省级统筹。跨地区、生产流动性较大的行业，可以采取相对集中的方式异地参加统筹地区的工伤保险。具体办法由国务院社会保险行政部门会同有关行业的主管部门制定。

工伤保险基金由用人单位缴纳的工伤保险费、工伤保险基金的利息和依法纳入的其他资金构成。工伤保险基金存入社会保障基金财政专户，用于工伤保险待遇，劳动能力鉴定，工伤预防的宣传、培训等费用，以及法律、法规规定的用于工伤保险的其他费用的支付。

六、工伤认定

(一) 工伤认定的范围

《工伤保险条例》采取列举的办法对工伤的范围及时限做出了明确规定，包括7种应当认定为工伤的情形、3种视同工伤的情形和3种不能认定或者视同工伤的情形。发生工伤的职工必须具有法律规定的劳动主体资格，否则一般不予受理工伤申请。例如，正式退休人员返聘者、病退人员再次就业者、农村超过60周岁的人员进城务工发生事故伤害等情况，通常不予受理工伤认定申请。

(1) 应当认定为工伤的7种情形：①在工作时间和工作场所内，因工作原因受到事故伤害的；②工作时间前后在工作场所内，从事与工作有关的预备性或收尾性工作受到事故伤害的；③在工作间和工作场所内，因履行工作职责受到暴力等意外伤害的；④患职业病的；⑤因工外出期间，由于工作原因受到伤害或者发生事故下落不明的；⑥在上下班途中，受到非本人主要责任的交通事故或者城市轨道交通、客运轮渡、火车事故伤害的；⑦法律、行政法规规定应当认定为工伤的其他情形。

(2) 3种视同工伤的情形：①在工作时间和工作岗位，突发疾病死亡或者在48小时之内经抢救无效死亡的；②在抢险救灾等维护国家利益、公共利益活动中受到伤害的；③职工原在部队服役，因战、因公负伤致残，已取得革命伤残军人证，到用人单位后旧伤复发的。注意，符合"视同工伤"前两种情况的，按条例规定享受工伤待遇；符合"视同工伤"后一种情况的，按条例规定享受除一次性伤残补助金以外的工伤保险待遇。

(3) 不得认定工伤的3种情形：①故意犯罪的；②醉酒或者吸毒的；③自残或者自杀的。"醉酒或者吸毒"的认定，应当以有关机关出具的法律文书或者人民法院的生效裁决为依据，无法获得上述证据的，可以结合相关证据认定。

(二) 工伤认定的程序

工伤认定是工伤职工享受待遇的前提。工伤认定工作由劳动保障行政部门负责，包括申请、受理、审核、调查核实、做出认定等程序，并有严格的时限规定。具体程序如下。

1. 申请人提交工伤认定申请

用人单位应当在本单位职工发生工伤事故之日或被诊断、鉴定为职业病之日起30日内，向统筹地区社会保险行政部门提出工伤认定申请。遇有特殊情况，经报社会保险行政部门同意，申请时限可以适当延长。如用人单位在规定期限内没有提出申请的，受伤害职工或其直系亲属、工会组织在事故发生之日或被诊断、鉴定为职业病之日起1年内，直接提出工伤认定申请。

职工或者近亲属认为是工伤，用人单位不认为是工伤的，由用人单位承担举证责任。用人单位未在规定的时限内提交工伤认定申请的，在此期间发生符合《工伤保险条例》规定的工伤待遇等有关费用由该用人单位负担。

提出工伤认定申请应当提交下列材料：①工伤认定申请表，应当包括事故发生的时间、地点、原因，以及职工伤害程度等基本情况；②与用人单位存在劳动关系(包括事实劳动关系)的证明材料；③医疗诊断证明或者职业病诊断证明书(或者职业病诊断鉴定书)。

2. 社会保险行政部门受理申请

工伤认定申请人提供材料不完整的，社会保险行政部门应当一次性书面告知工伤认定申请人需要补正的全部材料。申请人按照书面告知要求补正材料后，社会保险行政部门应当受理。

3. 社会保险行政部门审核申请

社会保险行政部门受理工伤认定申请后，根据审核需要可以对事故伤害进行调查核实，用人单位、职工、工会组织、医疗机构以及有关部门应当予以协助。职业病诊断和诊断争议的鉴定，依照职业病防治法的有关规定执行。对依法取得职业病诊断证明书或者职业病诊断鉴定书的，社会保险行政部门不再进行调查核实。

4. 社会保险行政部门调查核实

在调查核实过程中，如职工或者其近亲属认为是工伤，用人单位不认为是工伤的，由用人单位承担举证责任。

5. 社会保险行政部门做出认定

社会保险行政部门应当自受理工伤认定申请之日起60日内做出工伤认定的决定，并书面通知申请工伤认定的职工或者其近亲属和该职工所在单位。社会保险行政部门对受理的事实清楚、权利义务明确的工伤认定申请，应当在15日内做出工伤认定的决定。

工伤认定工作由设区的统筹地区劳动保障行政部门负责，若申请认定的工伤职工或其近亲属、所在用人单位对工伤认定结论不服的，可向省级劳动保障行政部门申请重新认定，对认定结论仍不服的，可申请行政复议；对复议决定仍不服的，则可依法提起行政诉讼。

七、工伤保险待遇

职工因工作遭受事故伤害或者患职业病进行治疗，享受工伤医疗待遇。职工治疗工伤应当在签订服务协议的医疗机构就医，情况紧急时可以先到就近的医疗机构急救。治疗工伤所需费用符合工伤保险诊疗项目目录、工伤保险药品目录、工伤保险住院服务标准的，从工伤保险基金支付。但工伤职工治疗非工伤引发的疾病，不享受工伤医疗待遇，按照基本医疗保险处理。工伤保险待遇针对伤残对象的不同，大体分为4类，即工伤医疗康复待遇、辅助器具配置待遇、伤残待遇、死亡待遇。

(1) 工伤医疗康复待遇。其主要包括以下3项：①治疗工伤所需的挂号费、医疗康复费、药费、住院费等费用符合工伤保险诊疗项目目录、工伤保险药品目录、工伤保险住院服务标准的，从工伤保险基金支付；②工伤职工治疗工伤需要住院的，由所在单位按照因公出差伙食补助标准的70%发放住院伙食补助费；③工伤职工需要停止工作接受治疗的，在停工留薪期内，原工资福利待遇不变，由所在单位按月支付。停工留薪一般不超过12个月。伤情严重或者情况特殊，经设区的市级劳动能力鉴定委员会确认，可以适当延长，但延长不得超过12个月。工伤职工评定伤残等级后，停发原待遇，按照《工伤保险条例》的有关规定享受伤残待遇。工伤职工在停工留薪期满后仍需治疗的，继续享受工伤医疗待遇。生活不能自理的工伤职工在停工留薪期需要护理的，由所在单位负责。

(2) 辅助器具配置待遇。工伤职工因日常生活或就业需要，经劳动能力鉴定委员会确认，可以安装假肢、矫形器、假眼、假牙和配置轮椅等辅助器具，所需费用按照国家规定的标准从工伤保险基金支付。

(3) 伤残待遇。伤残待遇按照伤残鉴定等级一级至十级的不同而有所区别。所有等级均享受从工伤保险基金按伤残等级支付的一次性伤残补助金，除此之外，不同等级伤残职工还分别享受如下待遇。一级至四级：保留劳动关系，退出工作岗位。除享受一次性伤残补助金外，工伤保险基金还按月支付伤残津贴。伤残津贴实际金额低于当地最低工资标准的，由工伤保险基金补助差额。达到退休年龄并办理退休手续后，停发伤残津贴，享受基本养老保险待遇。基本养老保险待遇低于伤残津贴标准的，由工伤保险基金补足差额。同时，由用人单位和职工个人以伤残津贴为基数，缴纳基本医疗保险费。五级至六级：保留与用人单位的劳动关系，由用人单位安排适当工作。除享受一次性伤残补助金外，对于难以安排工作的，由用人单位按月发给伤残津贴，并由用人单位按照规定为其缴纳应缴纳的各项社会保险费。伤残津贴实际金额低于当地最低工资标准的，由用人单位补足差额。另外，经工伤职工本人提出，该职工可以与用人单位解除或终止劳动关系，由用人单位支付一次性工伤医疗补助金和伤残就业补助金。七级至十级：享受一次性伤残补助金。劳动合同期满终止，或者工伤职工本人提出解除劳动合同的，由用人单位支付一次性工伤医疗补助金和伤残就业补助金。

职工再次发生工伤，根据规定应当享受伤残津贴的，按照新认定的伤残等级享受伤残津贴待遇。上述工伤保险待遇涉及的本人工资是指工伤职工因工作遭受事故伤害或者患职业病前12个月平均月缴费工资。本人工资高于统筹地区职工平均工资300%的，按照统筹地区职工平均工资的300%计算；本人工资低于统筹地区职工平均工资60%的，按照统筹地区职工平均工资的60%计算。

(4) 死亡待遇。死亡待遇主要包括以下3项。一是丧葬补助金。职工因工死亡，其近亲属可以从工伤保险基金领取丧葬补助金，标准为6个月的统筹地区上年度职工月平均工资。二是供养亲属抚恤金，按照因工死亡职工生前工资的一定比例计发给由因工死亡职工生前提供主要生活来源、无劳动能力的亲属。其标准为：配偶每月40%，其他亲属每人每月30%，孤寡老人或者孤儿每人每月在上述标准的基础上增加10%。核定的各供养亲属的抚恤金之和不应高于因工死亡职工生前的工资。供养亲属的具体范围由国务院社会保险行政部门规定。三是一次性因工死亡补助金。其标准为上一年度全国城镇居民人均可支配收入的20倍。伤残职工在停工留薪期内因工伤导致死亡的，其近亲属享受以上全部待遇。一级至四级伤残职工在停工留薪期满后死亡的，其近亲属可以享受上述规定中前两项待遇。

资料链接

王某与某有限责任公司就工伤补助金分歧案

王某于2021年2月22日到某有限责任公司从事车间充装工工作。2023年5月6日7时20分，王某在摆放推车上的电石时，同事李某因手滑使电石滑落，砸在王某的右脚上，后王某被送往医院治疗。经诊断为：①开放性拇趾骨折(右足第1趾)；②右足第1趾开放性伤口；③中节趾骨基底部骨折(右足第2趾)，住院7天。2023年5月23日，人力资源和社会保障局认定王某为工伤。2023年7月13日，劳动能力鉴定委员会鉴定王某为十级伤残。王某2021年2月到某有限责任公司工作至2023年5月，其间，公司为王某缴纳了工伤保险。王某要求解除与某有限责任公司之间的劳动关系并要求支付一次性工伤医疗补助金49763元。

裁判结果： 王某与某有限责任公司解除劳动关系；驳回王某要求某有限责任公司支付一次性工伤医疗补助金49763元的请求。

分析：

用人单位已为劳动者缴纳工伤保险，对于一次性工伤医疗补助金等涉及应由工伤保险基金支付的部分，实质上属于用人单位、劳动者、经办机构办理相关工伤保险待遇支付的行政行为，应由用人单位配合劳动者向经办机构提出申请，由工伤保险基金向劳动者支付，故本案裁决王某与某有限责任公司解除劳动关系，驳回了王某要求某有限责任公司支付一次性工伤医疗补助金49763元的请求。

第六节　失业保险

一、失业保险制度

失业保险制度是国家通过立法强制实行的，由用人单位、职工个人缴费及国家财政补贴等渠道筹集资金建立失业保险基金，对因失业而暂时中断生活来源的劳动者提供物质帮助以保障其基本生活，并通过专业训练、职业介绍等手段为其再就业创造条件的制度。1999年1月22日，国务院颁布《失业保险条例》，标志着我国失业保险制度的基本确立。

《社会保险法》规定，职工应当参加失业保险，由用人单位和职工按照国家规定共同缴纳失业保险费。职工跨统筹地区就业的，其失业保险关系随本人转移，缴费年限累计计算。

二、失业保险的覆盖范围

《失业保险条例》规定，我国失业保险的覆盖范围从国有企业及其职工、企业化管理的事业单位及其职工扩大到了城镇所有企业、事业单位及其职工，同时规定，省、自治区、直辖市人民政府根据当地实际情况，可以决定失业保险条例适用于本行政区域的社会团体及其专职人员、民办非企业单位及其职工、有雇工的城镇个体工商户及其雇工。需要注意的是，对于城镇企业招用的农民合同制工人，如果连续工作满一年，且所在单位已缴纳失业保险费，劳动合同期满未续订合同或提前解除劳动合同的，由社保经办机构根据工作时间长短，给予一次性生活补助。补助办法和标准由各省、自治区、直辖市人民政府规定。

三、失业保险基金的筹集和管理

(一) 失业保险费的缴纳

在覆盖范围内的单位和职工个人都应按一定比例缴纳失业保险费。城镇企事业单位按照本单位工资总额的2％缴纳失业保险费；职工按照本人缴费工资的1％缴纳失业保险费；各地区可根据本行政区域失业人员数量和失业保险基金数额，适当调整费率，但需报经国务院批准。

需要注意的是，城镇企事业单位招用的农民合同制工人本人不缴纳失业保险费，但用人单位在计算工资总额时应包括农民合同制工人的工资在内，并按这个工资总额计算应缴纳的失业保险费。此外，失业保险的缴费工资根据实际工资执行，没有最高和最低限制。

(二) 失业保险基金的统筹和管理

失业保险基金在直辖市和设区的市实行全市统筹；其他地区的统筹层次由省、自治区人民政府规定。此外，省、自治区可以建立失业保险调剂金。失业保险调剂金以统筹地区依法应当征收的失业保险费为基数，按照省、自治区人民政府规定的比例筹集。

需要特别注意的是，职工跨统筹地区就业的，其失业保险关系随本人转移，缴费年限累计计算。

四、失业保险金的申领

失业保险金的领取是失业人员享受的最主要的失业保险待遇。失业保险金是由失业人员在规定的时间内向当地的社会保险经办机构办理申领手续，社会保险经办机构按月支付给符合条件的失业人员的基本生活费用。

(一) 失业保险金的申领条件

失业人员符合下列条件的，从失业保险基金中领取失业保险金。

(1) 参加失业保险，失业前用人单位和本人已经缴纳失业保险费满1年的。

(2) 非因本人意愿中断就业的，即非自愿性失业的，主要包括下列情形：①依照《劳动合同法》第四十四条第一项、第四项第五项规定终止劳动合同的；②由用人单位依照《劳动合同法》第三十九条、第四十条、第四十一条规定解除劳动合同的；③用人单位依照《劳动合同法》第三十六条规定，向劳动者提出解除劳动合同并与劳动者协商一致解除劳动合同的；④由用人单位提出解除聘用合同或者被用人单位辞退、除名、开除的；⑤劳动者本人依照《劳动合同法》第三十八条规定解除劳动合同的。

(3) 已办理失业登记，并有求职要求的。

失业人员在领取失业保险金期间有下列情形之一的，停止领取失业保险金，并同时停止享受其他失业保险待遇：①重新就业的；②应征服兵役的；③移居境外的；④享受基本养老金保险待遇的；⑤被判刑收监执行的；⑥无正当理由，拒不接受当地人民政府指定的部门或者机构介绍的工作的；⑦有法律、行政法规规定的其他情形的。

(二) 失业保险金的申领程序

(1) 用人单位证明备案。用人单位应当及时为失业人员出具终止或者解除劳动关系的证明，并将失业人员的名单自终止或者解除劳动关系之日起15日内告知社会保险经办机构。

(2) 失业人员登记申领。失业者应在终止或解除劳动合同之日起60日内，持本单位为其出具的终止或者解除劳动关系的证明，及时到指定的公共就业服务机构办理失业登记。

(3) 经办机构审核认定。失业保险经办机构自受理申领之日起10内对申领者的资格进行审核认定，并将结果及有关事项告知本人。

(4) 领取失业保险金。失业人员凭失业登记证明和个人身份证明，到社会保险经办机构办理领取失业保险金的手续。失业保险金领取期限自办理失业登记之日起计算。

资料链接

李某与某公司就公司未缴纳社会保险纠纷案

李某与某公司签订了3年期限的劳动合同。期满后，双方未再续签劳动合同，李某继续留在该公司工作，其间公司一直没有为李某缴纳社会保险费。5日，李某通过邮政快递向公司发出《解除劳动合同通知书》，其中载明：因该公司违反《劳动法》规定，未依法为其缴纳社会保险，故解除与该公司的劳动关系。10日，李某向劳动人事争议仲裁委员会提出申请，要求该公司支付其解除劳动合同经济补偿金、赔偿失业保险待遇损失。

分析：

根据《劳动合同法》规定，由于该公司未依法为李某缴纳各项社会保险，李某可以解除劳动合同，并要求公司支付解除劳动合同补偿金。而根据《社会保险法》规定，非因本人意愿中断就业的，可以从失业保险基金中领取失业保险金。本案中，李某向公司邮寄的《解除劳动合同通知书》中清楚载明因该公司未为其缴纳社会保险才要求解除双方劳动关系，这种解除劳动关系的情况属于非因本人意愿中断就业的情形，所以公司应赔偿李某失业保险待遇损失。

五、失业保险待遇

(一) 失业保险待遇相关规定

我国失业保险金的标准，由省、自治区、直辖市人民政府确定，不得低于城市居民最低生活保障标准。

符合条件的失业人员，除可按月领取失业保险金外，还可享受以下待遇。①失业人员在领取失业保险金期间，参加职工基本医疗保险，享受基本医疗保险待遇。领取失业保险金人员应按规定参加其失业前失业保险参保地的职工医保，由参保地失业保险经办机构统一办理职工医保参保缴费手续。②领取失业保险金人员参加职工医保应缴纳的基本医疗保险费从失业保险基金中支付，个人不缴费。失业保险经办机构为领取失业保险金人员缴纳基本医疗保险费的期限与领取失业保险金的期限一致。领取失业保险金人员参加职工医保的缴费年限与其失业前参加职工医保的缴费年限累计计算。领取失业保险金人员失业保险关系跨省、自治区、直辖市转入户籍所在地的，其职工医保关系随同转移，执行转入地职工医保政策。应缴纳的基本医疗保险费按转出地标准一次性划入转入地失业保险基金。转入地失业保险经办机构按照当地有关规定为领取失业保险金人员办理职工医保参保缴费手续。③失业人员在领取失业保险金期间死亡的，参照当地对在职职工死亡的规定，向其遗属发放一次性丧葬补助金和抚恤金。所需资金从失业保险基金中支付。个人死亡同时符合领取基本养老保险丧葬补助金、工伤保险丧葬补助金和失业保险丧葬补助金条件的，其遗属只能选择领取其中的一项。

此外，社会保险经办机构还为失业人员提供免费咨询、职业培训和职业介绍等服务。

(二) 失业保险金发放期限

失业保险是短期发放的一种社会保险。失业人员领取失业保险金的期限，因其所在单位和本人累计缴费时间的长短而不同。具体分为以下几种情况。

(1) 失业人员失业前所在单位和本人按照规定累计缴费时间满1年不足5年的，领取失业保险金的期限最长为12个月；

(2) 累计缴费时间满5年不足10年的，领取失业保险金的期限最长为18个月；

(3) 累计缴费时间10年以上的，领取失业保险金的期限最长为24个月。

(4) 重新就业后，再次失业的，缴费时间重新计算，领取失业保险金的期限可以与前次失业应领取而尚未领取的失业保险金的期限合并计算，但是最长不得超过24个月。

此外，对于农民合同制工人，连续工作满1年，劳动合同期满未续订或者提前解除劳动合同的，只要本单位已缴纳失业保险费，即由社会保险经办机构根据其工作时间长短向其支付一次性生活补助金。补助的办法和标准由省、自治区、直辖市人民政府规定。

思考题

1. 简述基本养老保险的享受条件及待遇支付方法。
2. 简述城镇职工医疗保险费用的报销条件和待遇支付。
3. 职工享受生育保险的条件有哪些？
4. 生育保险待遇的支付项目有哪些？
5. 简述工伤保险的认定程序。
6. 简述失业保险金的申领条件及申领程序。

案例讨论题

试用期是否应该缴纳社会保险

2016年7月，小李从高校毕业后进入某二线城市会计师事务所工作。一周后，会计师事务所与小李签订劳动合同，约定合同期一年，试用期2个月，试用期工资为2500元。试用期满后，事务所对小李的工作表示满意，将其工资调整至3000元，并到所在区的社保中心为其建立社保个人账户，按本年度社保缴费基数下限2140元申报缴纳基数。2016年9月，小李遇到一个更适合自己发展的机会，便向会计所提出辞职。办理离职手续过程中，小李认为单位应以转正后的工资3000元作为基数申报，并要求补缴2个月试用期内的社会保险费。但会计师事务所认为，试用期间小李还不是单位正式员工，无权享受这些待遇，双方为此产生争议。

《劳动法》第七十二条规定："用人单位和劳动者必须依法参加社会保险，缴纳社会保险费。"只要用人单位和劳动者建立了正常、合法的劳动关系，单位和个人就应按规定依法缴纳各自应承担的社会保险费用。试用期包括在劳动合同期限中，同样属于劳动关系的存续期间。

因此，会计师事务所有义务为小李缴纳社会保险金。至于缴费基数，小李和事务所的说法均不正确。

根据沪劳保基发〔2006〕7号文规定，对于首次参加工作和变动工作单位的缴费个人，应按新进单位首月全月工资收入确定月缴费基数。2015年6月，小刘被某食品公司录用，入职后公司告知小刘试用期3个月，试用合格后公司才为其办理社会保险。小刘当时找工作心切，就答应了公司的要求。入职一个月之后，小刘发现公司的做法不妥，就与公司沟通希望能够及时缴纳社会保险。但是公司坚持认为试用期未满，拒绝为小刘缴纳社保。无奈，小刘以公司未缴纳社会保险费为由提出解除劳动关系，并向公司邮寄了书面解除劳动关系通知书。后小刘通过仲裁及诉讼程序要求该食品公司支付解除劳动关系经济补偿金，最终小刘的诉讼请求获得了法院的支持。

思考与讨论：

1. 公司应该何时开始为员工缴纳社会保险？
2. 小李可以通过哪些途径维护自己的权益？
3. 如果补缴社会保险，费用应该如何分担？

第十章

劳动争议处理

学习目标

1. 了解劳动争议的概念、分类及特征。
2. 把握劳动争议的基本原则。
3. 学会劳动争议处理的程序环节。
4. 理解劳动争议的管辖范围问题。

扫码看详图

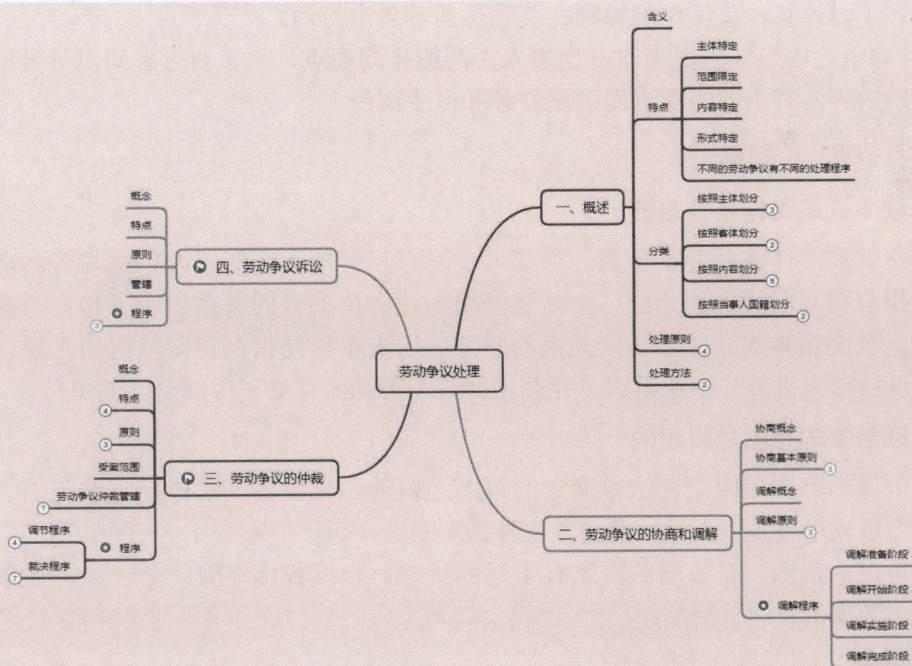

　　劳动争议的处理问题是企业劳动关系管理中的重要问题之一，劳动争议的制度也是我国劳动立法中的重要组成部分。随着劳动关系问题的日益增多和处理问题难度的加大，劳动者的法律意识和维权意识也逐步增强，因此目前劳动争议的案件非常普遍和常见，如何处理好这些劳动争议，处理争议的过程中应该遵循什么样的原则，按照什么样的程序，是本章的介绍重点，也是对于企业争议的解决提供依据，具有重要的意义。

第一节　劳动争议概述

劳动争议又称劳动纠纷，劳动纠纷是现实中较为常见的纠纷。国家机关、企业事业单位、社会团体等用人单位与职工建立劳动关系后，一般都能相互合作，认真履行劳动合同。但由于各种原因，双方之间产生纠纷也是难以避免的事情。劳动纠纷的发生，不仅使正常的劳动关系得不到维护，还会使劳动者的合法利益受到损害，不利于社会的稳定。因此，我们应当正确把握劳动纠纷的特点，积极预防劳动纠纷的发生。

一、劳动争议的概念

(一) 劳动争议的含义

劳动争议是指劳动关系的当事人之间因为行使劳动权利，履行劳动义务而发生的纠纷，即劳动者和用人单位之间因为权利和义务而发生的纠纷。

处理劳动争议时需要注意以下几点。

(1) 劳动争议的当事人指的是劳动者和用人单位，如果劳动争议不是发生在两者之间，即使内容涉及的是劳动问题，也构不成劳动争议。

(2) 劳动争议的内容具有广泛性，涉及的是劳动的权利和劳动的义务内容，包括就业、工资标准、工时计算、员工保险福利、奖励惩罚等各个方面。

(3) 劳动争议的形式表现为双方当事人之间的异同观点，由于双方之间对于劳动权利和劳动义务的内容各有不同的观点而出现分歧和产生纠纷。

(二) 劳动争议的特点

1. 劳动争议的主体是特定的

劳动争议的主体就是劳动争议的当事人，是存在劳动关系的用人单位与劳动者。劳动者主要是指与在我国境内的企业、个体经济组织建立劳动合同关系的职工和与国家机关、事业组织、社会团体建立劳动合同关系的职工。用人单位是指在我国境内的企业、个体经济组织，以及国家机关、事业组织、社会团体等与劳动者订立了劳动合同的单位。

2. 劳动争议的范围是限定的

劳动争议的范围是限定在法律规定的范围之内的，只要属于法律规定的范围之内的劳动争议，当事人均可以去当地的劳动争议仲裁委员会申诉。

劳动争议的范围，在不同的国家有不同的规定。根据我国《劳动争议调解仲裁法》第二条规定，劳动争议的范围是：

(1) 因确认劳动关系发生的争议；

(2) 因订立、履行、变更、解除和终止劳动合同发生的争议；

(3) 因除名、辞退和辞职、离职发生的争议；

(4) 因工作时间、休息休假、社会保险、福利、培训以及劳动保护发生的争议；

(5) 因劳动报酬、工伤医疗费、经济补偿或者赔偿金等发生的争议；

(6) 法律、法规规定的其他劳动争议。

其他劳动争议包括：①劳动者与用人单位在履行劳动合同过程中发生的纠纷；②劳动者与用人单位之间没有订立书面劳动合同，但已形成劳动关系后发生的纠纷；③劳动者退休后，与尚未参加社会保险统筹的原用人单位因追索养老金、医疗费、工伤保险待遇和其他社会保险而发生的纠纷；等等。

3. 劳动争议的内容是特定的

劳动争议的内容特定于劳动权利和劳动义务之间的纠纷问题，这是基于劳动法律关系而决定的，其中必然包含了劳动合同的其他方面，如劳动合同的订立、变更、解除、终止的问题，也涉及岗位职责、工资福利、安全卫生、职业技能培训等问题。其他的问题如果与劳动争议的权利和义务无关，则不属于劳动争议的内容。

4. 劳动争议形式是特定的

劳动争议的表现形式具有特定性，一般表现为消极怠工、罢工、示威、请愿等形式，涉及面广泛，影响范围大。

5. 不同的劳动争议有不同的处理程序

劳动争议的处理程序一般包括4个方面，分别是：协商、调解、仲裁和诉讼。我国的法律规定，当发生劳动争议时，当事人之间首先应该进行自我协商，自我协商不成或者不愿协商的可以向本企业劳动争议调解委员会申请调解；如果调解不成，可以向当地的劳动争议仲裁委员会申请仲裁；如果不服仲裁的裁决结果的，可以向人民法院进行起诉。

劳动争议处理制度的基本特点是：自愿选择企业调解，仲裁是劳动争议诉讼的前置程序。发生劳动争议的职工一方在3人以上，并有共同理由的，应当推举代表参加调解或者仲裁活动。

二、劳动争议的分类

劳动争议按照不同的标准可以有以下不同的分类。

(一) 按照劳动争议的主体划分

一般而言，按照劳动争议的主体划分，可将劳动争议分为个体劳动争议、集体劳动争议和团体劳动争议三部分。

1. 个体劳动争议

个体劳动争议又称个别劳动争议或者个人劳动争议，是指单个劳动者与用人单位之间发生的劳动争议。

2. 集体劳动争议

集体劳动争议又称多人争议，主要指劳动者一方在10人以上的劳动争议，以及因履行集体合同发生的争议。

3. 团体劳动争议

团体劳动争议又称集体合同争议，是工会与用人单位或其团体之间因为集体合同而发生的争议。集体劳动争议与团体劳动争议很容易混淆，具体的区别如表10-1所示。

表 10-1　劳动争议主体分类表

区别	集体劳动争议	团体劳动争议
主体的区别	用人单位与劳动者	用人单位或用人单位团体与工会
内容的区别	关于同一类别的劳动关系争议	关于集体合同的争议
争议标的的区别	当事人以特定部分职工各自的具体利益为争议标的	当事人以全体职工的整体利益为争议标的
法律意义的区别	职工代表在争议处理过程中仅仅代表涉及争议的部分职工的利益和意志，对未涉及争议的职工不具有法律意义	涉及工会所代表的全体职工的利益，对全体职工具有法律意义

(二) 按照劳动争议的客体划分

按照劳动争议客体可以把劳动争议划分为权利劳动争议和利益劳动争议两部分。

1. 权利劳动争议

权利劳动争议又称既定权利争议，是双方当事人基于法律、集体协议和劳动合同规定的权利义务所产生的争议，也就是因为双方实现劳动法、集体协议和劳动合同所规定的既存权利义务所发生的争议。

2. 利益劳动争议

利益劳动争议又称确定权利的争议，是指因主张有待确定的权利和义务所发生的争议。在当事人权利和义务尚未确定的情况下，如果双方对权利和义务有不同的主张，就会发生争议。具体的区别如表10-2所示。

表 10-2　劳动争议客体划分表

区别	权利劳动争议	利益劳动争议
是否属于法律问题的范畴	属于法律问题，如支付拖欠职工工资、支付经济补偿金争议等	不属于法律问题
表现形式	/	表现为集体合同的订立和变更
解决方式	仲裁或诉讼解决	调解、调停、仲裁等和平方式解决

(三) 按照劳动争议的内容划分

按照劳动争议的内容可以划分为工资争议，保险福利争议，劳动保护争议，培训争议，劳动合同解除、终止争议等。

(四) 按照劳动争议的当事人国籍划分

按照劳动争议的当事人是否是中国国籍，划分为国内劳动争议和涉外劳动争议两部分。

1. 国内劳动争议

国内劳动争议是指具有中国国籍的劳动者与用人单位之间发生的劳动争议，我国在国外设立的机构与我国派生在该机构工作的人员之间、外商投资企业与我国职工之间所发生的劳动争议也属于国内劳动争议的范畴。

2. 涉外劳动争议

涉外劳动争议是指主体的一方或者双方具有外国国籍或无国籍的劳动争议，包括我国用人单位与外籍职工之间、外籍用人单位与我国职工之间、在华外籍用人单位与外籍劳动者之间的劳动争议。

三、劳动争议的处理原则

劳动争议的处理原则指的是在解决劳动争议过程中应该遵守的行为准则。

(一) 当事人在法律上一律平等的原则

当事人在法律上一律平等指的是劳动争议的双方当事人在法律地位上的平等，双方具有平等的权利和义务，任何一方不会受到特殊的待遇，也不会对任何一方歧视。用人单位与劳动者在申请调解、仲裁和诉讼时，享有同等的权利，时效、陈述事实、进行辩论和举证、申请回避、是否达成调解协议、不服仲裁裁决是否向法院起诉等方面权利相等，承担的义务也同样对等。

(二) 调解原则

调解原则是劳动争议处理中的一项重要原则。关于劳动争议处理程序，《劳动法》第七十九条规定，劳动争议发生后，当事人可以向本单位劳动争议调解委员会申请调解；调解不成，当事人一方要求仲裁的，可以向劳动争议仲裁委员会申请仲裁。当事人一方也可以直接向劳动争议仲裁委员会申请仲裁。对仲裁裁决不服的，可以向人民法院提起诉讼。由于调解是站在第三人的视角，在当事人双方之间进行协调，方式更加温和，处理手段更加人性化，更容易被接受。

(三) 以事实为依据，以法律为准绳的原则

劳动合同的特殊性决定了劳动争议处理过程中尤为注重事实，以客观事实作为评判当事人之间争议的关键依据，一切从客观事实出发，注重客观的证据，重视调查研究工作。在查清事实的基础上，应当依照法律法规依法进行调解、仲裁和审判，以法律为准绳要求处理劳动争议，判断是非、责任要以劳动法律、法规为依据；处理争议的程序要依法；处理的结果要合法，不得侵犯社会公共利益和他人的利益。

(四) 合法、公正、及时处理的原则

合法是一个广义的概念，既包括劳动实体法，也包括处理劳动争议的程序法，在处理劳动争议的时候必须有理有据，有法可依。

公正是指在劳动争议的处理过程中必须做到不偏不倚，对待双方当事人要做到一视同仁，赋予争议双方同等的地位。在现实的争议处理中，由于涉及的当事人是劳动者与用人单位，这两者在企业中属于雇员与雇主的关系，这就意味着两者可能存在地位上的不平等，但是这并不能影响在实际处理争议上的地位平等，要求争议处理中做到公正。

及时处理是指在处理劳动争议时应该及时、迅速、高效率地进行，在时间上尽可能及时处理，不要拖拉。因为劳动合同的特殊性，涉及劳动者的切身利益，与个人和家人的生活密切相关，如果处理不及时就会造成极大的困扰，影响社会和生产的正常秩序。因此及时处理具体来讲就是要求当事人在发生劳动争议之后，及时进行协商解决，如果协商不成，及时申请调解或仲裁，或者及时进行起诉，因为起诉涉及日期，不能延误期限。

四、劳动争议的处理方法

劳动争议的处理方法多种多样，主要分为以下两种。

(一) 合议方式

合议方式主要是指通过第三方机构，如劳动争议调解委员会，互相妥协或者单方妥协，从而达成解决劳动争议的协议的方式。合议方式主要形式主要有和解、调解和调停3种。

(二) 裁判方式

裁判方式主要是指通过特定的机构，如劳动争议仲裁委员会或者法院，以做出具有法律效力的处理决定，得以解决劳动纠纷的方式。裁判方式主要有裁决和判决两种。

资料链接

常某诉某公司劳动争议案

2022年7月15日起，常某到某公司从事喷漆工作，但一直未与该公司签订书面劳动合同。自2022年9月6日上午11时起，修文县全域因疫情实行临时静态管理，全体居民居家，除到指定检测点进行核酸采样外，不得外出，某公司因此而全面停工停产，其间，某公司虽未安排常某开展工作，但根据疫情防控要求，常某需积极配合集中隔离、参加核酸检测等疫情防控相关工作。2022年10月9日，疫情临时静态管理解除，常某离厂后回到老家，之后未再为该公司提供劳动且一直未返岗。2022年11月14日，常某向劳动人事争议仲裁委员会申请劳动仲裁，要求确认劳动关系已解除、支付7月至10月工资、支付未签劳动合同双倍工资、经济补偿金等。劳动人事争议仲裁委员会裁决：常某与某公司之间于2022年10月9日解除劳动关系；某公司向常某支付劳动报酬及解除劳动关系经济补偿共计13651.12元，但未支持常某提出的未签劳动合同双倍工资差额申请。常某不服仲裁裁决，遂诉至法院。

分析：

法院认为，签订劳动合同的目的在于明确用人单位与劳动者之间的权利和义务关系、规范用人单位用工行为、保障劳动者合法权益，构建和发展和谐稳定的劳动关系。《中华人民共和国劳动合同法》第八十二条第一款规定："用人单位自用工之日起超过一个月不满一年未与劳动者订立书面劳动合同的，应当向劳动者每月支付二倍的工资。"用人单位应当在法定合理期限内及时与劳动者签署书面劳动合同，否则将承担惩罚性赔偿责任。《中华人民共和国劳动合同法》第三十条第一款规定："用人单位应当按照劳动合同约定和国家规定，向劳动者及时足额支付劳动报酬。"本案对常某要求某公司支付拖欠的工资及经济补偿金、未签订书面劳动合同差额工资予以支持。诉讼中，某公司所述常某入职时间短、9月逢疫情、10月遇节假日等并非延期签署书面劳动合同的法定理由，且根据政府疫情防控要求，2022年9月初，该公司所在地开始疫情防控紧急措施，2022年8月15日至9月初，半月有余的期间，公司也未就顺延签订合同事宜与常某协商一致，公司应当依法及时与常某签署书面劳动合同，未及时签订书面劳动合同的行为违反《劳动合同法》相关规定，应当向常某支付二倍工资。故判决某公司一次性支付常某2022年8月份工资5516.08

元、9月份工资5225.54元、10月份生活费296.73元、解除劳动关系经济补偿金2612.77元，共计13651.12元，并向常某支付未签订书面劳动合同差额工资11038.35元。

第二节　劳动争议的协商和调解

一、劳动争议协商的概念和特点

(一) 劳动争议协商的概念

劳动争议的协商是指当事人之间自愿进行协商，劳动者与用人单位之间的任何一方都不得强迫另一方进行，两者在完全自愿的基础上进行，因此劳动争议的协商处理不是解决劳动争议的必经程序。协商可以在劳动争议发生之后，调解、仲裁、诉讼之前进行，也可以在调解、仲裁和诉讼过程中，当事人自行协商，则撤回调解、仲裁和诉讼。

(二) 劳动争议协商的特点

(1) 没有第三方参加，或者说虽然有第三方参加，但是第三方不起主要作用。《劳动争议调解仲裁法》第四条规定了协商的基本方式："发生劳动争议，劳动者可以与用人单位协商，也可以请工会或者第三方共同与用人单位协商，达成和解协议。"因此劳动争议协商处理的两种方式：狭义的劳动争议协商仅有劳动者和用人单位的参与，而广义的劳动争议协商则包含了第三方的参与。

(2) 劳动争议协商的当事人对案件的实质内容非常清楚，当事人在协商过程中很大程度上不需要过度调查取证，因而可以避免很多的麻烦，减轻协商的后续负担。

二、劳动争议协商的基本原则

1. 平等原则

劳动争议的双方当事人是雇主与雇员(即劳动者)，雇主在劳资关系中占据主导地位，劳动者基本上处于弱势地位，因此，保证劳资双方的平等地位是保证协商谈判的基本原则。在法律适用上，不论是实体法还是程序法，都要一视同仁，保障权利实现和程序的公正。

2. 诚实守信原则

诚实守信要求争议双方在处理争议时遵循最基本的信用原则，做到诚实，实事求是，不欺骗，以最诚实善意的方式行使权利并履行义务，追求自己的利益。

3. 自主协商原则

劳动争议双方并不存在不可调和的矛盾，这些矛盾是可以通过协商来解决的。争议双方可以在自愿的基础上通过协商来实现利益的平衡，以最小化的成本来实现劳动争议的解决。

4. 合法公正原则

合法是指在法律的监督下，利用法律依法维护自己的权利，正确承担义务。

公正是使得劳动者一方的保护最大化，有利于实现用工环境的有序性，保证生产的稳定。

5. 及时效率原则

及时、效率的原则是指在时间上简短以提高效率，尽可能以最高效率解决劳动争议，这样可以减少双方的成本，实现劳动者和用人单位的利益再平衡。

三、劳动争议调解

劳动争议的调解是在协商处理之后，当事人双方没有达成一致意见，对协商没有结果后的处理方式，是由第三方的调解机构进行的一项程序。调解具有便捷、及时、成本低的优势，对于劳动关系的和谐稳定发展具有积极的作用。

(一) 劳动争议调解的概念

劳动争议的调解具有广义和狭义的概念，广义的调解是指企业劳动争议调解委员会、劳动争议仲裁机关，以及人民法院进行的调解，狭义的调解仅指企业劳动争议调解委员会所进行的调解，在这里我们运用狭义的概念。

劳动争议调解是指企业劳动争议调解委员会按照国家法律、法规，以及依法制定的企业规章制度和劳动合同的基础上，推动当事人双方达成一致意见的过程。把调解作为解决企业内部矛盾的一种方式，是解决劳动争议的首要步骤，是我国劳动争议处理制度的重要组成部分。

(二) 劳动争议调解的原则

1. 自愿调解的原则

企业劳动争议调解委员会应当按照法律、法规，以及企业制定的规章制度和劳动合同的基础上，遵循双方当事人自愿的原则进行调解。

双方自愿调解的原则可以体现在以下3个方面。

(1) 争议双方当事人是否向调解委员会申请调解，完全是自愿的，双方都可以向委员会申请调解，也可以向委员会申请不调解，任何一方不得进行强迫。

(2) 在调解过程中，争议双方当事人对调解委员会的决定可以执行，也可以不执行，是完全自愿的。

(3) 调解达成一致后，协议是否继续履行，是出于双方自愿的，调解组织不得胁迫。

2. 民主协商的原则

民主协商的处理原则是由劳动争议调解委员会的性质决定的，企业调解委员会不像其他行政机关那样拥有国家的强制性权利，调解活动主要是采用"动之以情，晓之以理"的说服式教育，以做思想工作的方式进行的协商。

3. 法律面前一律平等的原则

在进行劳动争议调解时，双方当事人的法律地位是平等的，任何一方都没有特殊待遇，调解机构也不得有任何区别对待的行为。

(三) 劳动争议调解的程序

劳动争议的调解按照一定的顺序进行，是劳动争议双方和企业劳动争议调解委员会在调解处理的过程中遵循的程序和秩序，一共有调解准备、调解开始、调解实施和调解完成四个阶段。

1. 调解准备阶段

1) 申请劳动争议调解

劳动争议当事人对于协商结果不满意或者不愿进行协商的，可以申请劳动争议调解，申请可以是书面形式，也可以是口头形式。当事人申请调解，应当自知道或者应当知道其权利被侵害之日起30日内提出申请，并且要填写《劳动争议调解申请书》。

2) 受理调解申请

调解委员会在收到当事人的申请后，要做好申请书的审查工作，审查申请书是否符合受理的条件和范围。如果符合申请的要求，应当通知当事人调解的地点等相关事宜，如果对方当事人不愿进行调解，应及时通知申请人。

2. 调解开始阶段

1) 调查核实

调解委员会应当安排相关人员进行事件的调查处理，核实事件的真实性，对于双方发生争议的原因、经过、有关人员的基本情况进行掌握，分清事情的来龙去脉，弄清楚当事人双方应当承担的责任，初步拟定调解的方案和意见。

2) 组织调解

调解委员会的负责人主持召开有争议双方当事人参加的调解会议，进行简单的调解，可由调解委员会指派1～2名调解员进行调解。

3. 调解实施阶段

经过调解委员会的调解后，双方达成一致协议的，要制作调解协议书。对于制作的调解协议书，双方当事人应当自觉履行。协议书要写明双方的姓名、职务、争议事项、调解结果，以及其他需要载明的情况，调解委员会及双方当事人需要在调解协议书上签字或盖章，并加盖委员会印章，一式三份，协议书才算真实有效。如果经过调解，双方没有达成一致，也要在调解协议书上说明原因并做好记录，然后签名盖章。

4. 调解完成阶段

调解委员会调解劳动争议，应当自当事人申请调解之日起30日内结束，到期没有结束则默认为调解不成功，双方当事人可以采用其他方式继续进行劳动争议的处理。

资料链接

某制造公司拖欠李某等 48 名劳动者工资案

某制造公司因经营困难，拖欠李某等48名劳动者工资，并与部分劳动者协商解除劳动合同，导致双方矛盾激化。李某等人向劳动人事争议仲裁委员会申请仲裁，要求某制造公司支付工资、经济补偿等。案件所在地劳动人事争议仲裁委员会、法院、工会、司法、信访等部门立足法定职能，建立"五方联调机制"，常态化开展矛盾纠纷预防化解工作。区总工会征求劳动者意见，协调提供多个匹配工作岗位，率先促成12名申请人撤诉。劳动人事争议仲裁委员会坚持调解优先，与双方当事人多轮沟通、对争议焦点解疑释惑；司法局选派律师参与调解，了解劳动者需求、提供专业咨询。最终32名劳动者与该制造公司签订调解协议，劳动人事争议仲裁委员会现场制作调解书，制造公司当场支付工资、经济补偿等共计183万余元。对于4名未签订调解协议的劳动者，劳动人事争议仲裁委员会开通农民工工资争议速裁"绿色通道"，及时有效保障其合法权益。

分析：

案例表明，劳动争议调解在维护劳动者权益、节约时间和诉讼成本、快速解决争议矛盾方面具有显著优势。通过调解机制，当事人能够在法律框架内寻求共识，减少对抗，从而促进劳动关系的和谐与稳定。同时，调解员的专业介入和多方协同也提高了调解的成功率和效率。

第三节　劳动争议的仲裁

一、劳动争议仲裁的概念和特点

(一) 劳动争议仲裁的概念

仲裁即为"公断"，是劳动争议的双方当事人之间不能达成一致，由无利害关系的第三人作为中间人进行判断。这里的第三人一般指劳动争议仲裁委员会，劳动争议仲裁委员会在查明双方争议的原因、事实的基础上，依据法律、法规进行判断，做出公正的裁决活动。劳动争议仲裁具有强制性的特点，即仲裁委员会一旦做出裁决，争议双方必须执行。

(二) 劳动争议仲裁的特点

劳动争议仲裁在不同的国家虽有差异，但是以仲裁的方式解决劳动争议是各国普遍采取的手段，劳动争议仲裁具有以下特点。

1. 强制执行

劳动争议仲裁具有强制执行的特点，《中华人民共和国劳动争议调解仲裁法》第五十一条明确规定："当事人对发生法律效力的调解书、裁决书，应当依照规定的期限履行。一方当事人逾期不履行的，另一方当事人可以依照民事诉讼法的有关规定向人民法院申请执行。受理申请的人民法院应当依法执行。"

2. 仲裁手续简便

劳动争议仲裁的手续非常简单，不像其他司法程序那样复杂，无论是申诉，还是仲裁、审理，都非常简便。我国的劳动争议仲裁只设一级仲裁，争议当事人只能申请一次仲裁，劳动争议在经过一个仲裁机构裁决后，当事人就不能再要求另一个仲裁机构裁决。

3. 仲裁范围具有广泛性

劳动合同关系是一种与人的物质文化生活联系极为密切的关系，涉及众多人的利益，劳动合同发生的争议作为劳动争议的重要组成部分，具体包括因为变更、执行、解除、终止等发生的争议，仲裁是劳动争议解决的必经程序，决定了仲裁的范围具有广泛性。

4. 仲裁时效短

争议双方当事人自劳动争议发生之日起一年内申请仲裁。

二、劳动争议仲裁的原则

劳动争议仲裁委员会对于劳动争议要按照一定的原则进行。

(一) 一次裁决原则

一次裁决原则是指当仲裁委员会做出决定之后，当事人不能再向上级仲裁委员会提出申请再次仲裁，只能在法定期限内向人民法院进行起诉。这里的法定期限是指当事人不服裁决，在收到仲裁书之日起15日内，向有管辖权的人民法院进行起诉。

(二) 及时迅速的原则

解决劳动争议必须严格按照法律在规定的期限内进行，《劳动法》明确规定了"仲裁裁决一般应在收到仲裁申请的六十日内作出"。这样的时间规定进一步提高了工作效率，缩短受理时间，减少劳动者的维权时间成本。

(三) 强制性原则

强制性原则也是区别于其他劳动争议仲裁程序的一大原则，强制性是指劳动争议双方的当事人只需要一方进行劳动争议的申请，仲裁委员会就应当实行仲裁程序，无须双方当事人同时提出申请。

三、劳动争议仲裁的受案范围

根据《劳动争议调解仲裁法》第二条规定，中华人民共和国境内的用人单位与劳动者发生的下列劳动争议，适用本法：
(1) 因确认劳动关系发生的争议；
(2) 因订立、履行、变更、解除和终止劳动合同发生的争议；
(3) 因除名、辞退和辞职、离职发生的争议；
(4) 因工作时间、休息休假、社会保险、福利、培训以及劳动保护发生的争议；
(5) 因劳动报酬、工伤医疗费、经济补偿或者赔偿金等发生的争议；
(6) 法律、法规规定的其他劳动争议。
对于以上的仲裁范围，可以归纳为以下三种情形：
(1) 发生劳动争议后，直接向仲裁委员会申请仲裁；
(2) 发生劳动争议后，本企业内部没有调解委员会的；
(3) 发生劳动争议后，企业调解委员会调解不成的。

资料链接

杨某与某小学就赔偿金纠纷案

2021年12月21日，杨某在《离(任)职意向书》上签字确认，表明其在2021—2022学年度第二学期继续留任为某小学教师。后杨某因人事变动事宜与该小学产生争议，沟通无果遂于2022年2月提出辞职。某小学以杨某提出辞职申请违反《离(任)职意向书》的承诺为由，诉请杨某按约向某小学支付赔偿金。

珠海市中级人民法院审理认为，《离(任)职意向书》中"本人保证工作中不中途离职，中途离职愿意以一个月的工资赔偿学校因本人中途离职造成的一切损失"的约定内容，性质上属于中途离职违约条款，该条款与《中华人民共和国劳动合同法》第二十二条、第二十三条所规定的可以约定由劳动者支付违约金的情形不相符，属于用人单位不得与劳动者约定由劳动者承担违约金的情形，且某小学亦未举证证明杨某的中途离职行为对其造成的具体损失。遂判决驳回某小学要求杨某支付赔偿金的上诉请求。

分析：

劳动争议仲裁在维护劳动者合法权益方面发挥了重要作用。通过具体的案例，我们可以看到仲裁机构如何依据法律规定，处理各类劳动争议，保护劳动者的合法权益。这些案例不仅为劳动者和用人单位提供了明确的法律指引，也为劳动仲裁机构提供了宝贵的实践经验。

四、劳动争议的仲裁管辖

劳动争议的仲裁管辖是指劳动争议仲裁的管辖范围，是进一步明确争议双方当事人应当向哪一个仲裁机构申请仲裁，这样的管辖范围规定，给各个仲裁机关界定了空间上的范围界限，不仅有利于仲裁机关进行明确的分工，也有利于争议当事人准确找到属于自己案例应当解决的仲裁机构，提高工作效率。

我国的劳动争议仲裁委员会管辖劳动争议实行以地域管辖为主、以级别管辖为辅的原则。

(一) 地域管辖

地域管辖又叫地区管辖，是按照劳动争议仲裁的行政区域情况进行的空间划分，一般分为以下三种形式。

1. 一般地域管辖

一般地域管辖是指劳动争议仲裁的案件处理归属于劳动争议发生地的仲裁委员会，并且负责处理本行政区域内发生的劳动争议案件。《中华人民共和国劳动争议调解仲裁法》第二十一条规定："劳动争议仲裁委员会负责管辖本区域内发生的劳动争议。劳动争议由劳动合同履行地或者用人单位所在地的劳动争议仲裁委员会管辖。双方当事人分别向劳动合同履行地和用人单位所在地的劳动争议仲裁委员会申请仲裁的，由劳动合同履行地的劳动争议仲裁委员会管辖。"

2. 特殊地域管辖

特殊地域管辖是以劳动法律关系产生、变更和消灭的所在地作为标准而进行的划分，某种劳动争议案件依照其特定标的由劳动争议仲裁委员会管辖。

3. 专属地域管辖

专属地域管辖是指法定的某国家机关经立法授权，依法确定某种劳动争议案件专属某地劳动争议仲裁委员会管辖。例如，我国公民与国(境)外企业签订的劳动(工作)合同履行地在我国领域内，因履行该合同发生争议的，由合同履行地仲裁委员会受理。

(二) 级别管辖

级别管辖是上下级仲裁委员会之间受理劳动争议案件的分工和权限，其实质是由哪一家仲裁委员会审理什么样的劳动争议案件。划分级别管辖的主要依据是案件的性质、重大与复杂程度，还有在劳动争议仲裁实践中应当依据什么企业的类型等。

(三) 移送管辖

移送管辖是指劳动争议仲裁机构对于自己不能受理或者已经受理但不属于自己受理范围内的案件移送至另一方能够受理或者有管辖权的劳动争议仲裁机构进行受理。在实践中，下级仲裁委员会也可以将非常复杂的案件移送有管辖权的上级仲裁委员会处理。

(四) 指定管辖

指定管辖通常是指发生在由于辖区不明或者其他原因导致两个劳动争议仲裁委员会，对同一劳动争议案件的管辖发生争议，双方协商不成时采取的一种解决方式。如果因某种原因造成有管辖权的劳动争议仲裁委员会暂时无法处理案件时，可以由上级劳动行政部门指定某一劳动争议仲裁委员会受理案件。

五、劳动争议仲裁的程序

(一) 劳动争议仲裁的调解程序

劳动争议仲裁委员会处理劳动争议应当先进行调解，只有在调解不成的情况下才进行裁决，因此在劳动争议仲裁程序中同样存在着调解，调解应当按照一定的程序进行。

1. 调解准备

这一阶段，仲裁庭应当查明事实，分清当事人的是非曲直，了解这些基本情况外，还要了解双方当事人的意愿，是否愿意接受调解，如果一方愿意，另一方不愿意，就不能进行强制调解。

2. 主持调解

调解在仲裁员或者仲裁庭的主持下进行，在仲裁员查明事实和分清是非对错的基础上对争议双方当事人进行说服教育工作，目的是促使双方当事人达成自愿一致。双方当事人可以提出调解方案和进行辩论，仲裁员也可以提出调解方案供双方当事人进行参考。

如果职工一方的争议是30人以上的集体争议，仲裁庭可以督促职工代表与企业代表召开会议协商进行。

3. 结束调解

调解结束会存在两种情况：一是调解双方自愿达成一致意见；二是双方由于分歧存在过大，未能达成一致意见，或者说虽然达成一致协议，但调解书送达前当事人反悔的，以及当事人拒绝接受调解的，都是调解不成，仲裁庭应当及时进行裁决。

4. 制作调解书

经调解达成协议，仲裁庭或仲裁员应根据协议内容制作调解书，调解书应由双方当事人签名，仲裁员署名，加盖仲裁委员会印章并送达双方当事人。仲裁调解协议是双方当事人自愿处置其劳动权利的方式，调解书自送达之日起具有法律效力，一方当事人逾期不履行，另一方当事人可以申请人民法院强制执行。

(二) 劳动争议仲裁的裁决程序

1. 仲裁申请

劳动争议的当事人应当向仲裁委员会提交仲裁的申请，仲裁申请提交书面材料，并按照被申请人人数提交副本。如果当事人书写申请有困难的，可以口头申请，由仲裁委员会记入笔录，并告知对方当事人。

仲裁申请书应当载明下列事项：

(1) 劳动者的姓名、性别、年龄、职业、工作单位和住所，用人单位的名称、住所和法定代表人或者主要负责人的姓名、职务；

(2) 仲裁请求和所根据的事实、理由；

(3) 证据和证据来源、证人姓名和住所。

2. 仲裁受理

劳动争议仲裁委员会收到仲裁申请之日起5日内，认为符合受理条件的，应当受理，并通知申请人；认为不符合受理条件的，应当书面通知申请人不予受理，并说明理由。

仲裁庭应当在开庭5日前，将开庭日期、地点书面通知双方当事人。当事人有正当理由的，可以在开庭3日前请求延期开庭。是否延期，由劳动争议仲裁委员会决定。

3. 仲裁调解

仲裁庭在做出裁决前，应当先行调解。调解达成协议的，仲裁庭应当制作调解书。

4. 仲裁裁决

仲裁庭做出裁决后，制作裁决书，送达双方当事人。当事人对仲裁裁决不服的，可以自收到仲裁裁决书之日起15日内向人民法院提起诉讼；期满不起诉的，裁决书发生法律效力。

5. 仲裁执行

当事人对发生法律效力的调解书、裁决书，应当依照规定的期限履行。一方当事人逾期不履行的，另一方当事人可以依照民事诉讼法的有关规定向人民法院申请执行。受理申请的人民法院应当依法执行。

资料链接

安某超出劳动仲裁时限案

安某在某食品公司工作十余年，2008年5月底至2020年4月由公司通过转账支付工资，此后由第一分公司支付款项。2021年3月8日安某收到备注的"退工作押金"的50元转账，同月公司第一分公司出具解除劳动合同通知书，决定自3月1日起解除劳动合同并邮寄给安某，但安某否认收到。安某于2022年12月28日申请劳动仲裁，要求确认劳动关系并支付经济补偿。

分析：

法院经审理认为，安某与某食品公司解除劳动合同的时间为2021年3月，其于2022年12月提出仲裁申请，已超一年仲裁时效，最终驳回了安某的诉讼请求。劳动关系终止后应在一年内申请仲裁，超过时效则可能丧失胜诉权，同时强调了当事人需对主张权利的时间点承担举证责任。

第四节　劳动争议诉讼

一、劳动争议诉讼的概念

劳动争议诉讼是指劳动争议的当事人不服劳动争议仲裁委员会的裁决，在规定的期限内向人民法院起诉，人民法院依照民事诉讼程序，依法对劳动争议案件进行审理的活动。此外，劳动争议的诉讼还包括当事人一方不履行仲裁委员会已经发生法律效力的裁决书或者调解书，另一方当事人申请人民法院强制执行的活动。

劳动争议诉讼是处理劳动争议的最终程序，它通过司法程序保证了劳动争议的最终解决。由人民法院参与处理劳动争议，从根本上将劳动争议处理工作纳入了法规轨道，有利于保障当事人的诉讼权，有助于监督仲裁委员会的裁决，有利于生效的调解协议、仲裁裁决和法院裁决的执行。

二、劳动争议诉讼的特点

1. 劳动争议诉讼的程序有严格的要求

由于劳动争议的诉讼程序适用于民事诉讼的程序，人民法院在对案件的受理过程中是按照民事诉讼的程序进行的，由人民法院的民事审判庭进行审理。调解和仲裁在过程中的自主性较高，劳动争议的诉讼相比较调解和仲裁的程序来说，具有严格的要求，是否严格依照程序进行，关系到争议主体的实体权益将如何进行处置，也关系到人民法院和诉讼程序中的参与人是否符合法律、法规的要求。违反劳动争议诉讼的程序会造成严重的法律后果。

2. 劳动争议诉讼具有国家强制力

劳动争议诉讼依靠的是国家的强制力，始终以国家强制力作为解决争议的后盾。这种强制力除体现在诉讼的过程中外，法院也会根据实际需要采取某些强制性手段，以法的强制性保证了劳动争议的彻底解决。同时，这一制度也初步形成了对劳动争议仲裁委员会的司法监督机制，对提高仲裁质量十分有利，还较好地保护了当事人的诉讼权，给予不服仲裁裁决的当事人以求助于司法的权利。

3. 劳动争议诉讼内容涉及劳动权利和义务

劳动争议诉讼是解决劳动纠纷的一种诉讼活动，诉讼的事项涉及的是劳动的权利和义务。如果劳动者与用人单位之间不是为了实现劳动权利和劳动义务发生的争议，则不属于劳动纠纷的范畴。劳动权利和劳动义务的范围是非常广泛的，涉及工资、就业、劳动保护、劳动保险、劳动福利、劳动报酬等内容。

三、劳动争议诉讼的原则

人民法院在审理劳动争议案件中，同样遵循司法审判中的一般诉讼原则，如以事实为根据，以法律为准绳的原则；独立行使审判权的原则；回避原则等。

此外，根据劳动争议案件的特殊性，还应体现与有关单位密切配合的原则。处理劳动争议案件要以法律为准绳，主要是以《劳动法》的有关法规和政策为依据。劳动行政机关是国家管理劳动工作的专门部门，了解和熟悉劳动法律政策；另外，工会等有关部门从事企业生产、安全、工资福利、劳动保护等各项管理和监督检查工作，对情况也比较熟悉。特别是劳动争议仲裁机关，是代表国家处理劳动争议的专职机构，负责直接受理和处理各种劳动争议案件，对争议的原因、过程等情况比较了解，且有一定的办案经验。因此，人民法院审理劳动争议案件时，应多向这些单位调查，认真听取他们的意见，密切配合，使案件的审理更加适合处理劳动争议的实际需要。

四、劳动争议诉讼的管辖

劳动争议的诉讼管辖，是指法院受理第一审劳动争议案件的分工和权限。根据《最高人民法院关于审理劳动争议案件适用法律若干问题的解释》第八、第九条规定，劳动争议案件由用人单位所在地或者劳动合同履行地的基层人民法院管辖。劳动合同履行地不明确的，由用人单位所在地的基层人民法院管辖。当事人双方就同一仲裁裁决分别向有管辖权的人民法院起诉的，后受理的人民法院应当将案件移送给先受理的人民法院。

根据《中华人民共和国民事诉讼法》(以下简称《民事诉讼法》)的规定和劳动争议案件的实际情况，劳动争议案件的诉讼管辖有级别管辖、地域管辖、移送管辖和指定管辖四种。

(一) 级别管辖

级别管辖是指上下级人民法院之间受理第一审民事案件的分工和权限。我国《民事诉讼法》规定，基层人民法院管辖第一审民事案件，但本法另有规定的除外。中级人民法院管辖下列第一审民事案件：

(1) 重大涉外案件；

(2) 在本辖区有重大影响的案件；

(3) 最高人民法院确定由中级人民法院管辖的案件。

高级人民法院管辖在本辖区有重大影响的第一审民事案件。最高人民法院除管辖在全国有重大影响的民事案件外，还管辖认为应当在本院审理的民事案件。因此在一般情况下，当事人不服仲裁裁决，可以向仲裁委员会所在地的人民法院提起诉讼，若有涉外因素或根据案件的性质、繁简程度、影响的范围，对难度大、影响范围广的案件，也可以由中级人民法院或者高级人民法院甚至最高人民法院作为第一审法院进行审理，而不是由做出仲裁裁决的仲裁委员会同级的基层人民法院管辖。

(二) 地域管辖

地域管辖是指不同地区的同级人民法院之间受理第一审民事案件的分工与权限。《民事诉讼法》规定的地域管辖有一般地域管辖、特殊地域管辖、专属地域管辖和协议管辖。

劳动争议诉讼管辖应遵循便民原则，当事人对仲裁裁决不服向人民法院进行起诉的案件，由处理该争议的劳动争议所在地的人民法院管辖。这样既有利于劳动争议案件就近解决问题，也便于当事人诉讼，而且还便于人民法院进行调查取证，加强与处理争议的仲裁机构之间的沟通和联系，有利于案件及时、正确的处理。

(三) 移送管辖

移动管辖是指人民法院将已经受理的案件移送给其他人民法院审理。《民事诉讼法》规定，人民法院发现受理的案件不属于本院管辖的，应当移送有管辖权的人民法院，受移送的人民法院应当审理。受移送的人民法院认为受移送的案件依照规定不属于本院管辖的，应当报请上级人民法院指定管辖，不得再自行移送。

(四) 指定管辖

指定管辖是指上级法院以裁定方式将某一案件指定交由下级人民法院管辖。《民事诉讼法》规定，有管辖权的人民法院由于特殊原因，不能行使管辖权的，由上级人民法院指定管辖。人民法院之间因管辖权发生争议，由争议双方协商解决；协商解决不了的，报请它们的共同上级人民法院指定管辖。

资料链接

劳动诉讼法院管辖权案

张三入职海南省A市的某医药公司，担任江苏区域(南京)甲级医院市场销售经理岗位。2022年6月，公司以严重违纪为由解除与张三的劳动关系，张三不服向南京市劳动人事争议仲裁委员会申请劳动仲裁，仲裁委认定公司系违法解除，并制作劳动仲裁裁决书支持了张三的大部分仲裁请求。张三收到裁决书后向南京市浦口区人民法院提起诉讼，公司亦分别向南京市鼓楼区人民法院、玄武区人民法院提起诉讼，并在收到浦口区人民法院的受理通知后向该院提出了管辖权异议。

分析：

浦口区人民法院经审查认为，对劳动争议提起的诉讼，由用人单位所在地或者劳动合同履行地的基层法院管辖。张三系被告销售经理，负责南京区域相关医院销售工作，工作区域包括浦口区的相关医院，且其接收工资的银行卡的开户行也在浦口区，因此浦口区人民法院作为劳动合同履行地的人民法院对本案有管辖权。同时，虽然鼓楼区人民法院及玄武区人民法院分别受理双方纠纷尚在诉前调解阶段，但浦口区法院已进入审理程序，最终裁定鼓楼区及玄武区人民法院宜移送该纠纷至浦口区人民法院，由浦口区人民法院并案处理，驳回了公司的管辖权异议。

五、劳动争议诉讼的程序

劳动争议诉讼程序是处理劳动争议的最终程序。《劳动法》规定，劳动争议当事人对仲裁裁决不服的，可以自收到仲裁裁决书之日起15日内向人民法院提起诉讼。

人民法院处理劳动争议案件和处理一般民事纠纷一样，适用《民事诉讼法》的规定。其主要程序有一审程序、二审程序、审判监督程序等。

(一) 一审程序

一审程序分如下4个阶段进行。

1. 起诉和受理

人民法院收到起诉状或者口头起诉后，进行审查，认为符合起诉条件的，应当在7日内立案，并通知当事人；认为不符合起诉条件的，应当在7日内裁定不予受理；原告对裁定不服的，可以提起上诉。这一阶段的主要任务是审查起诉是否符合条件和能否进行立案审理，如果做出受理的决定，诉讼也由此开始。

2. 审理前的准备

正式审理之前人民法院还要做一些准备工作，比如向被告发送起诉状副本，组成合议庭，开展调查或委托调查，通知当事人参加诉讼等。这阶段是案件正式审理的基础。

3. 开庭审理

法庭调查时，按当事人陈述、证人作证、出示书证物证等证据、宣读鉴定结论和勘验笔录的顺序进行。进入法庭辩论后，先由原告及其诉讼代理人发言，然后由被告及其诉讼代理人答辩，再由各方相互辩论。辩论之后由审判长按照原告、被告、第三人的先后顺序征询各方最后意见。这个阶段是全部诉讼程序的中心环节，是诉讼活动最集中的体现和典型形态。

4. 依法做出判决

判决前能够调解的，还可以进行调解，调解不成的，应当及时判决。

(二) 二审程序

当事人不服一审判决的，可依法提起二审程序。但须在一审判决书送达之日起15日内向上一级人民法院提起上诉。上诉状应当写明当事人的姓名、法人名称及法定代表人的姓名，原审人民法院名称、案件编号和案由，上诉的请求和理由。上诉状应通过原审人民法院提交，并按对方当事人或代表人的人数提交副本。二审人民法院做出的判决为终审判决。

(三) 审判监督程序

审判监督程序是当人民法院对已经发生法律效力的判决和裁定发现确有错误而需要再审时所进行的程序。当事人也可以申请再审，但须在判决发生法律效力后两年内提出。

思考题

1. 劳动争议的含义是什么？
2. 简述劳动争议的处理原则？
3. 什么是劳动争议的协商和调解？什么是劳动争议仲裁？什么是劳动争议的诉讼？
4. 劳动争议仲裁的受案范围有哪些？
5. 如何理解劳动争议诉讼的管辖？
6. 简述劳动争议诉讼的程序。

案例讨论题

崔某诉确定与某高纤公司存在劳动关系案

2022年2月，崔某到某高纤公司的车间工作。2022年3月，某高纤公司与该车间全体人员(含崔某)签订车间承包协议。承包协议约定，崔某等要遵守某高纤公司的各项安全制度、本协议视为某高纤公司与该车间全体人员(含崔某)签订的集体劳动合同。某高纤公司于2022年3月、4月、5月分别向崔某支付报酬。2022年6月，崔某在工作中受伤。崔某向某劳动人事争议仲裁委员会申请仲裁，请求确认其与某高纤公司存在劳动关系。某劳动人事争议仲裁委员会予以支持。某高纤公司不服，诉至人民法院，请求确认其与崔某之间不存在劳动关系。

审理法院认为，崔某具备劳动者主体资格，某高纤公司具备用工主体资格。崔某自2022年2月至6月一直在某高纤公司的生产线工作，所从事的工作是公司业务的组成部分，按月领取劳动报酬。双方签订的承包协议载明该协议视为某高纤公司与崔某等人签订的集体劳动合同，崔某需遵守公司各项安全制度等约定亦证实某高纤公司的相关规章制度适用于崔某，崔某接受公司的劳动管理。审理法院判崔某与某高纤公司之间存在劳动关系。

随着市场经济的转型和发展，劳动密集型企业出于降低成本、提高效益等考虑，采取种类多样的经营模式。实践中存在部分企业滥用承包经营方式，通过与劳动者签订内部承包合同规避订立劳动合同的情形。用人单位以已经签订承包合同为由否认与劳动者之间的劳动关系，转嫁用工风险。人民法院在判断用人单位与劳动者之间是否存在劳动关系时，不仅要审查双方签订合同的名称，更要通过合同的内容和实际履行情况实质性审查双方之间的法律关系是否具备劳动关系的从属性特征，准确认定双方之间的法律关系，纠正通过签订承包合同等规避用人单位义务的违法用工行为，切实维护劳动者的合法权益。

讨论与思考：

1. 某高纤公司败诉的原因有哪些？企业该如何规范自己的公司制度？
2. 职工如何合法地维护自己的切身利益？

参考文献

[1] 刘钧. 劳动关系理论与实务[M]. 北京：人民邮电出版社，2016.

[2] 谢德成. 劳动法与社会保障法[M]. 6版. 北京：中国政法大学出版社，2023.

[3] 郑晓珊. 民法与劳动法之协同联动[M]. 广州：暨南大学出版社，2023.

[4] 谭建萍. 互联网经济中新型劳动关系的认定与调整[M]. 厦门：厦门大学出版社，2022.

[5] 陈维政，李贵卿，毛晓燕. 劳动关系管理——理论与实务[M]. 3版. 北京：科学出版社，2024.

[6] 程延园，王甫希. 劳动法与劳动争议处理[M]. 2版. 北京：中国人民大学出版社，2020.

[7] 曹大友，张弘，张捷. 企业劳动关系管理[M]. 南京：南京大学出版社，2022.

[8] 李新建，孙美佳，苏磊，等. 员工关系管理[M]. 2版. 北京：中国人民大学出版社，2020.

[9] 董克用. 人力资源管理专业知识与实务(初级)[M]. 北京：中国人事出版社，2019.

[10] 慧亚爱，舒燕. 沟通技巧(慕课版)[M]. 2版. 北京：人民邮电出版社，2025.

[11] 李青，孙悦. 劳动关系管理[M]. 3版. 北京：电子工业出版，2016.

[12] 程延园，王甫希. 劳动关系[M]. 5版. 北京：中国人民大学出版社，2021.

[13] 周英锐，王锁. 劳动关系管理[M]. 北京：清华大学出版社，2014.

[14] 唐镳，杨振彬. 人力资源与劳动关系管理[M]. 北京：清华大学出版社，2017.

[15] 于桂兰，于楠. 劳动关系管理[M]. 北京：清华大学出版社，2021.

[16] ACAS. Industrial Relations Handbook[M]. London：HMSO，1980.

[17] Webb S，Webb B. The History of British Trade Unionism[M]. London：Longmans Green and Co，1920.

[18] Cunnison J. Labor Organization[M]. London：Sir Isaac Pitman & Sons，1930.

[19] 中共中央马克思恩格斯列宁斯大林著作编译局. 马克思恩格斯选集(第3卷)[M]. 北京：人民出版社，2012.

[20] 中共中央马克思恩格斯列宁斯大林著作编译局. 列宁全集(第28卷)[M]. 北京：人民出版社，1990.

[21] 常凯. 劳动关系学[M]. 北京：中国劳动社会保障出版社，2005.

[22] 刘元文. 职工代表大会职权的演变与要明确的三项基本职权[J]. 中国劳动关系学院学报，2013，27(6):90-93.

[23] 陈伟. 浅谈新时期基层厂务公开工作[J]. 企业文明，2020，(11):101.

[24] 王洋. 新形势下如何发挥企业工会的职能作用[J]. 现代企业文化，2024，(23):146-148.

[25] 吴建平. 职工代表大会制度产生和发展的历史条件与特点[J]. 中国劳动关系学院学报，2023，37(5):10-23.

[26] 吴文芳. 雇主组织法论[M]. 北京：中国人民大学出版社，2020.

[27] 中国法治出版社编写委员会. 中华人民共和国劳动合同法[M]. 北京：中国法治出版社，2021.

[28] 中国法治出版社编写委员会. 中华人民共和国劳动法[M]. 北京：中国法治出版社，2021.

[29] 李军. 区域性集体协商：内生机制、问题瓶颈与完善对策[J]. 北京市工会干部学院学报，2023，38(1):13-23.

[30] 周长. 我国集体合同推广模式的困境与出路[J]. 理论与当代，2019(3):41-42.

[31] 滕双春，刘明. 劳动法和社会保障法实务[M]. 长沙：湖南师范大学出版社，2020.

[32] 中国法治出版社编写委员会. 中华人民共和国社会保险法[M]. 北京：中国法治出版社，2019.

[33] 国务院法制办公室. 中华人民共和国社会保险法典[M]. 北京：中国法治出版社，2016.